# 김준엽 평전

현실에 살지 말고 역사에 살라

현실에 살지 말고 역사에 살라

# 김준엽 평전

**초판 1쇄 인쇄** | 2017년 8월 28일
**초판 1쇄 발행** | 2017년 9월 01일

**지은이** | 김삼웅
**펴낸이** | 박영욱
**펴낸곳** | 깊은나무

**편　집** | 허현자 · 김상진
**마케팅** | 최석진
**디자인** | 서정희 · 민영선

**주　소** | 서울시 마포구 월드컵로 14길 62
**이메일** | bookrose@naver.com
**네이버포스트** | m.post.naver.com ('깊은나무출판사' 검색)
**전　화** | 편집문의: 02-325-9172　　영업문의: 02-322-6709
**팩　스** | 02-3143-3964

**출판신고번호** | 제313-2007-000197호

ISBN 978-89-98822-39-2 (93300)

이 도서의 국립중앙도서관 출판예정도서목록(CIP)은 서지정보유통지원시스템
홈페이지(http://seoji.nl.go.kr)와 국가자료공동목록시스템
(http://www.nl.go.kr/kolisnet)에서 이용하실 수 있습니다.
(CIP제어번호: CIP2017019318)

# 김준엽 평전

## 현실에 살지 말고 역사에 살라

김삼웅 지음

광복군에서 고려대 총장까지
현대사의 질곡을 걸어온
《長征(장정)》의 발자취

깊은나무

목차



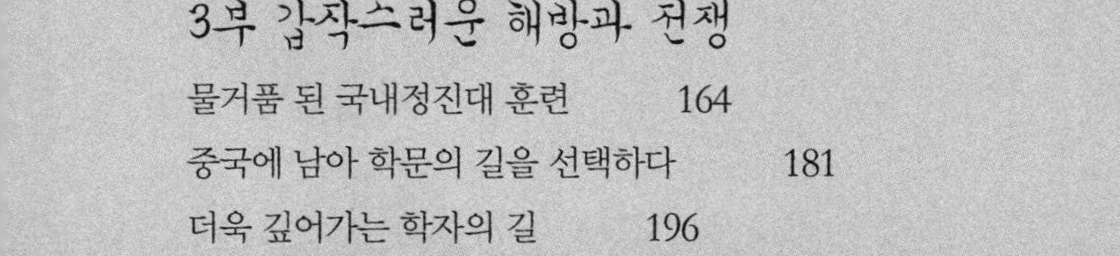

## 4부 정치가의 삶보다는 지성인의 양심을



## 5부 어두울수록 빛은 더욱 밝고



## 6부 역사의 신(神)을 믿으라

프롤로그

# 김준엽 선생의 평전을 쓰는 이유

## 오로지 진리의 편에 서다

화려한 경력 속에 감춰진 갖가지 비리, 출세를 위해 온갖 범죄도 사악함도 마다하지 않고 패도를 치닫는 권력지상주의자들, 이것이 지난 '이명박근혜' 정권에서 보여준 국무총리 낙점자와 등용자들의 엇비슷한 모습이었다.

흔히 일인지하 만인지상(一人之下 萬人之上)이라는 국무총리, 헌법상 주어진 권리도 제대로 행사하지 못한 채 그저 대독총리, 의전총리, 방탄총리의 구실이나 하는데도 그 자리를 탐하는 군상들이 줄을 선다.

대통령중심제의 권력구조에서 국무총리의 위상이 '별 볼일 없는'

직위이긴 하지만, 그럼에도 헌법상의 권한과 상징성은 적지 않다. 또한 임명직 관리로서는 최고위직일 뿐 아니라 외형상으로도 국회 의장이나 대법원장에 비해 거느리는 행정부처가 수없이 많다. 그래서 어중이떠중이들이 그 자리를 탐하고 '가문의 영광'을 얻고자 한다.

그렇더라도, '이명박근혜' 정권에서 차출한 후보군은 해도 너무 했다. 대통령의 주변에는 그런 사람들밖에 없는 것인지, '초록동색', '동조동근', '유유상종' 등의 연유인지는 알지 못하나, 국민의 수준이나 도덕 감정과는 크게 배치되었다.

2017년 '촛불혁명'을 통해 새 정부가 수립되었지만, 새삼 이전의 국무총리의 도덕성과 자질론을 제기한 데는 까닭이 있다. '비리백화점'을 내보이면서도 그 자리를 꿰차고자 하는 군상들이 득실대는 데 비해 대통령(당선자)이 삼고초려해도 번번이 헌신짝 버리듯 하는 분이 생각나서다.

노태우는 1988년 대통령에 당선되어 자신이 군사쿠데타 출신으로 정통성이 취약한 부분을 '보완'하고자 그를 총리로 '모시고자' 직접 찾아갔으나 단칼에 거부당했다. 또 몇 차례 측근을 보내고 삼고초려 했으나 허사였다.

아무리 국민의 직선에 의해 대통령이 되었지만 그 사람은 헌정질서를 짓밟는 쿠데타 두목 중의 하나였다. 그런 권력자 밑에서 마름 노릇을 할 인물이 아니었다.

그분을 탐내는 권력자는 역대 집권자(와 예비자) 모두가 다르지 않았다. 이승만 정권의 초대 국무총리가 된 이범석은 임시정부 광복군 시절의 인연을 배경으로 20대인 그에게 '정부요직'을 제안했다.

4·19혁명 후 장면 정권의 실세인 김영선은 그에게 주일대사를 제의했고, 박정희 정권의 실세인 김종필은 공화당 초대 사무총장을 제안했다가 거부당하자 박정희는 직접 통일원장관을 제의했다. 노태우는 국무총리를 제안했고, 김영삼(대통령후보)은 선대본부장과 당선 후 총리, 그리고 교육개혁위원장을, 김대중(후보)은 당상임고문과 당선 후 제2건국추진위원장과 1998년 11월 중국 국빈 방문 때 동행을 제안하였다. 그는 권력자들의 이 같은 제안을 모두 거절하였다. 노령에 이르고 2011년에 작고하여서 노무현 정권은 해당되지 않는다.

우리나라 학자들이 이름깨나 알려지고 명성이 높아지면 소 갈 데 말 갈 데 가리지 않고 '부르심'이 있거나, 심한 경우는 각층 로비를 통해 감투를 쓰고자 한다. 그 분야에서 더 연구하고 후학을 길렀으면 훌륭한 인물로 남았을 터인데도 총리나 장관을 몇 년 하자고 마치 여름밤 전등불에 몰리는 부나비 떼처럼 덤볐다가 신세 망치는 저명인사들을 숱하게 보아왔다.

자신들은 '전 총리', '전 장관'으로 불리고 대접받고 사는 것이 어디냐, 개중에는 재임 중 평생 먹고살 방도를 마련한 것이 어디냐

할지 모르지만 국민이나 학계의 입장에서는 전문 업적을 축적하지 못하고 외도한 그분들의 권력욕이 안타까울 뿐이다. 공직자로서의 사명과 책임을 다한 사람이 없지 않지만 극소수에 불과하다.

'이명박근혜' 정권에서 부쩍 늘어난 현상 중의 하나는 비교적 괜찮게 살아온 나이 든 정치인·지식인(종교인 포함)들의 타락과 훼절이다. 이들의 노욕·노추·노회(老獪)한 모습에서 젊은 날의 가치와 중년의 명예를 권세와 바꾸어버린 '파우스트 박사'의 허망함을 찾게 된다. "얼마나 더 살겠다고."

"나는 일생을 살아오면서 진리와 정의와 선(善)을 마침내 실현해내는 '역사의 신(神)'이 있다는 신념을 가지고 행동해왔으며, 또한 나의 제자들에게 그렇게 가르쳐주었고……."

그는 무신론자이지만 '역사의 신'만은 믿었다. 수많은 지식인들이 권력과 부와 명예를 탐할 때, 그는 오로지 역사의 신을 믿고 역사의 길을 걸었다. 대학총장에서 쫓겨날 때도 의연하게 처신하면서 야인의 삶을 결기 있게 살았다.

그의 가르침을 받은 대학의 제자 중에는 사기꾼 정치인도 있고, 반독재 투사도 있었다. 같은 물을 마시고도 소는 젖을 만들고 사자는 독을 만든다고 하지 않던가. 예수의 제자 중에도 배신자가 있고, 석가모니의 사촌동생도 다른 길을 걸었다지 않는가. 한국사회의 가장 큰 비극 중의 하나는 천박한 지식인들이 주류를 이루고 있다는 사실이다.

물론 '만인지상'을 탐하지 않았다는 것만이 능사는 아니다. "평양감사도 제 하기 싫으면 그만"이란 속담이 있듯이 말이다. 동진의 시인 도연명(陶淵明, 365~427)이 "내 어찌 오두미(五斗米)를 위해 향리 소인배에게 허리를 굽히겠는가"라 하고 낙향하며 〈귀거래사(歸去來辭)〉를 지은 이래 많은 선비·학자들이 외로운 길을 걸었다. 학자라고 다 여름밤의 부나비가 아니란 말이다.

그는 경우가 달랐다. 같은 시대 출세주의자들이 혈서를 쓰며 일본군에 지원하여 '천황폐하'의 신민이 되겠다고 충성을 맹세할 때, 그는 일본군에 끌려가 '학병 탈출 1호'가 되어 장정 6천 리를 걸어 임시정부를 찾아가서 한국광복군이 되었던 애국청년이었다. 그는 생애를 두고 결단해야 했을 때를 학병 탈출과 권력 유혹의 거부를 들었다.

해방이 되고 모두들 귀국할 때 그는 "앞으로 중국을 알아야 한다"는 신념으로 중국을 연구하고, 장준하와 〈사상계〉를 내고, 권력의 탄압과 유혹을 물리치면서 학문에 전념하였다. 탐내는 권력자가 많았지만 그는 '권신(權神)'이나 '물신(物神)'보다 '역사의 신'을 믿으면서 고절한 지식인의 길을 느리지만 당당하게 걸었다.

## 큰 스승의 올곧은 시대정신

학병 탈출 제1호, 6천 리 장정, 한국광복군, 독립운동가, 중국연구가, 〈사상계〉 동인, 한국공산주의 운동사의 개척자, 군사정권에 맞선 대학총장, 총리직을 고사한 고고한 선비 학자, 해외 한국학 진흥의 개척자, 현행 헌법 전문에 '임시정부 법통계승'을 명시한 선각자, '지식의 저수지'…….

김준엽(金俊燁, 1920~2011) 선생은 파란의 격동기 한국현대사의 '시대정신'이다. 그것도 사대와 변통과 강압 쪽이 아니라, 자주와 정통과 민주의 '시대정신 구현자'이다.

20대의 식민지시대에는 일본군을 탈출하여 대한민국 임시정부를 찾아가 한국광복군이 되고, 일제가 패망하면서 모두 '금의환향'할 때 중국에 남아 대륙을 연구하는 학도가 되었으며, 30~40대 대만과 미국에서 학자로서의 전공을 쌓고, 〈사상계〉에 참여하여 장준하 선생과 더불어 민주주의 이념과 반독재의 논객이 되고, 30~60대에 걸쳐 대학에서 학문 연구와 실천의 교수·총장이 되었다.

그의 생애는 온통 부조리와 반지성의 시대와 겹친다. 일제말기와 이승만의 독재로부터 시작하여 짧은 4·19공간을 제외하면 한 세대가 넘은 군사독재 시기였다. 건전한 상식과 지성이 통하지 않았고, 시류를 좇아 영혼이 없는 학자·언론인들이 판치는 시대였다. 이 같은 시대상황에서 자유·정의·진리의 길을 택하고 연구하고 실천하기란 쉬운 일이 아니었다.

고려대학교 총장으로 선임되었으나 전두환 정권의 폭정에 맞서다 쫓겨나고, 뒷조사를 당했으나 한 줌 먼지도 나오지 않았다. 부패한 독재자들은 자신들의 치부를 염색하고자 하얀 모시옷 같은 그를 탐냈으나 권력과는 오래전부터 담을 쌓고 살아왔다. 그는 권력에 응하지 않고 평생 야인의 길을 걸었다.

그렇다고 순수학문에만 집착한 것이 아니었다. 유엔총회 한국대표, 남북적십자회담 자문위원, 한국독립유공자협회 지도위원, 독립기념관건립추진 이사 등 국가·민족사 관련에는 기꺼이 참여하고, 대학을 정년퇴임한 후에는 '재단법인 사회과학원'을 설립하여 학자들의 연구기관을 마련하였다. 그리고 〈계간 사상〉을 창간하여 진보와 보수를 아우르는 수준 높은 교양학술지를 발행하였다.

그가 1957년 설립한 고려대아시아문제연구소는 '세계10대연구소'에 꼽히게 되고, 1955년 '멸균실' 수준의 냉전시기에 '적성국가' 중국을 연구하고자 창설한 중국학회는 한국의 중국(학)연구·발전에 토대를 마련하였다. 모두 지적 용기와 앞날을 내다보는 식견이 없이는 불가능한 일이었다.

그래서 중국 한주대학·북경대학·상해복단대학·남경대학 등 10개 유명대학의 명예교수로 초빙될 수 있었다.

1958년에 간행한 《중국공산당사》를 시작으로 오직 철저한 고증과 실증 위주로 김창순과 공동 집필한 5권짜리 《한국공산주의운동사》는 여전히 이 분야의 독보성을 유지한다. 그가 존경했던 몽양 여운형이 1920년 한국인 처음으로 마르크스와 엥겔스의 《공산당 선언》을 번역했다는 것으로 용공·좌경으로 몰린 것을 알고 있었던 사실로 보아, 공산주의 연구와 각종 저서는 지적 용기가 남달랐던 학자였음을 보여준다.

독립운동가 출신답게 통일문제와 북한연구에도 심혈을 기울여 《북한연구자료집》 제9집까지, 그리고 《남북통일문제와 그 주변》, 《북한의 오늘과 내일》 등 역저를 펴냈다. 하나같이 그 시절에 아무나 덤비기 어려운 노작들이었다.

김준엽 선생은 학문 분야 이외에서도 민족사의 곳곳에 큰 발자취를 남겼다. 어느 정치인, 관리, 학자보다 큰 업적이었다.

1) 상해와 중경에 있는 대한민국 임시정부 청사의 보존과 복원에 앞장섰다.
2) 1987년 헌법 개정 당시 정부와 여당·야당에 헌법 전문에 "대한민국은 임시정부의 법통을 계승한다"고 명기(明記)케 하였다.
3) 1993년 김영삼 정부에 건의하여 상해 만국공묘에 있던 임정요인 5위(박은식·신규식·노백린·김인전·안태국)의 유해를 환국시켰다.
4) 김영삼 대통령에게 건의하여 구총독부 건물을 철거하여 일제 잔재를 청산하는 데 기여했다.
5) 중국 각지에 산재한 한국 관련 유적지에 기념비를 건립케 하였다. 상해 홍구공원에 있는 윤봉길 의거 기념비의 규모 확장,

영파시에 있는 고려사관의 복원, 산동 교주시에 있는 고려정관 기념비 건립, 강소성 양주시에 있는 최치원 기념비 건립 등이다.

6) 중국의 8개 명문대학에 한국연구소를 설립하는 데 협력하여 한국연구와 한·중 친선에 노력하였다.

김준엽 선생은 해방된 조국이 분단되고 긴 세월 동안 전혀 민족적이지도, 민주적이지도 않는 권력이 지배하는 시대에, 평화적인 남북통일과 균형 잡힌 독립운동사 서술 그리고 진정한 민주주의 발전을 위해 후반의 생애를 바쳤다.

평생의 동지 장준하 선생이 '투사형 지식인'이라면 김준엽 선생은 '지식인형 투사'였다. 이들의 생애는 민족사의 정체성이 담기고, 역사의 무게가 실렸다. 그리고 독립운동사의 숨결이 박동했다.

그런데 한 가지 의문이 따른다. 김준엽 선생은 1973~1974년《육당 최남선 전집》편찬위원회 위원장을 맡아 전 15권을 펴냈다. 게이오대학 재학 시절, 이광수와 최남선이 일본에까지 와서 한 '학병권유' 연설을 대단히 비판했던 선생이었기 때문이다.

선생은 산전수전을 다 겪은 투사와 지사답지 않게 흰 얼굴에 검은 테 안경을 쓰고 온유한 성품, 미소 띤 모습으로 사람들을 대하였다. 천 길 깊은 물이 고요하듯이, 학구적 인상, 기품 있는 거동은 항상 부드럽고 자상하고 겸손하였다. 마음에 사특한 이끼가 끼지 않았기에 얼굴은 늘 그렇게 밝고 맑고 깨끗하였을 것이다. 누구든 그 모습을 따르고 배우고 싶어 했다.

2005년 늦은 가을 어느 날, 선생께서 내가 근무하는 천안의 독립기념관을 불쑥 찾아오셨다. 가족과 함께였다. 중국에서 1945년 8월 한국광복군 국내정진대원으로 선발되어 장준하·노능서 선생과 함께 총을 들고 촬영한 모습을 독립기념관에 목판으로 확대 제작하여 전시실에 설치한 소식을 듣고 방문한 길이었다.

전에도 몇 차례 뵌 적이 있어서 독립기념관에 그 사진을 설치하게 된 배경을 설명하고, 인근의 음식점으로 모시고 가 늦은 점심을 대접하였다. 직접 쓰신《석린 민필호 전(石麟 閔弼鎬 傳)》을 한 권 주시고, 소주잔을 부딪치면서 지식인은 "정사(正邪) 감각이 뚜렷하고 자주의식(自主意識)이 있어야 한다"고 말씀하셨다. 이후 '정사감각'과 '자주의식'은 늘 내 심중에서 떠나지 않았다.

젊어서는 의롭게, 중년에는 정직하게, 노령에는 깨끗하게 사신 김준엽 선생은 우리 사회의 보기 드문 원로(元老)의 모습을 보여주었다.

섭공(葉公)이 자로(子路)에게 공자에 대해 물었으나 대답을 제대로 하지 못하였다. 이에 섭공이 말한다. "그는 사람됨이 발분망식(發憤忘食)하고 낙이망우(樂以忘憂)하여 늙음이 장차 이를 것을 알지 못하고 열정의 세월을 살고 계신다(不知老之將至人)." 내가 지켜본 김준엽 선생의 노후의 모습이었다.

김준엽 선생은 유가의 오덕(五德) 즉 온화·양순·공손·검소·겸양을 두루 갖추고, 여기에 서구적인 지성과 '역사의 신'을 믿는, 사학자의 품격을 겸비한 한국현대사에서 보기 드문 인물이다.

노추·노욕·노회의 '추하게 빛바래지는' 지식인들이 설치는 시대에 선생의 고달팠던, 그러나 의롭고 강직하고 박학했던 생애와 업적을 기리고자 한다.

늘 그러했지만, 큰 인물의 평전을 시작하면서 느끼는 것은, 높고 넓고 깊은 삶과 정신세계를 제대로 그리는 데 연구가 태없이 부족하고 필력이 미세하여, 용이나 호랑이를 그리려다 이무기와 고양이를 그리고 마는 것이 아닌가 하는 두려움이다.

독자 여러분의 격려와 질정으로 이 고산준봉(高山峻峯)의 탐사가 제대로 마무리 되었으면 하는 바람이다.

# 1부

# 조국이 나를 부른다

# 역사의 바람이 오고가던 국경지대

## 평북 강계 '반골' 가문의 기질

김준엽은 1920년 8월 26일 평안북도 강계군 시중면 외시천동에서 아버지 김종걸과 어머니 홍종식 사이에 4남 1녀의 막내로 태어났다. 강계군은 평안북도 북동부에 위치하여 동쪽은 낭림산맥을 경계로 함경남도의 장진군, 서쪽은 위원군과 초산군, 남쪽은 회천군, 북쪽은 자성군과 후창군, 그리고 압록강을 사이에 두고 중국의 만주지방과 접하고 있다.

김준엽의 본관은 충주 김씨 벽동파다. 시조는 신라 경순왕의 16세손으로 고려 때 문화시중을 지낸 김남길(金南吉)인데, 7세손 때에 와서 충주 김씨 문중에는 철산파·벽동파·의주파가 형성되었다.

선대들이 조선시대 직간을 했다가 철산·벽동·의주 등지로 유배되었고, 김준엽의 직계선조들은 대대로 평안북도 벽동에서 살았으나 그의 할아버지가 재산을 모으고 아버지는 강계에서 제일가는 지주가 되었다.

김준엽이 직접 기술한 가계의 전통과 가풍을 소개한다.

> 어릴 때부터 아버지로부터 늘 들은 조상들의 이야기와 또 내가 어릴 적부터 본 아버지나 형님들의 행동이다. 조상들의 이야기란 조선시대에 임금에게 직간하다가 평안도로 유배된 경우였다.
>
> 나의 집안은 우리나라에서 아주 드물게 보는 충주 김씨이다. 그 가운데서도 벽동파(壁潼派)라 하는데, 원래 충주 김씨의 시조는 신라 경순왕의 16세 손으로 고려 때 문하시중(門下侍中)을 지낸 김남길로서, 그의 7세손 때에 와서 충주 김씨는 철산파·벽동파·의주파로 형성되었다고 한다.[1]

김준엽은 선대가 반골(反骨)이고 자신도 이런 혈통을 이은 것 같다고 말한다. 그가 소개한 가계의 '전통과 가풍'은 이어진다.

> 김남길의 6세손 도민(道敏)은 문과에 급제하여 이조 7대 세조 때 이조참의를 지냈는데, 세조에게 직간하다가 1446년(세조 11년)

1) 김준엽, 《장정 1: 나의 광복군 시절》 34쪽, 나남, 1987. (이후 《장정》으로 표기)

평안북도 철산으로 유배되었다. 그러나 그의 세 아들 양수·양한·양희는 벼슬길이 막히지 않아 각각 문과에 급제하여 9대 성종 때 양수는 예조판서, 양한은 이조판서, 양희는 장령을 지냈다.

그런데 이 3형제도 강직한 성품이었던 모양으로 성종에게 직간하다가 1480년에 장남 양수는 철산으로, 둘째 양한은 벽동으로, 막내 양희는 의주로 유배되었고, 결국 이들 후손들에 의해서 철산파·벽동파·의주파가 형성된 것이다.

벽동파인 나의 선조들은 대대로 평안북도 벽동에서 살았으나 조부(김봉구) 때에 강계로 이사했는데 이때로부터 재산이 늘기 시작하여 아버지(김종걸)는 근검 노력하여 나중에 강계에서 일등 부자라는 소문이 난 지주가 되었다.[2]

김준엽은 '반골기질'의 가계에 매우 자부심을 가졌다.

나는 어렸을 때부터 아버지께서 선대들의 유배당한 경우를 자랑삼아 여러 차례 말씀해주신 것을 잘 기억하고 있다. 과묵하신 아버지께서 강직한 성품의 선조들의 이야기만 나오면 다변하셨는데, 아마 집안의 자랑보다는 어린 나에게 그와 같은 훌륭한 인물이 되라는 교훈이었을 것으로 짐작한다.

어린 시절에 나는 그러한 선조들을 동경하면서 지낸 것이 어쩌

2) 앞의 책, 34~35쪽

면 나의 반골기질 형성에 큰 영향을 주었을는지는 모른다. 아마 유배당한 선조들의 이야기를 우리 형제들에게 자꾸만 되풀이해서 말씀해주신 아버지 자신에게도 반골정신이 충만해 있지 않았는가 생각이 된다.[3]

김준엽의 선친은 3대독자였다. 그는 한학을 하여 철저하게 유교적이었지만 이재에도 밝았던 것 같다. 그는 강계읍에서 상업에 종사하면서 시중의 땅을 사들였는데, 땅이 늘어나자 상업을 치우고 아예 시중으로 이사했고, 나중엔 강계 제일의 부자라는 말을 들은 것이다. 그는 재복뿐만 아니라 자식복도 많았다. 홍종식(남양 홍씨)를 아내로 삼아 슬하에 경엽·명엽(여)·창엽·준엽 등 4남 1녀를 두었다.[4]

아버지는 유교적이지만 성품이 매우 활달하여 때때로 사냥을 다니기도 하고, 어머니는 가난한 사람들에게 쌀을 퍼주는 등 동정심이 많았으며 남자로 태어났으면 크게 한 자리 할 만큼 성격이 활달하고 마음이 너그러웠다고 김준엽은 기억한다.

김준엽이 태어난 강계는 지리적으로 만주의 우리 독립운동 근거

3) 앞의 책, 35쪽
4) 김동선, 〈김준엽 가문 독립정신사〉, 〈월간 정경문화〉, 1984년 9월호, 236쪽

지와 가까운 거리에 있어 어릴 적부터 독립운동에 관한 이야기를 많이 듣고 자랐다. 1919년 3·1운동 때는 강계지역에서도 만세시위가 일어났다. 4월 8일 수천 명의 군중이 궐기하여 군청과 면사무소·헌병대를 습격, 방화할 만큼 격렬하게 전개되었다.

이날 헌병 1개 중대가 달려와 시위대에 무차별 발사하여 만세시위 주동자가 현장에서 사망하고 30여 명이 체포되어 혹독한 고문을 당하였다. 이후에도 희생자를 추모하는 집회가 열리고 일경과 대치하는 등 저항이 그치지 않았다. 김준엽은 3·1운동 이듬해 태어나 자라면서 어릴 적부터 자기 고장에서 일어난 항일투쟁을 들었다.

강계는 지리적으로 독립군과 매우 밀접한 관계가 있었지요. 압록강 너머 만주땅에서 대포 소리와 총소리가 자주 들려왔는데, 일본군이 항일중국군과 우리 독립군을 토벌하는 전투였어요. 왜놈들은 토벌이라는 말을 사용했지요.

또 제 부친은 쉬쉬하셨지만 독립군들에게 군자금을 대셨던 것 같아요. 당시 독립군은 국내의 부자들에게서 이따금 자금을 얻어 갔는데, 우리 집에도 낯선 사람들이 들르곤 했어요.

둘째 형도 항일의식이 높으셨어요. 신의주 삼무학교(三務學校)를 나와 일본 유학을 하였는데, 동경에서 항일운동을 하다가 왜놈들에게 쫓겨 하르빈으로 피신하셨지요.

저 자신의 항일의식은 둘째 형의 영향을 받았고, 그 뒤 신의주고보를 거쳐 게이오대학을 다니면서도 나라의 독립 없이는 모든 것이 불가능하다는 생각이 뇌리에 박혔습니다.[5]

사람은 언제, 어디서 태어나느냐에 따라 운명이 크게 작용한다. 항일독립군과 마주한 국경지대 강계에서, 항일무장투쟁의 열기가 뜨거웠던 3·1운동 이듬해 태어난 김준엽은 이미 풍운의 운명을 안고 있었다.

아무튼 김준엽은 매우 단란한 가정에서 태어나 부친의 뜻에 따라 오로지 공부에만 전념했다. 그러나 그의 의식 속에서는 소년시절부터 이미 항일의식이 싹트기 시작했다. 그는 독립군 얘기가 풍성한 강계에서 자랐고 그의 둘째 형이 항일투사였던 것이다.[6]

김준엽은 새로 이사한 시중마을에서 초등학교를 미치고 곧장 외지(外地)에서 초급 고등학교와 일본에 유학, 그리고 학병으로 끌려가 중국으로 망명을 하였기 때문에 고향에서 지낸 세월은 그리 길지 않았다.

나는 국민학교(초등학교)를 졸업한 뒤에는 줄곧 고향을 떠나 있었습니다. 신의주고보를 다녔고, 또 그곳을 졸업한 뒤에는 일본으로 건너가 게이오대학을 다녔고, 학병으로 갔다가 탈출하여 광

5) 《장정 1》, 237쪽
6) 김동선, 앞의 책, 236쪽

복군에서 활동하면서 해방을 맞이했습니다. 그래서 고향에 대한 기억이 별로 없습니다.

강계읍에서 살다가 유치원 다닐 때 시중(時中)으로 이사 간 것이 기억나고 산천이 수려했다는 것, 그리고 무엇보다 강물이 무척 맑았다는 것이 기억에 생생해요. 그래서 요즘도 여행하다가 강을 보면 고향 생각이 문득문득 납니다.

우리 고향은 압록강이 가깝고, 강 너머 만주에는 독립군과 항일 중국군이 활동하고 있었으므로 대포소리와 총소리가 가끔 들려왔지요. 강계는 또 포수로 유명하지요. 나의 부친도 틈틈이 사냥을 나가시는 걸 자주 보았습니다. 이제는 기억이 희미하지만 누가 산삼을 캤다는 애기도 어릴 때 자주 들었던 것 같아요.[7]

김준엽은 많은 글을 남겼다. 광복군 시절과 대학 총장시절 등 대부분 청·장년기의 기록이다. 그러나 초·중·고등학교 시절의 애기는 언론과 대담 기사에서 잠깐씩 언급하고 있을 뿐 각종 저술의 '약력·경력란'에도 별로 기록하지 않았다.

가정이 비교적 유복하여 일찍 대처로 나와 초·중·고등학교를 다닐 수 있었다. 그의 실질적인 고향이 된 시중(時中)으로 이사하여 그곳에서 초등학교와 시중보통학교를 거쳐 신의주에서 고등보통학교를 다녔다.

---

7) 《장정 1》, 235~236쪽

시중은 강계읍에서 북쪽으로 90리, 압록강변 만포진에서 50여 리 떨어진 300여 호의 마을이었다.

"초등학교 시절이 제일 생각납니다. 고향으로 흐르던 독노강이 자꾸 떠오르는데, 지금도 여행을 하다 강을 보면 불쑥 고향의 독노강 생각이 납니다. 내 셋째 형님이 계신데 지금 은퇴를 해서 경기도 양수리에 살고 계세요. 그분도 독노강이 그리워 강가에서 사시는 겁니다."[8]

## 역사의식 일깨운 신의주고보 시절

김준엽은 시중에서 보통학교(초등학교)를 졸업하고, 압록강가에 있는 5년제 고등보통학교인 신의주고보에 입학하였다. 평안북도 서북부 압록강 하구 남안에 위치한 신의주는 1911년 압록강철교가 완성되면서 만철(滿鐵)의 안봉선(安奉線)과 연결됨으로써 철교를 건너 만주로 통하는 관문이 되었다. 그만큼 독립운동가의 활동이 활발하고 일제 관헌의 단속이 심하였다.

그런 속에서도 1919년 3·1운동 당시에는 3월 30일에 만세 시위가 격렬하게 전개되었다. 박은식의 《한국독립운동지혈사》에 따르면 집회횟수 3회, 집회인수 5300명, 사망자수 5명, 부상자수 25명, 투옥자수 940명이었다.

8) 이훈, 〈월간 예향〉, 1988년 3월호. 김준엽, 《역사의 신》, 398~399쪽, 나남, 1990.

또한 1920년 8월 15일 독립군결사대원 정인복 등이 중국 시찰을 온 미국국회의원단이 우리나라를 통과한다는 소식을 듣고 신의주역 인근 호텔에 폭탄을 투척했으나 폭탄의 위력이 약하여 건물의 일부만 파괴하고 체포된 사건이 있었다.

신의주 출신 독립운동가에는 민족대표 33인 중의 양전백·유여대와 중국과 국내에서 항일운동을 하다 체포되어 옥사한 오동진·박희정, 독립단원으로 만주와 국내에서 활약하다가 사형 또는 전사한 고득수·박성흠·백운한·박의범·최시홍 지사 등이 있다.

근대 교육기관은 신의주고등보통학교 외에 1909년 신의주공립심상소학교가 처음 개교하고, 1913년 양죽심상소학교, 사립으로는 1912년에 신명학원, 중등교육기관으로 1921년에 신의주공립중학교와 1926년에 일본인 전용의 신의주공립여자중학교, 상무학교의 후신인 평안중학교, 1941년 개교한 제1·제2공업학교 등이 있었다.

김준엽은 1935년(15세)에 시중보통학교를 졸업하고 그해 신의주고등보통학교에 입학하였다. 당시 시중에서 신의주를 가는 데는 3일이나 걸렸다. 그만큼 교통이 불편했는데도 김준엽의 부모가 자식들을 신의주에 유학시킨 것은 경제적 여유와 남다른 교육열이 있었기 때문이었다. 김준엽은 신의주고보에 다니면서 투철한 민족정신이 싹트기 시작했다.

일제강점기 신의주고보는 평양고보·함흥고보·동래고보와 함께 스트라이크(동맹휴학)가 가장 심한 학교였다. 그 당시의 스트라이크란 학교를 대상으로 일으키는 것이었으나 실질적인 내용인 즉슨 항일이었다.

그만치 학생들의 반일의식이 강했고 나는 어린 나이에 입학하자마자 상급생들이 하라는 대로 스트라이크에 참가한 일이다. 이런 일이 일어나면 으레 추모자는 경찰에 체포되어 퇴학을 당했고 주모자 이외의 학생들도 경찰서에 끌려가서 곤욕을 치르곤 하였다.[9]

김준엽이 신의주고보에 다니던 1930년대 후반기는 일제의 중국 침략으로 중·일전쟁이 발발하고, 조선총독부는 한반도를 병참기지화하면서 신사참배가 강요되고 각급 학교에서는 한국사와 한국어 사용을 금지시켰다.

일제의 동화정책은 날이 갈수록 심해졌다. 전체 학생들이 모인 조회에서 날마다 '황국신민서사'라는 것을 큰 소리로 봉창하게 하고, 일본 천황이 있다는 동방을 향하여 요배하게 하더니 나중에는 교정에다가 봉안전(奉安殿)이라는 것을 만들어 현인신((現人神)을 '모시고' 우리에게 항상 배려할 것을 강요하였다. 그뿐인가, 1938년부터는 '국어(일어)' 상용을 강요하기 시작하여 학교는 물론

9) 《장정 1》, 51쪽

이고 집에서도 일어를 사용하라는 것이었다.

일제의 이러한 횡포에 반감을 갖는 것은 당연한 일이다. 상급반이 되면서 나이도 한두 살씩 더 먹어 철도 많이 났거니와 일인들의 횡포가 날이 갈수록 심해짐에 따라 어린 나의 마음속에도 뚜렷하게 민족정신이 싹트기 시작하였고 일인들에 대한 증오감이 깊어만 갔다. 이것은 나뿐만이 아니라 정도의 차이는 있을지언정 모두가 그랬다고 나는 생각한다.[10]

일제가 중국의 한구(漢口)를 함락하면서 기세는 하늘을 찌를 듯하였다. '승전'에 비례하여 조선에서 수탈과 '축하행렬' 등 강제 동원이 많아졌으며 젊은 학도들의 반감도 심해졌다.

반일 감정이 행동으로 터지기 시작하였다. 무한삼진(武漢三鎭, 한구·무창·한양)을 점령하였다고 하여 우리는 쌀쌀한 초겨울 밤 초롱불을 들고 일본 군가를 부르면서 가두행진과 집회에 동원이 됐는데, 이심전심으로 도중에 모두 불을 끄고 완전히 침묵 행진하였을 뿐만 아니라 야밤에 귀교한 다음에는 교실의 유리창을 마구 부수어 버렸던 것이다. 화가 난 학교당국과 경찰이 수업을 전폐하고 주모자를 색출하려고 하였으나 실패하였다.[11]

---

10) 앞의 책, 52~53쪽
11) 앞의 책, 52~53쪽

3·1운동 이듬해 태어나 독립운동이 치열하게 전개되는 한·만 국경지대에서 신의주고보를 다닌 김준엽은 배일 감정이 강한 가족사와 더불어 일제에 대한 증오심을 키우며 청소년기를 보냈다.

신의주고보 4학년 때 동급생 전원이 일본으로 수학여행을 하게 되었다. 일본의 개국시조라는 천조대신(天照大神)을 모신다는 이세신궁(伊勢神宮)과 기념관 등을 강제로 참배시킬 때, 김준엽은 경건하기는커녕 학우들과 크게 떠들어 하마터면 '불경죄'로 걸릴 뻔했는데 인솔 교사들의 노력으로 간신히 풀려나기도 하였다.

김준엽은 신의주고보 시절에 의식적으로 크게 성장하고, 압록강을 건너 안동(단둥)을 왕래하면서 우리 역사와 중국에 관해 관심을 갖게 되었다. "아무튼 나는 신의주고보를 다니는 5년 동안에 반일 감정으로부터 차차 민족의식이 싹트기 시작하였는데, 이러한 의식은 일본 동경에서의 유학생활을 통하여 더욱 굳어지고 드디어는 독립군에 참가하겠다는 결심으로 발전했던 것이다."[12]

12) 앞의 책, 55쪽

# 일본 게이오대학 유학시절

## 동양사학과를 선택한 이유

5년제 신의주고보를 졸업한 김준엽은 1940년 3월 일본 도쿄에 있는 게이오대학(慶應大學) 동양사학과에 입학하였다. 조선인이라는 이유로 곳곳에서 차별 대우를 받았으나, 아버지의 도움으로 학비·생활비 걱정 없이 유학생활을 하게 되었다. 당시 대부분의 한국 유학생들이 신문과 우유배달을 하는 고학생인데 비하면 유복한 편이었다.

1940년은 아직 미·일 전쟁이 발발하기 전이었으나 일본은 대륙침략과 군국주의화가 극한으로 치닫고 있던 시점이었다. 일본은 1931년 6월 만주를 침략하고, 1932년 7월 만주에 괴뢰국을 설치했으며, 1933년 8월 국제연맹을 탈퇴하여 국제사회에 전의를 드러냈다.

일본에서는 또 1936년 2월 일단의 육군 황도파 장교들이 국가개조와 군정부 수립을 요구하는 2·26반란사건이 일어나고, 1937년 12월 노구교사건을 빌미로 중·일전쟁을 일으켰다. 김준엽이 일본에서 유학생활을 시작한 1940년 9월에는 독일·이탈리아와 3국동맹을 맺고 국제 파시스트체제를 더욱 강화하였다. 일본은 중국과 동남아 전선에서 승승장구함으로써 기세를 올리는 한편 극우군부 세력이 국정과 외교를 농단하는 광기의 시대로 변해갔다.

김준엽이 게이오대학을 선택한 데는 까닭이 있었다. 후쿠자와 유기치(福澤喩吉)가 창설한 대학으로 비교적 자유로운 학교(학문) 분위기 때문이었다. 후쿠자와는 1860년 이후 세 차례나 서양 각국을 다녀와서 《서양사정》, 《학문의 권유》, 《문명론의 개략》 등을 저술하여 일본사회에 일대 돌풍을 일으켰다.

그가 주창한 '문명개화'는 서양의 진보한 문화에 맞춰 영어의 'Civilization'을 번역한 것으로서, 일본 근대화의 담론이 되었다. 후쿠자와는 게이오대학을 설립한 데 이어 잡지사 '명육사(明六社)'를 만들어 언론을 통해 자유민권 운동을 선도하였다. 그는 일본 근대화의 정신적 선구자였다.

그렇다고 후쿠자와가 평화와 민주주의 신봉자인 것은 아니었다. 청·일전쟁 때 일본의 침략전쟁을 지지하였고, 일본이 아시아를 이탈하여 서구와 함께해야 한다는 이른바 '탈아입구론(脫亞入歐論)'자였다. 이 같은 전력까지를 자세히 알기 어려웠던 김준엽은 그의 '문명개화론'에 크게 감명을 받고 게이오대학을 택한 것이다.

> 내가 복택(福澤)으로부터 감명을 받은 것은 그런 (전쟁지지와 탈아입구론-필자) 것이 아니라, 그가 부르짖던 경응대학의 교훈인 독립자존의 정신과, 그가 끝끝내 관의 유혹을 뿌리치고 학문과 언론활동에만 전념했던 생활철학에 대하여 감명을 받았던 것이다. 또한 경응대학이 다른 대학에 비하여 훨씬 리버럴했던 것도 설립자 복택이 세운 전통이었는데, 아무튼 나는 그의 학문적 태도와 일본 사회를 근대화시킨 역할에 깊은 감명을 받는 것이 틀림없다.
>
> 대학에서 배운 독립자존은 나에게 있어서는 우리나라의 독립자존을 뜻하는 것이고, 리버럴(liberal)이란 우리 민족의 해방을 의미하고, 복택이 일본의 근대화에 학문과 교육, 그리고 언론을 통해서 기여한 것처럼 우리 조국의 근대화를 위하여 헌신할 것이라는 것을 배양해주었다.[13]

김준엽은 후쿠자와 유기치로부터 독립자존의 정신을 배워서 독립군이 되고, 관의 유혹을 뿌리침에서 총리직을 거절하고, 학문의 자유에서 고려대학 총장 재직 시 독재정권의 교권유린에 맞설 수

13) 《장정 1》, 59쪽

있었던 것 같다.

김준엽이 동양사학과를 택한 것도 사연이 있었다. 그의 회고이다.

> 압록강 철교를 건너 안동을 마음대로 내왕할 수가 있어서 일요일이면 셋째 형님과 함께 안동(단둥)에 여러 차례 갔었다. 특히 안동의 구시가지—말하자면 중국인들의 거주지를 찾는 것이 커다란 낙이었는데, 어쩌면 이것이 내가 중국사를 전공하게 된 이유 중의 하나가 될는지 모르겠다.
>
> 나는 역사와 지리 과목을 특별히 좋아했고, 항상 우리 민족의 역사에 커다란 관심을 두고 있었지만 학교에서는 일본사만 가르쳐주었다. 당시 대학의 동양사에서는 중국사가 주이지만 조선·만주사도 가르쳐준다는 것이 원인이 되어 내가 대학에 가서 동양사를 택했지마는 내 생각의 밑바닥에는 안동에 가서 중국 거리를 보면서 느낀 중국이나 중국인에 대한 호기심과 흥취가 깔려 있을 것으로 생각한다.[14]

김준엽은 1944년 1월 학병에 끌려가면서 게이오대학을 중퇴할 때까지 4년 동안을 적도 도쿄에서 학구생활을 하였다. 일본은 1941년 12월 8일 하와이 진주만을 기습공격, 제2차 세계대전을 도발하였다. 태평양전쟁을 도발한 일본은 전쟁 목표가 구미열강으로부터 아시아

14) 앞의 책, 55쪽

를 해방시켜 이른바 '대동아공영권'을 건설하는 데에 있다고 내세웠으나, 문민통제를 벗어난 군부강경파들의 군사적 모험주의의 발작이었다.

일본 군국주의 정부는 1943년 11월 5일, 6일 도쿄에서 만주국·중국(왕정위 또는 왕조명 괴뢰정부)·필리핀·태국·버마·인도 등의 '대표'들을 불러 모아 '대동아회의'를 열고 '대동아공동선언'을 채택하는 등, 전쟁 도발이 아시아의 해방전임을 선전하였다.

일본은 1942년 6월 미드웨이 해전에서 항공모함 4척이 침몰하면서부터 전세가 기울기 시작하여, 1943년 2월 일본군이 총공세를 편 과달카날 전투에서도 패함으로써 전세가 연합군에 유리해졌다. 전시체제에서 재일 한국유학생들이 갖가지 어려움을 겪었던 것은 말할 나위도 없을 것이다.

> 하숙집에 한 달에 한두 번은 형사들이 늘 찾아와서 동정을 살피면서 노골적인 압력을 가하고, 또 집에 있을 적에 찾아와서는 동정을 살피면서 집 주인에게 나에 관한 정보를 청취하고 조금이라도 이상한 것이 있으면 서(경찰서)로 즉각 연락하라는 지시를 해둔다.
>
> 집 주인이 일본인이기는 하지만 오래 있다 보면 인간적인 정도

들고 해서 형사보다는 나와 가까워지는 수가 많았다.[15)]

## 끌리는 우연의 마주침, 여운형 선생

일본은 역사적으로 한 번도 자국 영토에 외침을 받아본 적이 없었다. 1281년 5월 몽고·고려연합군이 3만 병력으로 일본에 상륙하여 다자이부(太帝府)를 공격했으나 폭풍을 만나 실패한 것이 처음이고 마지막이었다.

일본은 청·일전쟁, 러·일전쟁, 조선침략, 중·일전쟁, 동남아 침략, 하와이 공격 등 역대의 모든 전쟁을 국외에서 치렀다. 따라서 1944년 11월 미군이 본토를 공습할 때까지 일본은 비교적 안전지대였다. 생필품이 모자라고 물가가 크게 올랐으나 다른 나라의 전쟁지역과는 사뭇 달랐다. 전시 중이더라도 유학생들은 공부를 할 수 있었다는 말이다.

김준엽은 게이오대학 재학 중 3명의 친구들과 깊이 사귀면서 정보를 나누고 정세를 토론하면서 전쟁 후 자신들과 민족의 장래문제를 이야기하였다.

신의주고보 동기생으로 게이오대학 동창인 최기일(崔基一), 신의주고보 1년 선배인 동경공과대학생 김형기(金亨基), 게이오대학 법학부생 김영진(金永鎭)이 그들이었다. 최기일은 학병을 거부하고

---

15) 앞의 책, 36~37쪽

해방 후 이승만의 비서일을 보다가 미국으로 건너가 하버드대학에서 박사학위를 받고 교수생활을 하였다.

김형기는 부친이 중국에 망명한 애국자 가문의 공학도로서 은밀히 단파 무전기를 조작하여 해외 정보를 입수하고 친구들에게 알려주었다. 중경의 김구 선생과 임시정부의 존재, 미국의 이승만 박사에 관한 정보를 들을 수 있었다. 김준엽이 학병에 끌려가 중국에서 탈출할 수 있었던 것은 이때 취득한 정보가 크게 도움이 되었다.

또 한 사람 김영진은 정치학을 전공하여 이론적 무장이 잘돼 있어 우리나라가 독립을 하면 민주공화정치를 해야 한다는 주장을 폈다. "우리 넷은 역사학·경제학·정치학·자연과학(기계학) 등으로 전공분야가 다르기 때문에 서로 어울리면 학문적으로도 많이 보완하였거니와, 무엇보다도 우리의 항일투지를 굽히지 않고 더욱 굳게 하였을 뿐만 아니라 이론적 무장을 튼튼히 할 수 있었던 것은 여간 다행스러운 일이 아니었다."[16]

김준엽은 자서전격인 《장정 1》의 게이오대학 시절을 회고하는 대목에서 자신이 학문 이외에 배운 것이 있다면, 이 대학 설립자인 후쿠자와 유기치의 건학정신과, 최기일과 함께 민족정신이 강한 박영출 목사를 찾아가 뵌 것, 그리고 어느 날 우연히 길가에서 만난 몽양 여운형과의 해후를 들었다.

여운형은 1919년 일본 조야를 상대로 '조선독립의 당위'를 공개적

16) 앞의 책, 58쪽

으로 강연하여 일본열도를 뒤흔들고, 상하이에서 일경에 체포되어 국내로 압송돼 옥고를 치렀다. 석방 후《조선중앙일보》사장으로 취임하여 항일언론 투쟁을 하다가 1936년 손기정 베를린 올림픽 마라톤 선수의 '일장기 말살사건'으로 신문이 폐간되는 등 곤욕을 치렀다.

이후 몇 차례 일본을 방문하여 국제 정세를 살피고 재일 유학생들을 격려하였다. 당시 조선유학생들에게 여운형은 민족적인 우상이었다. 김준엽이 우연히 만난 사연을 소개한다.

> 어느 날 나는 하숙집 부근의 길에서 천만 뜻밖에도 여운형 선생을 만난 일이 있다. 그때 여 선생은 무엇 때문에 동경에 들렀는지는 몰라도 하얀 비단 두루마기의 한복차림으로 적중(敵中)을 걷고 있는 것이었다.
>
> 나는 초면이지만 대번 여 선생을 알아 볼 수가 있었다. 하얀 한복에 하얀 수염이 아주 인상적이었다. 여 선생은 내가 그를 존경하는 조선학생인 것을 알고 무척 기뻐하셨다.
>
> 약속 때문에 긴 이야기를 할 수 없는 것을 나보다도 여 선생이 더욱 서운해하였다. 그는 굳게 나의 손목을 잡으며 격려해주었다. "조선의 장래는 김 군과 같은 젊은이의 양어깨에 달려 있다"고 힘주어 말하는 것이었다.
>
> 방학에 서울에 오게 되면 자기를 찾아달라고 하면서 헤어졌다.

> 우리는 무언중에 '모든 것'이 가슴에 통하는 것을 느꼈다. 내가 평소에 독립운동가에 대하여 숭배에 가까운 감정을 품고 있어서 그랬는지는 몰라도 이때의 길가에서의 수분 간의 여 선생과의 만남은 젊은 나에게 대단히 심각한 영향을 주었고, 나도 꼭 그분들의 뒤를 따르리라고 다짐하였다.
>
> 이리하여 나의 반골정신과 민족정신은 동경유학을 하면서 온전히 확립된 것이고, 이제는 생각으로만 그칠 것이 아니라 행동으로 옮겨야 한다는 결론을 내리고 있던 차에 학병문제가 생긴 것이다. 나는 학병으로 나갔다가 탈출하여 내가 동경하는 우리나라 독립군에 가담하여 조국의 독립을 위하여 내 목숨을 바칠 각오가 되어 있는 것이다.[17]

우연하게 이루어진 여운형과의 짧은 만남에서 김준엽은 크게 감명을 받고 반골정신과 민족정신을 더욱 투철하게 확립할 수 있었다. 그리고 곧 '실천'에 옮길 각오를 다졌다. 도쿄의 다수의 대학생들이 친일파로 변신한 것과는 달리 김준엽은 민족주의자로 단련되어 귀국하기에 이르렀다.

일제말기 조선의 엘리트 청년들에게는 세 갈래의 좁은 길만이 있었다. 싫지만 어쩔 수 없이 학병에 끌려간 부류, 자진하여 일본군에 들어간 부류, 학병에 끌려갔다가 탈출하여 광복군이 된 경우

---

17) 앞의 책, 60~61쪽

가 그것이다.

모두 선택이 비좁은 망국기 청년들의 시대적 고통이지만 여기에서 정도(正道)와 사도(邪道)가 갈리고, 민족주의자와 사대주의자가 판가름 나는 선택의 갈림길이었다. 어느 시대나 정도는 고난이 따르고 사도는 출세가 열린다. 김준엽의 선택은 고난이 함께하는 정도의 길이었다.

# 일본 학도병 탈출 1호

## 살기 위해 죽을 곳으로 끌려간 청년들

태평양전쟁을 도발한 일제는 1943년 10월 26일 이른바 '조선인학도육군특별지원병제도'를 공포하였다. 학도지원병은 표면으로는 자의에 의한 지원이라 하였으나 실제로는 강제동원과 다르지 않았다.

일제는 태평양전쟁이 막바지로 치달으면서 점점 위기의 국면에 접어들자 조선청년들을 총알받이로 전쟁에 끌어들이고자 학도병제도를 만들고, 해당 학교와 가족에게 '지원'을 독려하였다. 또한 총독부 경무국은 사회적으로 명망이 높은 김성수·장덕수·최남선·이광수 등을 앞세워 기관지 〈매일신보〉에 지원하는 글을 쓰게 하거나 지방을 순회하면서 강연을 하도록 하였다.

조선인 학병 해당자 중에는 이에 저항하여 집단행동을 하거나, 술을 마시고 경찰관서를 파괴하는 경우도 벌어졌다. 또한 만주나 깊은 산속, 탄광으로 들어가 학병을 거부한 사례도 없지 않았다.

1944년 1월 19일~20일에 학병 적격자 7200여 명 가운데 한국 내 학생 959명(적격자 1000명), 귀성 중인 일본 유학생 1431명(적격자 1529명), 일본에 남아 있는 유학생 719명(적격자 1524명), 취직 중인 졸업생(적격자 약 700명) 등 총 4358명이 전국 각지에서 강제 입대하였다.

일제는 이에 앞서 1938년부터 1943년까지 육군특별지원병제를 실시하여 1만7664명, 해군특별지원병 2만1316명을 동원했으며, 1938~1945년까지 육·해군 군속으로 각각 7만7652명과 7만7915명을 별도로 동원하였다. 이와는 별도로 1934년부터 패전 직전까지 노무자·여성위안부·징용 등으로 총 731만6234명을 강제 동원했으며, 이 중 612만6163명은 일본 내 탄광, 광산촌 등과 동남아 각지와 남양군도 등지에 끌려갔다.[18]

일제말기 조선의 청장년들은 '살기 위해 죽을 곳'으로 끌려갔다. 학병이나 징용·징병·여성위안부 등을 거부했다가는 남은 가족이 심하게 시달려야 했고, 공직 추방이나 배급이 중단되고 심지어 기차나 우편 사용까지 금지시켰다.

극소수 기회주의자들의 일본군 지원자 이외 다수의 청장년들이

18) 김삼웅, 《일제는 조선을 얼마나 망쳤을까》, 178쪽, 사람과사람, 1998.

일제 침략전쟁의 총알받이나 전쟁물자 조달의 소모품으로 끌려갈 때, 김준엽은 독립군이 되고자 지원서에 서명하였다. 아버지의 사망으로 고향에 와 있던 1943년 11월 말, 23세 때의 일이다.

일제는 이 해 12월 22일부터 28일까지 '학도병 지원자'들을 서울로 소집하였다. 예비훈련과 신원점검이 목적이었다. 각지에서 모인 학병들을 통해 각종 정보를 들을 수 있었다. 중요한 정보 중에는 조선인 학병들은 십중팔구 중국으로 배치된다는 것, 바로 김준엽이 기대하던 정보였다.

> 나는 뜻밖의 수확을 안고 12월 29일 고향으로 돌아왔다. 그로부터 약 3주일 동안 고향에서 마지막 생활을 하게 되었다. 그때 고향을 떠난 이후로 일생 동안 다시 가보지를 못했으니 정말로 마지막이 되었지마는, 그 당시의 나의 느낌은 다시는 살아서 조국에 돌아올 수 없으리라는 판단으로서의 마지막이었던 것이다. 마지막이라는 생각에서 일어나는 감상도 깊었지마는 그보다 더 골똘한 것은 탈출 계획이었다.[19]

김준엽은 평소 꼼꼼한 성격대로 탈출에 필요한 세심한 준비를 서둘렀다. 중국지도, 중국어책, 나침판, 탈출 시 중국군을 만났을 때를 대비하여 일본인이 아닌 조선학생이라는 것을 분명하게 하기

---

19) 《장정 1》, 64쪽

위해 게이오대학생 모자를 쓰고 한복을 입은 어머니와 함께 찍은 사진, 왜놈에게 붙잡혔을 때 자결하기 위한 아버지가 남긴 주머니칼, 탈출 시 필요한 700원의 중국 지폐 등을 마련하였다.

돈은 중국 강소성에 배치되었을 경우 서주(西洲)에서 중국군 주둔지까지 어림하여 700리로 잡고 탈출 뒤 하루 100리 길을 걸으면서 100원씩 쓰기로 한다면 700원이 필요하다는 계산이었다. 당시 조선인 중학교 교사의 월급이 30~40원 정도였으니까 거액이었다. 그의 집이 어느 정도 여유가 있었기에 가능했던 것이다.

김준엽은 일본군의 신체검사에 대비하여 준비품을 조그마한 부적 주머니를 만들어 허리춤에 꿰 차기로 하였다. 일제는 한인 학도병들에게 부적(符籍)의 소지를 허용하였다. 부적은 재해나 죽음 등의 재앙을 방지하고 못된 귀신을 쫓아내는 데 영험이 있다고 믿어 집이나 의복, 신체 등에 붙이거나 휴대하는 관습에 따른 것이었다. 김준엽은 이를 이용한 것이다.

김준엽은 1944년 1월 18일, 면장의 주선으로 온 마을 사람들의 환송을 받으며 장도에 올랐다. 벨구슨이 지은 일역판 《웃음의 철학》을 평양행 열차에서 읽었다. "죽더라도 웃으면서 죽고 싶은 나의 심정이었다"고 이 책을 읽게 된 이유를 밝혔다.

## 서주 쯔카다부대로 배치

1944년 2월 13일 여전히 살을 에는 추위가 가시지 않는 속에 김준엽과 한인 학병들은 일본군 장교·하사관들의 인솔 아래 중국 강소성 북부에 있는 서주로 가기 위해 기차로 평양부대를 떠났다. 일본 유학시절부터 알고 지냈던 신상초와 마주 앉아서, 신의주고보 시절에 방학이면 빠지지 않고 내왕했던 신안주를 거쳐 안동을 지났다.

기차 속에서 3박 4일이 지난 2월 16일 오후 서주에 도착하였다. 기차는 산해관→진황도→당산→녕하→천진→제남을 거쳐 서주에 이르른 것이다.

> 유배지인 서주역에 내려 나흘만에 비로소 땅을 밟게 되었다. 밖은 쌀쌀한 날씨인 데다가 바람이 심하여 황사가 하늘을 가리고 있었다. 우리는 도살장에 끌려가는 황소들 모양으로 줄을 지어 시내를 지나 교외로 빠져나갔다.[20]

김준엽은 서주의 병전부대에서 4일 동안 대기하다가 2월 25일 대허가(大許家)에 있는 일본군 경비중대 쯔카다부대로 배치되었다. 그가 이 부대에 배치되고 있던 시기에 일제는 동남아와 태평양 지역에서 전투를 하느라 중국 전선은 일종의 소강상태를 유지하고 있었다.

---

20) 앞의 책, 83~84쪽

일제는 중·일전쟁 이후 파죽지세로 대륙을 공격하여 1937년 12월 중국 국민정부의 수도인 남경을 빼앗았다. 국민정부는 수도를 사천성의 중경으로 옮겼다. 1938년 5월에는 다시 서주를 잃고 10월에는 광동과 한구를 빼앗겼다.

> 1938년 말 이후로는 일본군이 북경–정주–한구–장사–광주를 잇는 남북종단철도 이동의 양자강 북부 지역만을 장악한 상태에서 전선이 교착되었다. (…) 그러나 일본군의 점령지역이라 할지라도 그것은 점(도시)과 선(철도)에 불과하였던 것이다.
>
> 광막한 대륙에는 중국인민의 민족적인 항전의식이 불타오르고 있었고 중국군의 유격(게릴라) 활동은 일본군의 배후를 괴롭혔다. 끝없는 장기전의 진흙탕 속에 일본 제국주의는 스스로 빠지고 있었던 것이다.[21]

대허가(大許家) 주둔 쯔카다 경비중대로 배속 받은 신병은 김준엽과 한국인 3명, 일본인 50명이었다. 여기서 신상초와는 헤어졌다. 서주에서 동쪽으로 60킬로미터 지점의 대허가는 300호 정도가 사는 마을로서 8미터 높이의 토성으로 쌓이고 성을 따라 주위가 5미터 넓이의 해자(垓字)로 구성되었다.

경비중대는 고참병 70명과 신병 54명으로 구성돼 있는데 신병

---

21) 앞의 책, 87~88쪽

54명은 다시 3개분대로 구성되어 김준엽은 적탄통반으로 편입되었다. 김준엽에게 행운이 따랐다. 훈련교관이 게이오대학 법학부 출신의 4년 선배 육군소위 소후에 로이찌였다. 분대장들도 이 같은 사실을 알고 부드럽게 대해주었다.

하지만 초년병 훈련은 가혹했다. 특히 훈련과정의 '담력시험'에는 일본 제국주의의 본질과 같은 참혹한 모습을 보여주었다. 고참병 2명이 평복 차림의 중국청년을 포박해서 죽이는 '실습'을 자행한 것이다.

> 교관(소후에)이 큰 소리로 초년병들에게 총검을 명령하더니 한 줄로 서서 차례로 포박한 중국인을 찌르라는 것이다. 약 30미터 밖에서부터 뛰어가다가 큰소리로 외치면서 찌르라는 것이다. 이런 야만적 행패가 있을 수 있는가! 이것이 그들의 자랑하는 무사도정신이란 말인가! 소위 황군에게는 국제법이라는 것이 털끝만치도 머릿속에 없었다.
>
> 모두 한 줄로 서기 때문에 어쩔 수 없이 나는 54명의 맨 마지막에 섰다. 이것을 거부해야만 될 것이 아닌가 하는 생각이 가슴에 가득 차 있었으나, 그러다가는 탈출이라는 나의 '거룩한' 목적을 달성 못할는지 모를 일이었다.
>
> 지금도 기억이 생생하지만 제일 먼저 뛰어나간 살인자는 길강(吉岡)이라는 왜놈이었다. 그 뒤를 왜놈들이 미친 듯이 차례로 뛰

어나가 칼로 찌르는 것이었다. 우리 학도병들은 거의 모두가 뒷줄에 서 있었다. 불쌍한 중국인은 길강이 찌르자 벌써 땅에 쓰러져 있었다.

처음의 3~4명이 찔렀을 적에 이미 완전히 사망하였을 것이다. 나는 맨 마지막에 죽은 시체를 찌르는 시늉을 하기는 했으나 이 때처럼 불쾌하고 격노한 일이 없었다. 일본 군국주의나 침략행위는 물론이려니와 이러한 잔인한 행위를 하는 일본인들이 밉기가 한이 없었다.[22]

일제의 '담력시험'은 그들의 야수적인 생체실험과 궤를 같이하는 잔인무도하고 포악한 '시험'이고 '실험'이었다. 이 같은 만행은 점령지 도처에서 자행되었고, 군인들을 야수로 만들었다. 김준엽은 가장 자유주의적이라는 게이오대학 출신 선배의 야만성을 지켜보면서 분노로 치를 떨고, 하루빨리 탈출하여 원수를 갚겠다는 결의를 다지며 기회를 노렸다.

## 학병 탈출 1호를 기록하다

기회는 준비된 사람에게만 찾아온다고 한다. 중국인 청년의 극살사건 며칠 전 밤 9시 점호가 끝난 후 소후에 로이찌가 김준엽을 불렀

22) 앞의 책, 93~94쪽

다. 모처럼 학교 후배와 정을 나누고자 자리를 마련한 것이다. 자신은 입대한 지 2년이 되었다는 것, 그리고 전황과 인근 적(중국군) 부대의 위치 등을 자세히 설명해주었다. 그는 후배에게 호의를 베푸느라 이것저것 알려주었지만, 김준엽에게는 황금 같은 정보였다.

그를 통해 중국군 유격대가 40리 밖에 포진하고 있다는 사실을 들을 수 있었다. 벽에 걸린 중국 지도에 숙양(宿洋)이라는 지점이었다. "입대할 때는 탈출하여 정주까지 700리를 걸어야 중국군을 만날 수 있을 것으로 판단하고 자금도 700원을 준비했는데, 불과 40리 떨어진 곳에 중국군이 있었던 것이다. 나는 이 사실을 발견하고 흥분을 억제할 수 없었지만 태연하게 잠자리에 돌아왔다. 이제 탈출 성공의 또 하나의 커다란 난관이 해결된 셈이다."[23)]

인근에 중국 유격대가 있다는 사실을 알게 된 김준엽은 함께 이 분대에 배치된 한국인 학병들에게 은밀히 탈출할 것을 제안했으나 그들은 모두 펄쩍 뛰었다. 자칫 정보가 누설되지 않을까 우려하면서 때를 기다렸다.

김준엽은 고참병들이 작전에 나가고 신병들만 부대에 남은 3월 29일을 탈출의 날로 작정하고 준비를 서둘렀다. 잠결에 아버지가 나타나 선몽해주셨기 때문이다. 그리고 붙잡혔을 때 자살에 대비하여 소대장의 수류탄을 훔쳤다. 난생처음의 도둑질인데 '조국해

23) 앞의 책, 96~97쪽

방'의 명분으로 생각하며 감행했다고 한다. 마침내 3월 29일 달이 없는 캄캄한 새벽 2시, 보초 교대 시간을 이용하여 부대를 이탈하여 끝없는 들판을 몇 시간이나 뛰어서 날이 밝을 녘에 간신히 국부군계(國府軍系) 유격부대를 만나게 되었다. 인근 마을의 개 짖는 소리를 뒤로하여 강물에 뛰어들기도 하는 사투 끝에 얻은 구사일생이었다.

필담을 통해 자신은 한국인으로 일본군을 탈출하여 한국독립군을 찾아가는 길이니 그리로 보내달라고 요청하였다. 처음에는 이 부대가 왕정위(汪精衛) 부대인 줄 알고 자살을 시도했다가 국부군 계열임을 알고는 하늘의 도움이라고 믿었다. 왕정위는 일본 군부가 세운 친일괴뢰정부의 수반이었다.

김준엽은 후일 이때를 회상하여 사람이 한 일을 다 한 다음 하늘의 뜻을 기다린다는, '진인사대천명(盡人事待天命)'을 가훈으로 삼았다고 자서전에서 밝혔다. 군인들은 김준엽을 유격대 사령부로 안내하고 극진히 대접하였다. 마침내 탈출에 성공한 것이다.

> 10시경이 되니까 그들은 술상을 크게 차려주었다. 한 잔 들고 유격대의 사령부로 안내하겠다고 한다. 나는 주는 대로 빼갈 술을 많이 마셨지만 조금도 취하지가 않았다. 이 기쁨! 이 감격! 나는 아버지가 나를 보호해준 것으로 알았다. 꿈에 나타나 3월 29일에 탈출하라고 하신 아버지의 모습이 자꾸만 머리에 떠올랐다.

"어머님, 형님들! 제가 이렇게 무사히 탈출할 수 있도록 도와주셔 고맙습니다."

나는 부모님과 형님들이 기대하는 훌륭한 독립군이 되어 우리의 원수인 왜놈들을 무찌르는 데 앞장설 것이라고 다시 한 번 맹세하였다.[24]

김준엽이 탈출한 지 4개월여 후인 1944년 7월 7일 장준하·윤경빈 등이 서주 근방의 부대에서 탈출하여 수백 리를 걸어 천신만고 끝에 중국군 부대에 도착한 것에 비하면 김준엽의 탈출은 비교적 수월한 편이었다. '학병 탈출 1호'의 영광을 안은 김준엽의 감회다.

나는 탈출하여 정확한 방향으로 전진했고 예측한 대로의 4시간 뒤에, 정확한 지점에서 중국군을 만나는 데 성공한 것이다. 이것은 우연이 아니라 일군 입대 전부터의 용의주도한 계획과 준비, 그리고 과단성 있는 행동을 취해야만 성공한다는 철칙을 나는 이때의 탈출 성공으로서 뼈저리게 느꼈고, 이것이 이후의 나의 일생에 있어서의 중요한 행동원칙 중 하나가 되었다. 물론 운도 좋았다고 생각한다.[25]

24) 앞의 책, 115~116쪽
25) 앞의 책, 116쪽

김준엽은 탈출을 결행한 3월 29일을 생일날보다 중요하게 여겼다. 그리고 탈출의 결단과 후일 총리직 거절의 결단을 생애의 가장 자랑스러운 결단으로 꼽았다.

탈출에 성공한 김준엽은 중국군 한치융(韓治隆) 유격대 사령부로 안내되었다. 가는 도중에 사령부로 안내하는 중국 병사들에게 소지하고 있던 시계·나침판·방한내의 등을 빼앗겼다. 아버지의 유일한 유물인 주머니칼과 안경은 겨우 간직할 수 있었다. 사령부에서 한 사령관의 극진한 대접을 받고 부대에 배치되어 유격대 생활을 하게 되었다. 그리고 틈나는 대로 생활 중국어를 배웠다. 어학에 소양이 있었고 열심히 하여서 중국말은 하루가 다르게 늘었다.

한 사령관이 지휘하는 이 유격부대는 1938년 5월 서주 전투에서 패배한 군인들이 자발적으로 조직한 게릴라부대의 하나였다. 대원은 1만여 명으로 주로 왕정위군과 전투를 치렀다. 김준엽은 여러 차례 야간훈련과 전투에도 참여하였다. 얼마 후 큰 위험에 처하게 되는 사건이 벌어졌다.

김준엽이 탈출한 대허가의 일본군 경비대장이 한 사령관에게 "귀대로 도망간 병졸을 일군으로 인도하라"는 내용의 편지를 보내온 것이다. 김준엽이 탈출하여 중국군 유격대에서 활동 중인 정보를 입수하고 송환을 요구한 것이다. 하지만 한 사령관과 그 부하 장교들은 김준엽을 각별히 아껴서 송환 요구를 거부하였다.

김준엽이 유격대에서 주로 담당한 임무는 일본군 상대로 '삐라'(전단)를 작성하는 일이었다. 초보적인 중국어를 해독하게 되고 일본어를 알기 때문에 이 작업은 그에게 적격이었다. 그런 과정에서 한국 독립운동 단체 '조선민족해방동맹'과 '조선의용대'의 명의로 살포된 삐라를 입수할 수 있었다. 한국 독립운동가들이 제작한 삐라였다.

그는 삐라 제작과 더불어 중국인(민간인) 등을 상대로 강연을 하였다. 물론 유격대 사령관의 지침에 따른 것이었다. 일본군을 탈출한 한국의 대학생이라는 것이 널리 알려지면서 많은 중국인들이 강연장에 나왔다. 일제의 패악과 식민지 조선의 참상을 말하고 중국인들이 힘을 모아 대륙에서 축출해야 한다고 힘주어 말했다. 서툰 중국어나 영어로 말하면 중학교 영어교사가 통역하는 방식이었다.

## 운명의 동지 장준하

1944년 6월경부터 유격대의 분위기가 달라졌다. 중국 공산군이 이 지역으로 세력을 확대하여 곧 공격할 것이라는 소문이었다. 상식적으로 납득이 안 되는 일이었다. 강력한 왜적을 맞아 싸우고 있는 판에 동족끼리의 세력 다툼이 얼른 이해되지 않았다. 분위기는 풍문 이상으로 변해가고 친면이 있는 유격대 정보 참모도 이를 우려하고 있었다.

내가 공산주의나 공산주의자에 관심을 갖게 된 것은 이때부터이다. 특히 중국 공산주의운동에 관한 지식 없이는 중국을 이해할 수 없을 것으로 생각하고, 이때로부터는 이곳 동지들과의 대화 중에는 반드시 공산당에 관한 이야기를 제기하여 나의 부족한 지식을 익히는 데 많은 노력을 기울였다.

공산당의 관할 구역과의 접경지대에서 이루어지는 장날에 가보면 공산군계의 군인들도 많이 와 있었다. 군복은 국민 정부계의 군복과 마찬가지로 청색이고 군모도 같은 모양인데, 한 가지 다른 것은 국민정부계의 군모에는 '靑天白日(청천백일)'의 모휘가 있는데 반하여 공산주의 모휘는 '붉은 별'이었다.[26)]

김준엽이 소속한 유격대가 7월 6일 밤 왕정위 부대 외에 처음으로 일본군을 공격한 것은 일본군이 운영하는 가왕(賈汪) 탄광이었다. 중국 인부들을 수탈하는 악명 높은 탄광이었다. 탄광을 빼앗는 중국군의 공격이 개시되고 일본군의 반격이 시작되었다. 공격과 반격이 거듭되고 이틀 후 7월 9일 가왕 일본군사령관이 한치융 사령관에게 협상을 제의하고, 김준엽은 한 사령관의 통역으로 선발되었다.

이날은 김준엽에게는 또 한 가지 기쁜 소식이 전해왔다. 장준하·윤경빈·홍석훈 세 사람이 일본군을 탈출하여 유격대에 나타난

26) 앞의 책, 157쪽

것이다. 그가 탈출한 쯔카다부대에서 탈출한 학병 출신들이었다. 함께 탈출했다가 길을 잘못 들어 갈라졌던 김영록은 이날 밤늦게 도착했다. 이렇게 탈출 전원이 무사히 김준엽이 있는 부대에 합류하게 되었다.

장준하의 기록을 통해 이때의 과정을 살펴본다.

> 드디어 사령부라는 데 다다랐다. 기대와는 달리 역시 조그마한 마을에 불과했다. 거의 우리의 도착과 더불어 해가 서쪽으로 빠져 들어가고 저녁 하늘이 붉은 피에 베이는 듯이 젖어들어 갔다.
>
> 우리는 어느 한 집으로 안내되었으며 그 뜰 안의 밀집 낟가리 밑에 기다리게 되고 전령만이 안으로 들어갔다.
>
> 초조한 한순간이 가슴을 조여왔다. 무엇인가 석연치 못한 것 같아 우리는 불안을 억지로 삼키면서 그저 다시 어떤 기적이 일어나든가, 아니면 운명에 대해 새로운 도전을 할 기회가 오든가를 기다리는 수밖에 없었다.
>
> 이윽고 한 사람이 나타났다.
>
> 중국 군복을 입은 한 홍안의 미청년이었다. 어쩐지 말도 내기 전인데 호감이 가는 인상이었다.
>
> 우리는 우리의 앞을 점치고 있었다.
>
> 그러나 이상하게도 그는 우리를 보자마자 이미 다 알고 있었다는 듯이 미소를 머금었다. 우리들 여섯 개의 눈동자 속에 그는 점

점 다가오고 있었다.

그리고는 와락 달려들 듯이, "한국 분들이죠?" 하고 분명한 우리말로 이렇게 물으면서 바로 우리 앞에 섰다.

우리는 아무도 입을 열지 못했다. 누구의 입도 떨어지지 않는 것이 사실이다.

"……."

이런 곳에서 한국 사람을 만나다니……, 나는 절대자에게 감사를 느꼈다.

"그렇습니다. 한국 사람입니다."

아직도 공포에 싸이고 지친 가느다란 목소리였다. 이 한 마디를 큰 소리로 못하고 머뭇거린 그 이유를 나는 아직도 모르고 있다. 그는 우리의 한국말 대답을 듣고 와락 달려들어 우리를 차례로 안아주었다.

"탈출이시죠?"

"그렇습니다."

그는 더욱 힘차게 끌어안았다.

그도 탈출병이라고 했다. 그도 한국인 학도병이라고 했다. 더욱 놀란 것은 서주에서 탈출했다고 했다.

그가 바로 (쯔카다)부대 한국학도병 탈출병 제1호였다. 그는 한 5개월(4개월의 착각) 전에 탈출에 성공했다. 우리가 온다는 것은 이미 연락을 받아 알고 있었다고 말해주었다.

이 아름다운 낯선 청년의 친절과 같은 모국어에서 풍기는 그 다정함은 우리에게 하나의 등대와 같았다.

우리의 가슴에 숨어 고개를 들던 모든 의혹은 깨끗이 씻기어졌다. 이 청년의 미소가 바로 그 의혹을 다 씻어준 것 같았다. 그는 곧 우리에게 친숙해졌다. 불과 몇 시간 동안에 나는 십년지기의 친구와 같은 정을 따뜻이 느낄 수가 있었다.

그 이름은 김준엽(金俊燁)이라고 하였다(현재 고려대학교 교수). 김 동지는 우리의 도착을 즉시 사령부에 연락했다. 그리고 그는 정훈참모라는 손영(孫英) 소좌를 우리에게 소개해주었다. 김준엽 동지는 탈출 이후부터 배운 것이라는데 놀라울 정도로 중국어를 유창하게 하고 있었다.

그의 통역으로 우리는 그동안 말 못하던 벙어리 가슴을 털어놓았다.[27]

세상사에서는 가끔 희극이라 할지 비극이라 할지 모를 특별한 사건이 벌어진다. 쯔카다부대를 탈출한 김준엽에게 실로 기묘한 임무가 주어졌다. 한치융 부대가 가왕탄광을 공격한 며칠 후 가왕 일본군 경비사령관이 탄광문제를 협의하기 위하여 한 사령관을 만나고자 한다는 것이다.

장준하 일행이 부대에 도착한 다음날 한 사령관을 중심으로 20여

27) 장준하, 《돌베개》, 69~71쪽, 1971, 사상

명의 중국군은 밤길에 말을 타고 몇 시간 달려 협상 장소에 이르렀다. 통역으로 선발된 김준엽도 함께였다. 그동안 유격대에서 승마 훈련을 한 것이 큰 도움이 되었다.

양측의 수인사에 이어 일군이 제시한 내용은 자신들이 중국 병사 30여 명을 보호하고 있으니 쯔카다부대에서 이탈한 한국인 병사들과 서로 교환하자는 것이었다.

이 같은 서한의 사실을 알게 된 김준엽은 피가 거꾸로 서는 위기감을 느끼게 되었다.

> 나는 분노와 동시에 순간적으로 불안감도 느낀 것이 사실이다. 5대 30의 비율이 아닌가! 한 사령관의 입장에서 한국사람 5명보다도 중국동포 30여 명이 더 소중할 수도 있지 않은가! 그러나 그가 이 편지를 나에게 보여준 것은 병전(柄田)의 요구를 거부하겠다는 뜻으로 파악했다.
>
> 그가 요구를 받아들일 생각이라면 그 서신을 나에게 보여주지 않고 막연하게 '선처하겠고 구체적인 것은 따로 통치하겠다'고만 하면 나는 그대로 통역했을 것이고 무슨 뜻인지를 몰랐을 것이다. 그러나 내가 편지를 읽고 나자 한 사령관은 단호한 태도로 이렇게 대답하였다.[28]

28) 《장정 1》, 197쪽

한 사령관은 일본 측 제안을 단호히 거부하였다. 자기 부대에는 한인 탈출병이 없다는 것이었다. 김준엽은 위기일발의 순간 한 사령관의 태도에 크게 감명받았다.

> 회담이 끝나갈 무렵 일본 측 대표(대좌)가 김준엽을 쳐다보며 "대단히 훌륭한 일본말을 하는데 어디서 배웠습니까?" 하고 묻는 것이었다.
>
> 그자는 분명히 내가 일군을 탈출한 한국 학병인 것을 알고 있는 듯하였다. 나의 중국어 실력으로 보아 수일 전에 탈출한 학병으로 보지 않을 것도 분명하였다.
>
> 역사란 묘한 것이었다. 나는 당당하게 나의 신분을 밝히고, 한국의 독립을 위해 싸우고 있으며 우리는 꼭 승리한다고 외치고 싶었으나 일본 측에서 포로를 교환하자고 제의하는 마당에 한 사령관의 입장을 어렵게 만들 것이 틀림없기 때문에 "나는 대만 태생의 중국인"이라고 가볍게 대답하였다.[29)]

김준엽은 일행과 함께 무사히 부대로 귀환하여 걱정하던 장준하 등 동지들에게 그간의 사정을 설명하고, 조국광복에 신명을 바칠 것을 거듭 다짐하였다.

29) 앞의 책, 198쪽

# 한국광복군이 되다

## 중국군부대 떠나 첫 '장정' 길에

1940년대 초반 중국 대륙의 세력 판도는 실로 기묘한 모습을 띠고 있었다. 중국국민당의 국부군, 공산당의 팔로군과 신사군(新四軍), 일본침략군, 일본 괴뢰군인 왕정위군, 여기에 토비(土匪)들이 얽히고설키면서 일정 지역을 장악하고 또는 합종연횡을 이루고 있었다.

중국은 일제의 대륙침략이라는 국난을 당해 이념 다툼으로 갈리고(국부군과 공산군), 매국세력(왕정위군)이 한간(漢奸)이 되고, 이런 틈을 노려 사익을 추구하는 토비들이 각지에서 세력을 형성하였다. 아군과 적군, 연합과 적대가 바뀌거나 혼재되어 서로 싸우고 있었다.

1944년 7월 20일 새벽, 김준엽이 소속한 유격부대는 갑자기 적의 습격을 받았다. 부대원들은 기습을 받고 불로하(不老河) 강변의 갈대밭 속으로 몸을 숨겼다. 김준엽과 한국인 동지들도 뒤를 따랐다. 캄캄한 밤중에 일행은 총격 소리를 뒤로하며 강과 갈대밭을 헤치며 피신하느라 죽을 고생을 해야 했다.

김준엽과 장준하는 부대 막사를 빠져나올 때 잇따라 터지는 수류탄의 폭음 속에서도 자신들의 흔적을 남기지 않기 위해 동료들의 소지품을 싸들고 나왔다. 이때 들고 나온 신발이 험한 길과 장정에 큰 도움이 되었다. 김준엽은 수류탄이 터지는 아비규환에서도 침착하게 동료들의 소지품을 챙기는 장준하를 도우면서 그의 인간성에 감명받고, 이후 평생의 지우가 되었다.

며칠간의 천신만고 끝에 안전지대에 도착했을 때 김준엽이 알게 된 놀라운 사실은 적군이 일본침략군이 아니라 중국의 팔로군(신사군)이라는 것이다. 장개석 소속 부대를 모택동 소속 부대가 공격한 것이다. 이 과정에서 김준엽 등 한인 탈주병들을 구해준 은인 한치륭 사령관이 전사하는 등 유격대가 큰 피해를 입었다. 김준엽은 국적을 뛰어넘은 한 사령관의 고귀한 인류애와 희생정신에 추모의 마음을 보냈다.

김준엽 일행은 국·공 내전으로 동족상잔이 벌어지고, 자신들을 보호해주던 한 사령관의 희생을 지켜보면서 진로를 생각하게 되었다. 유격대는 유(劉) 참모장이 사령관직을 대행하여 부대를 재편성하고, 팔로군에 대한 반격을 준비하고 있었다.

김준엽 등은 자기들끼리 전투하는 부대에 더 이상 남아 있을 이유가 없었다. 유 사령관 대행과 그동안 생사고락을 함께해온 손 참모에게 임시정부가 있는 중경으로 떠나가겠다는 의사를 밝히고, 흔쾌히 허락받았다. 중경까지는 6천 리 길이고, 도처에 일본군·국부군·중공군·왕정위군·토비들이 할거하는 험난한 길이었다. 하지만 생명을 걸고 일본군을 탈출한 목적지가 있는 곳이었다. 마침내 장정(長征)이 시작되었다.

> 1944년 7월 28일, 해가 저물어 갈 때 우리는 드디어 '장정'의 길에 오르게 되었는데 유 사령관 대행과 손 참모를 비롯한 극소수의 사령부 간부들과 한 사람씩 굳은 악수를 나누고는 넉 달 동안 깊게 정든 사람들과 고장을 떠나고 중경으로의 길에 올랐다.
>
> 장 동지를 비롯한 새로 온 동지들은 이곳 생활이 불과 20일간이었지만, 나는 만 4개월 동안을 이분들과 생사를 함께했던 관계로 남달리 마음이 괴로웠다. 넉 달 동안을 하루도 빠지지 않고 나와 함께 지내고 나를 돌보느라고 수고한 손영(孫英) 참모와 마지막 작별의 악수를 할 적에는 서로 눈물이 글썽하였다.
>
> 이분들이 중공군의 습격을 받지 않고 항전의 전도에 희망찬 분위기 속에서 내가 떠나게 되었더라면 이렇게 괴롭지는 않았을 것

이다. 더욱이 이날 오후 4시경부터 총반격을 개시하여 총소리가 멀리서 요란하게 들려오는데, 반격작전이 비관적이라는 소식을 들으면서 떠나게 되니 침울한 마음을 걷잡을 수 없었다.

오랫동안 기다리고 꿈꾸던 중경으로의 출발이건만 떠나는 마음이나 다리는 천근만근이었다. 전사한 한 사령관의 얼굴, 그리고 전방에서 지금까지 싸우고 있는 장(章) 대위와 유 중위의 모습을 머릿속에 그리면서 무거운 걸음을 떼기 시작하였다.[30]

중국 유격대는 김준엽 일행이 떠날 때 약간 명의 호위병을 붙여주었다. 다른 유격대에 도착하면 다시 새로운 호위병이 동행케 하는 릴레이식으로 호송을 맡았다. 이들의 호위를 받으며 하루에 120리에서 150리 길을 걸었다.

대부분의 시간은 불볕 같은 태양 아래서 나무 그늘도 찾지 못하는 강행군의 연속이었다. 물을 옳게 마시지 못한 덕에 흐르는 땀도 별로 없었다. 얼굴들이 새까맣게 타 가지고 눈알만 반짝이고 있었다. 아마 우리의 눈알은 적을 경계하는 심정과 중경에 도착하여 선배님들을 만나리라는 부푼 기대감에서 반짝이고 있었을 것이다. 이 더위의 긴 여정에서 물을 제대로 마시지 못한다는

30) 앞의 책, 221~222쪽

것은 우리를 더욱 괴롭게 하였다.[31]

김준엽의 '장정'은 자서전 《장정 1》과 장준하의 《돌베개》에 상세히 기록되었다. 언제 어디서 적이 나타날지 모르고 음식은커녕 깨끗한 물 한 바가지 얻어 마시기 어려운 노정이었다. 긴장된 나날에 물을 먹지 못하여 김준엽은 이후 신장결석증을 앓게 되었다.

전시니까 당연한 일이지만 우리는 중경까지 장정하는 동안 여러 차례의 위험한 고비를 맞이하였다. 전투지구를 지나갈 때, 일본공군의 폭격을 받았을 때, 산적들 소굴에 잘못 들어갈 때, 그리고 파촉으로 가는 산길에서 호랑이를 만났을 때는 물론이고, 일본군의 점령하에 있던 철로—만포선(천진에서 남경 대안의 포구까지의 철도)·용해선(연운항에서 섬서성 보학까지의 철도)·평한선(북평에서 한구까지의 철도) 등을 건널 적에도 여간 위태롭지가 않았다.[32]

## 임천에서 만난 한국광복군

김준엽 일행의 6천 리 장정은 여느 모험소설에나 나옴직한 고난의 길이었다. 야산이나 숲길 하나 없는 중국의 광활한 대지는 6월

31) 앞의 책, 226쪽
32) 앞의 책, 229쪽

말부터 시작되는 폭염으로 이글거렸다. 가도 가도 끝이 보이지 않는 옥수수밭을 남루한 의복과 낡아빠진 신발을 신고 걸어야 했다.

6일 만에 진포선(津浦線)을 넘어 유격대 사령부에 도착했으나 형편없는 시설과 기강, 손녀와 같은 여자아이를 무릎에 올려 놓고 거만하게 김준엽 일행을 맞는 유격대 사령관의 행태를 보고 실망하지 않을 수 없었다. 이것이 국부군 지방군대의 실상이었다. 다시 이곳을 떠나 여러 날을 행군하여 안휘성의 와양(渦陽)이라는 작은 도시에 이르렀다. 그나마 이곳은 다른 지방 부대와는 다른 모습이었다. 국부중앙군, 즉 장개석의 직계부대였다. 비교적 견고한 고정된 병영을 갖고 있었다.

여기서 두 가지 놀라운 소식이 기다리고 있었다. 가까이 임천(臨泉)이라는 작은 도시가 있었는데 여기에 많은 한국청년이 집결해 있고, 일본 포로들과 대면할 수 있다는 것이다.

와양에서 김준엽은 일본군 포로들을 상대하는 이곳 사령관의 통역을 맡았다. 중국 중앙군은 수 명의 일본군 포로들에게 사령관의 의사를 대변할 일본어 통역자를 찾지 못했다가 김준엽의 등장으로 기회를 갖게 되었다. 사령관이 일본의 패망이 임박했다는 등 내외 정세를 설명하고 그는 이를 성실하게 통역하였다. 김준엽이 두 번째로 맡은 중국군 사령관 통역이었다.

김준엽 일행이 기대하는 것은 하루빨리 임천으로 가서 한인 탈출병들을 만나는 일이었다. 이곳에서 4일을 머문 일행은 9월 10일

임천을 향해 출발했다.

> 임천은 와양보다 조금 더 큰 소도시였다. 호송병들도 임천에 처음 와 본 모양으로 한국인이 집결한 곳을 찾느라고 무척 애를 썼다. 그러다가 어느 부대의 영문 앞에 도달하였다. 호송병이 공함(公函)을 들고 문 안으로 들어갔는데 불과 1, 2분이 지났을까, 별안간 아우성을 지르면서 중국 군복 차림의 청년들이 문으로 쏟아져 나오는 것이었다.
>
> 나는 흥분하고 긴장하였다. 이 청년들이 분명 우리의 독립군일까! 그들은 우리를 와락 껴안았다. 틀림없이 그립던 우리나라말로 "……얼마나 고생들 하셨소"하며 저마다 악수를 청하는 것이었다. 우리는 손과 손을 굳게 붙잡고 영문 안으로 들어섰다.[33]

김준엽은 3월 29일 일본군을 탈출하며, 그야말로 천신만고 끝에 5개월 여 만에, 꿈에도 그리던 우리 독립군 부대에 도착한 것이다. 그동안 장준하 일행과 만나게 되어, 함께 행동한 것이 무엇보다 큰 힘이 되었다.

도착한 부대는 중국 중앙 육군군사학교(황포군관학교 후신)인데, 그 안에 한국광복군 간부훈련반이 특설되어 있었다. 한광반(韓光班)이라 약칭되었다. 임천은 안휘성 부양현에 속한 소도시로 중국

---

33) 앞의 책, 262쪽

군 제10전구(사령관 이품석 장군) 관할지역으로 제19집단군사령부가 설치되어 있었다(사령관은 진대경 장군으로 후에 국민정부가 대만으로 철퇴한 다음에 한때 대만성장을 하였다).

> 우리는 드디어 우리 독립군의 품 안에 들어간 것이다. 얼마나 기다리고 기다린 독립군인가! 나의 가슴은 감격으로 터질 것만 같았다. (…) 이 임천 한광반에 김학규라는 분이 주임으로 있었고, 이평산·진경선이란 두 교관이 주임을 돕고 있었다. 김학규 장군(호는 백파, 1900~1967)은 이때 44세의 중년신사로 온화하고 인자한 인품이었으며 군인이라기보다는 학교 선생과 같은 인상을 받았다. 김 장군은 1919년에 서간도 신흥무관학교를 졸업하고 한때 삼원포의 명동학교에서 교편을 잡은 일이 있었다. 1929년에는 만주 여경(與京)에서 현정경·현익환 등과 조선혁명당 창립에 참가하였으며, 1932년에는 조선혁명군(총사령관은 양세봉)의 참모로서…….[34]

김준엽 일행은 김학규 장군이 지휘하고 있는 한광반에 도착하였다. 한광반은 일본군에 징집되어 중국으로 파견 오는 한국 청년들이 많다는 정보를 입수한 임시정부와 광복군이 이들을 초모(招募)하는 공작을 수립하고 중국 정부의 협력을 받아 주요 지역에 '초모처'를 설치하였다. 김학규 장군은 1942년 4월 광복군 제6초모 분처

34) 앞의 책, 266쪽

의 책임을 맡고 안휘성 부양(阜陽)에 초모처를 설치하였다.

김준엽 일행이 임천에 도착하였을 때는 한광반에 70여 명의 탈출학병을 끌어들이고 초모공작을 펴고 있었다. 이날 저녁 일행 5명을 위하여 한광반 전원이 참석한 환영회가 열렸다. 환영회 자리에서 김학규 장군은 〈광복군 석탄가〉를 부르고 이어서 합창으로 독립군의 노래 〈용진가〉를 불렀다. 빼갈 술이 몇 순배 돌고 군가가 계속하여 불리면서 환영회는 마치 우리나라가 독립이 된 듯한 분위기가 되었다.

김준엽은 탈출 과정의 힘겨웠던 지난날의 고통이 모두 씻기고, 우렁찬 독립군가를 부르면서 마침내 광복군이 되었다. "이튿날부터 우리 다섯 명도 청색 군복으로 갈아입고 그들과 같은 행동을 취하게 되었다. 자동적으로 중국군관학교 임천 분교의 한국광복군 간부훈련반에 입교가 된 셈이다."[35]

한광반에 편성된 김준엽 일행은 하루 한두 시간 정도의 도수제식 교련과 김학규 주임의 한국독립운동사, 이평산의 세계혁명사 강의를 2, 3일에 한 번씩 들었다. 참고 자료가 없고 전문성이 없는 강의는 부실하기 짝이 없었으나, 김학규 주임의 강의는 대단히 유익한 것이었다. 이를 통해 우리 독립운동사의 맥락과 실상을 어느 정도 알게 되었다.

35) 앞의 책, 272쪽

## 내의를 빨아 표지 만든 〈등불〉 지

부대에서 쉬는 시간이 많아지면서 김준엽 등은 각자 대학에서 전공한 분야를 발표하는 강좌를 열기로 하였다. 무료한 시간을 유용하게 보내자는 엘리트다운 발상이었다. 첫 발표자는 신학도 출신 장준하였다. '아가페와 에로스'라는 제목이었다. 두 번째 발표자가 된 김준엽은 '사관(史觀)' 문제를 발표했다.

> 나는 '사관'에 대한 강의를 하였는데, 이것은 내가 이 세상에 나와서 처음으로 시도한 강의로서, 이때만 해도 내가 일생 대학 강단에서 강의하는 생활을 하리라고는 꿈에도 생각 못한 일이었다.
>
> 나는 대학에서 배우고 또한 읽었던 책들을 빠짐없이 추억하면서 영웅이 역사를 만든다는 이론에서부터 유물사관에 이르기까지를 정성 들여 엮어나갔다. 나는 역사란 영웅이나 소수의 엘리트 또는 물질이 좌우하는 것이 아니라 인간—절대 다수의 인간, 즉 국민이 창조한다는 것을 강조하면서 이평산 교관이 좌경적으로 역사를 해석하는 것을 간접적으로 비판하였다.
>
> 동시에 나는 여기에 모여 있는 우리 모두가 역사의 창조자라는 것을 설명하면서 우리의 독립은 우리 모두가 이룩해야만 된다는 결론을 내렸다. 대단히 불충분한 내용이긴 하였으나 동지들의 격

려의 박수를 받고 여간 기쁘지가 않았다.[36]

강좌가 계속되는 동안 문학을 전공한 윤재현이 잡지를 내자는 제안을 하였다. 학병동지들의 뜻이 모이고, 김준엽은 장준하·윤재현과 편집 책임을 맡았다. 우선 강좌 내용을 원고로 정리하고 제호를 자신들의 길잡이, 나아가서 민족의 길잡이가 되어야 한다는 원대한 포부를 가지고, 제호를 〈등불〉로 하기로 결정하였다.

중국 임천에서 이렇게 시작된 '잡지'는 중경에서 〈제단〉으로, 환국 후 장준하에 의해 〈사상〉과 월간 〈사상계〉로, 김준엽에 의해 〈계간 사상〉으로 이어졌다. 〈등불〉 창간호는 장준하가 취사 일을 맡게 되어 김준엽과 윤재현에 의해 만들어졌다.

잡지는 각자의 강의 내용과 시, 단편, 수필, 희곡, 만화까지 실었다. 만화와 삽화는 김준엽이 그렸다.

나는 학창시절에 그림에 취미가 있어 그림도 그리느라고 했기 때문에 〈등불〉에 몇 가지 삽화와 만화를 그렸는데, 그중에서 동지들의 찬사를 받은 것은 〈천손강림(天孫降臨)〉이라는 제목의 만화였다. 일본의 부토산(富士山)을 비롯한 전역에 태극기를 포함한 연합국의 국기를 손에 쥔 연합군의 낙하산 부대가 하늘로부터 내려오는 장면인데, 그것은 일본국사에서 '천손강림'이라 하여 일본

36) 앞의 책, 299쪽

민족은 '천손대신(天孫大神)'의 후손으로서 하늘에서 내려온 우수 민족이라는 것을 비판함과 동시에 미구에 연합군과 함께 우리 광복군이 일본을 점령한다는 뜻이었다.[37]

망명지 부대에서 잡지를 만드는 일이 쉬울 리 없었다. 인쇄시설은커녕 등사판도 없고 종이를 살 만한 돈이 없었다. 어렵게 김학규 주임에게 간청하여 2호 제작까지의 비용을 얻어냈다. 여럿이 분담하여 원고를 일일이 붓으로 쓰고 손으로 제본작업을 하였다. 김준엽은 표지를 그리면서 〈등불〉이란 제호 밑에 한반도를 그리고 그 속에 빛나는 램프를 그려넣었다. 이 과정을 장준하는 《돌베개》에서 상세히 소개한다.

물론 제본도 우리가 해야 했다. 특히 이 제본에 마음을 많이 쓰게 된 것은 모처럼 우리의 성심성의가 결정(結晶)되는 것이니만큼 외관상으로 예쁘고 아담스러워야 한다는 조건도 있었지마는 그보다도 겨우 두 권의 잡지로 팔십여 명이 돌려가며 읽자니 웬만큼 단단히 매지 않으면 우리의 보람이 곧 찢어지거나 해져버릴 것 같아서였다. 우리는 생각다 못해 천을 사용하기로 했지만, 종이조차 구하기 힘든 이때, 두터운 종이는 고사하고 천을 마련한다는 것은 정말 기발한 착상이 아니고는 해결될 수 없는 문제였

37) 앞의 책, 300쪽

다.

김준엽 동지는 하루 낮, 하루 밤을 곰곰이 생각한 끝에 벌떡 일어났다. 내의를 빨기로 했다고 한다. 비누도 없이 빨고 또 빨고 하여 깨끗이 행군 다음 널어놓고 살며시 다시 잠자리에 들었다. 그 내의로 책뚜껑을 만든다는 것이다.

"무슨 일이야?"

옆의 동지가 물었다.

"내의를 벗어 빨았어."

"내의를? 여자도 아닌데 왜 하필 밤에 벗어 빨아."

"응, 그저……."

나 혼자대로의 생각으로, 나는 그 밤을 즐겁게 지새웠다.

다음 날 우리는 이 김 동지의 내의를 잘라 종이와 겹겹으로 붙여서 표지를 만들었다. 비록 짧은 무명내의로 된 표지였으나 훌륭한 표지가 되었다. 의젓하고 고답적이었다.

역시 김준엽 동지의 그림솜씨로 램프를 그려놓고, 그 위에 〈등불〉이라는 제자를 써넣었다. 무릎을 쳐 손색이 없을 정도로 잡지는 잘되었고 우리는 만족스러웠다.

그러나 정작 이 결실을 두고 만족스러웠던 것은 동지들이 이 〈등불〉을 보고 좋아하며 서로 먼저 보겠다고 야단법석을 치는 그 표정을 바라보는 우리의 심정이었다. 흡족한 마음으로 돌아가서

우리는 만족에 겨워했으며, 새로운 용기를 얻었다.[38]

김준엽과 그의 동지들은 〈등불〉 2호까지 내느라 시간이 가는 줄도 모르게 열중하였다. 하지만 부대의 실정은 어렵기 그지없었다. 무엇보다 먹을 것이 턱없이 모자랐다. 한창 젊은 나이에 굶주린 그들은 깊은 밤에 남몰래 월장하여 들개(野犬)을 잡아다 끓여 먹었다. 그러나 김준엽과 장준하는 아무리 배가 고파도 개고기를 먹지 않았다. 김준엽은 집에서 기르던 애견이 생각나서였다. 이 사건이 중국군에 알려지면서 한바탕 소동이 일기도 했다.

일행은 또 야심에 월담하여 농부들이 심어 놓은 고구마를 캐먹거나 아직 익지 않은 생감을 따서 허기를 채웠다. 김준엽도 고구마 캐는 일에는 동참, 아버지의 유물인 작은 칼을 이용하여 남보다 많은 '수확'을 올릴 수 있었다.

나는 이것이 이 세상에서의 세 번째 도적질이었다. 일본 군대를 탈출할 적에 분대장의 수류탄을 훔친 것이 첫 번째이고, 용해선을 넘은 다음 날의 수박을 훔쳐 먹은 것이 두 번째이고, 이 고구마 도적이 세 번째가 된다. 사람이 배가 고프면 별수 없구나 하는 생각이 들었다. 이래도 되는 것인가 하는 반성도 했으나 우리의 군도(群盜) 행위는 중국 농부들이 추수할 적까지 계속되었다.

38) 장준하, 《돌베개》, 151쪽

나 같은 속인도 이런 반성을 하는데 신학교 출신인 장 동지의 심정이야 얼마나 괴로웠을까.[39]

중국 군관학교 간부훈련반의 교육기간은 4개월이었다. 한광반에 배속된 김준엽 등도 이들과 마찬가지로 4개월 만에 졸업을 하게 되었다. 한광반은 졸업식 행사에 맞춰 연극을 하기로 하여, 학병에 불려올 때 홀어머니를 남기고 온 노능서 동지의 경우를 김준엽이 각색하고 장준하가 연출하여 연극으로 꾸몄다.

이 대본을 중심으로 한 연극은 30여 명이 출연하는 4막짜리 일군 탈출 내용이었다. 연극에 앞서 한국 민속을 소개한 데 이어 김준엽이 중국어로 연설을 하고 진 교관이 탈춤을 추었다. 그렇게 마련한 연극은 중국인들에게 큰 감명을 주었다.

김준엽과 그의 동지들은 이어서 〈등불〉 제2호를 펴냈다. 어렵기는 창간호 때와 다르지 않았다. 그리고 졸업식 날에는 중앙군관학교 교장 장개석(蔣介石) 명의의 졸업장과 중국 육군 소위 임명장을 받았다. '소위(少尉) 임명장'은 그 뒤에 자신들의 활동에 큰 영향을 주었다고 김준엽은 회고했다. 일본군에서 중국군 장교가 된 김준엽과 그 일행들의 목적지는 어디까지나 중경의 임시정부였다.

39) 김준엽, 앞의 책, 305쪽

# 2부

# 6천 리 장정—'우리는 대한의 광복군'

# 임시정부 찾아 6천 리 행군

## 가야 할 곳, 머나먼 중경

김준엽과 그의 동지들은 언제까지고 임천에 머물러 있을 수는 없었다. 당초의 목적지 중경으로 가야만 했다. 이들에게 중경은 기독교인들의 예루살렘과 같은 성지처럼 인식되었다. 그곳에는 김구 선생 등 조국 해방을 위해 생애를 바친 독립운동가들과 임시정부가 있었기 때문이다. 하루 빨리 중경으로 가야만 했다.

중앙군관학교를 졸업하면서 자연스럽게 거취 문제가 제기되었다. 김학규 주임은 이들을 임천에 머물게 하여 광복군 창설 당시의 목표대로 3개 사단을 편성하는데, 우선 1개 연대라도 구성하려는 계획이었다. 따라서 이들의 중경행을 만류하였다. 또 자신이 직접 겪었던 경험을 토대로 임시정부 내의 파벌싸움 등을 소개하고, 서안(西安)이나 중경보다 입지조건 등이 일본군과 싸우는 데는 임천의 이점이 있음을 들어 설명하기도 하였다.

김준엽과 장준하가 대표로 선정되어 김학규 주임을 설득하기로 하였다. 김 주임이 자기와 함께 즉각적으로 임천을 근거지로 하여 대일투쟁을 전개하자는 주장이 충분히 수긍이 가는 일이었다. 우리가 일군을 탈출한 목적이 바로 독립군으로서 일인들과 혈전을 벌이려고 했기 때문에 거기에 하등 이의가 있을 까닭이 없었다.[40]

그러나 어디까지나 목표는 중경이었다. 거기에 임시정부와 김구가 있었기 때문이다.

우리가 중경으로 가자고 하는 것은 학생시절부터 동경하던 임시정부를 우리 눈으로 직접 보고, 또 임시정부를 이끌어온 대지도자인 김구 선생을 비롯한 여러 독립운동의 원로들을 찾아뵙고 싶었기 때문이었다. 그뿐 아니라 임시정부나 광복군 총사령부를 우리 눈으로 확인할 뿐더러 독립운동의 역사와 현 위치를 옳게 파악한 다음에 우리가 무엇을 하는 것이 가장 옳은 것인가 하는 결론을 내리고 싶었기 때문이었다. 우리의 하나밖에 없는 생명을 독립운동의 제단에 바치고자 하는 결심에는 추호의 변함이 없었지마는 우리의 생명을 값어치 있게 가장 유효적절하게 바치는 것

40) 앞의 책, 317쪽

이 어떤 것이냐 하는 신념을 얻고자 함이었다.[41]

이들의 절실한 충정을 이해한 김학규는 지원자들을 중경으로 보내주기로 결정하였다. 진경성 교관을 인솔자로 하여 김준엽 일행이 임천을 떠난 것은 1944년 11월 21일이었다.

학병 출신 중 8명과 기타 대원 7명 등 20여 명이 김학규 주임과 함께 임천에 남기로 하고 53명이 중경행의 장도에 올랐다. 일행 중에는 6명의 여성과 3명의 아이들이 끼어 있었다. 일본 점령지역에서 장사를 하던 세 쌍의 부부와 그들에게 달린 애들이 불과 한 달 전에 임천에 도착했던 것이다. 나머지 3명의 여인 가운데 중경에서 왔던 오희영 양(오광선 장군의 영애)이 있었고 나머지 두 여인은 공작원이었다.[42]

중국 내륙의 11월 하순은 겨울의 초입으로 김준엽 일행은 출발시에 지급받은 약간의 밀가루와 소금국을 끓일 수 있을 정도의 부식이 지급되고 의복은 한광반에서 입고 있던 얇은 청색의 여름 군복이었으며, 맨발에 초혜(草鞋, 짚신)를 신은 초라한 모습이었다. 그러나 사기는 충천하였다.

김준엽과 그 일행은 임천을 출발하여 평안선 철도를 넘어 남양

41) 앞과 같음
42) 앞의 책, 318쪽

(南陽)→노하구(老河口)→파동(巴東)→풍도(豊都)를 거쳐 중경으로 가는 길을 택했다. 험하고 위험하기 짝이 없는 길이었다. 하지만 중경행에는 달리 방법이 있을 리 없었다.

여기서 장정의 그 험난한 과정과 고충을 일일이 소개할 겨를이 없다. 앞에서도 말한 대로 자서전 《장정》과 장준하의 《돌베개》에 소상히 기록되었다. 두 책을 읽지 못한 독자들을 위해 필자가 중요하다고, 또는 특이하다고 판단한 내용을 발췌한다.

> 중국 사단 병력과 합류하여 철도 가까이 도달하였을 때 때마침 하남(河南)작전에 출동 중이던 일본 기병대의 습격으로 30여 리를 후퇴해야만 했는데, 겁에 질린 추차(推車) 인부가 도망하는 바람에 추차도 우리가 번갈아가며 밀고 갈 수밖에 없게 되었다. 부락의 농민들도 부대가 접근하면 모두 도망쳤다. 그것은 군인들이 농민들을 붙잡아 무기나 탄약을 운반시킬 뿐만 아니라 경우에 따라서는 함부로 징집까지 하기 때문이다.

> 선발대가 목적지에 도착하면 먼저 마을의 '보장(保長)'을 찾아 숙소의 알선을 부탁한다. 이곳의 보장은 우리나라의 면장과 비슷하지만 전시라 그런지 권한이 큰 것 같았다. 군인 몇 명이 묵게 되니 숙소를 알선하라고 부탁하면 곧 가가호호에 물어서 분산유숙을 하게 해주었다. 이때는 우리가 중국군의 소위 신분이기 때

문에 보장에게 부탁하는 일이 그리 어렵지가 않았다.

게다가 이 통로는 거의 군인들의 왕래만이 가능하고, 또 전후방을 연결하는 운송도로였기 때문에 군인들의 유숙 요청은 거의 다반사인 듯했다. 숙소라고 해야 헛간이나 마구간인데 이것은 우리가 유격대에서 임천까지 장정할 때와 같다. 숙소가 정해지면 우리는 콩 낟가리나 밀집 낟가리로 달려가서 콩깍지나 밀집을 헛간이나 마구간으로 날라다 깔고 돼지처럼 그 속을 비비고 들어가 잠을 자야 했다. 콩깍지나 밀집을 찾지 못하는 경우는 냉기를 피하기 위하여 나뭇가지를 깔고 잘 때도 있었다.

파촉령(巴蜀嶺)을 넘어 양자강변의 파동(巴東)에 도달할 적까지 매일 이러한 생활의 연속이었는데, 평안선을 횡단하고 중국 사단과 헤어지던 날, 말하자면 우리 53명만 따로 서천(西遷)하게 된 그날 밤에 우리는 길을 잘못 찾아가 산적의 소굴에서 하마터면 식량은 물론이고 목숨까지 잃어버릴 뻔한 일도 있었다. 평안선을 넘으면 중국의 대평원은 차차 사라지게 되고, 한중(漢中) 고원지대로 접근하기 때문에 산들이 나타나기 시작한다. 우리가 잘못 찾아간 산성은 바로 산적의 본거지였다.

우리의 인원도 적었고 물자나 돈도 형편없는 데다가 우리가 한국인이라는 것을 알고 그들은 우리를 무사하게 '석방'해주기는 하였으나 그날 밤도 우리는 긴장 속에 한잠도 이루지 못했다. 지난밤은 평안선을 구보로 뛰어넘느라고 자지 못하였고 이날 밤은 산적들과의 대치로 한잠도 자지 못했던 것이다. 마치 무협소설에 나오는 산적의 소굴이었는데, 나중에 중국 사람들에게서 들었지마는 이 소굴에 들어갔다가 살아남은 사람은 우리뿐이라는 것이었다.

우리는 이발이나 목욕 같은 것은 꿈같은 일로써 생각조차 할 수 없었는데 항상 괴로웠던 것은 온몸을 누비고 다니는 이(虱)의 준동이었다. 생명의 위협을 느낄 때는 전연 도외시하였지마는 총소리가 들리지 않고 안전지대를 걷기 시작하니까 이의 활동은 몹시 신경을 건드리는 것이었다. 추운 겨울이지만 행군 도중에 쉬는 시간만 있으면 모두 옷을 벗고 알몸으로 이 사냥을 하였다. 잡아도 잡아도 한이 없다.

옷을 벗어 우선 활활 털어서 피를 빨아먹고 통통한 이군(郡)을 얼어붙은 대지에 사정없이 내던지고, 다음에는 각개격파 하는 것이었으나 도저히 소탕할 수가 없었다. 떨어진 군복의 구석구석에 알을 까고, 잠복하고 있기 때문에 옷을 몽땅 불에 태우는 초토전쟁을 벌이기 전에는 이와는 전쟁에 이길 방도가 없었다. 우리는 그것을 알면서도 하루에 한 두 번은 줄을 지어 언덕에 올라앉아 이와의 전투를 되풀이하였다.

설상가상으로 어느새에 동지들의 전신에는 옴이 만연되었다.

목욕을 못한 까닭도 있겠지마는 과객들이 자던 밀짚에서 전염된 모양이었다. 손가락 사이, 겨드랑이, 사타구니로 번진 옴은 차차 커져서 곪기까지 하여, 몹시 가려운 것은 말할 것 없고 심한 경우는 보행에 지장까지 주었다.

무엇보다도 우리가 기뻤던 것은 노하구(老河口)에 우리 광복군의 전방 파견대가 있다는 소식이었다. 전술한 바와 같이 이곳에는 광복군 제1지대(1944년 4월에 지대장 김원봉이 임시정부의 군무부장에 취임함에 따라 송호성이 그 뒤를 계승하여 지대장으로 있었다)의 제1구대가 있었는데 구대장은 김준(金俊)이고 대원은 14~15명이었다(대부분이 전방에 나가고 구본부에는 김준 이외에 2명만 있었다). 여전히 김원봉(약산)의 세력하에 있었기 때문에 좌파 노선을 걷고 있었지마는 우리의 도착을 크게 환영해주었다.

그들은 제5전구 사령부와 밀접한 연결을 맺고 대적 공작을 열심히 진행하고 있었고 또한 허술한 건물이기는 하나 2층집을 청사로 쓰고 있었기 때문에 우리는 그곳에 유숙하게 되었다. 식사도 제공받았기 때문에 이곳에 있는 동안 우리가 따로 식사를 준비하는 등의 번거로움은 없었다.

그날 밤 한잠도 자지 못하였는데 다음 날도 거의 같은 시각인 밤 12시경에 공습경보가 울리고, 대안(對岸)의 보급창이 다시 화염을 울리게 되었다.

이런 공습은 사흘째 되던 날에도 계속되었다. 역시 밤 12시경, 그러니까 거의 일정한 시간에 역시 3대의 일본 폭격기가 들이닥쳤다. 그런데 아직까지 대공 사격만 하고 있던 중국군이었는데 이날은 난데없이 1대의 비행기가 떠올라 이 3대의 일본기에 도전해 들어갔다. 육안으로는 보이지가 않았지마는 공중에서 요란한 총격 소리가 계속되더니 마침내 한 대가 화염에 싸여 추락되는 것이었다.

어느 쪽 비행기가 떨어졌는지는 알 수 없으나 일본 비행기들은 이날 밤은 폭격도 옳게 못하고 달아나버렸다. 얼마 있으니까 일본기 1대가 떨어졌고, 이곳에서 반격에 나선 비행기는 미군 '무스탕' 전투기였다는 소식이 들어왔다. 우리는 기쁨의 환성을 올리고 날이 새면 기어코 추락기를 구경가리라고 마음먹고 잠자리에 들어갔다.

우리는 공습으로 떠들썩했던 나날을 잊어버리고 몸과 마음을 푹 늘어지게 쉰 다음 막연하게나마 중경에 있는 광복군 제1지대 본부에서 무슨 희소식이 오기를 기다리고 있었다. 우리가 도착하였을 때 김준 구대장은 열렬한 환영을 해주었고 앞으로 중경까지 가는 데는 아무 걱정할 것 없다고 하면서 피복이며 노자, 심지어 비행기편까지 주선하겠다고 말하였기에 우리는 안심하고 이곳에 체류하였던 것이다.

다만 중경에 있는 지대(제1지대) 본부의 지시를 받아야만 된다고 하기에 우리는 '희소식'을 기다렸던 것이다. 그러나 날이 갈수록 우리는 지대장의 말을 의심할 수밖에 없게 되었다. 일주일이 지나도 아무 소식이 없을 뿐만 아니라 김준 씨의 태도가 이상하게 보였기 때문이다. 임천의 김학규 씨와 마찬가지로 중경행의 무의미를 우리 일행의 개개인에게 은근히 설득하기 시작하였고, 우리 일행의 대표격인 나와 장준하·윤재현 동지를 다른 동지들로부터 고립시켜 우리의 단결을 와해시키려는 공작을 전개하기 시작한 것이다.

김준 씨는 우리의 단결을 무너뜨린 다음에 가급적 많은 동지들을 이곳에 잔류케 하려는 것인데, 그것은 그의 세력을 확장하고자 함은 물론이고 또한 우리를 좌경화시키자는 의도였다. 이에 대하여 우리 셋은 우리의 초지를 관철하기 위하여 단호하게 대항하였다. 대부분의 동지들도 우리 셋과 같은 의견으로서, 이제는 우리의 장정은 우리 손으로 해결할 수밖에 없다는 결론을 내리게 되었다.

파촉령을 넘으면 양자강에 도착하고 그로부터 선편으로 중경까지 갈 수 있다니까 이 산길이 장정의 마지막 고비가 될 것이다. 그러나 이 산길은 험하기로 유명하고 제비도 날아서 넘어가지 못한다는 고사가 있을 정도였다. 노하구에서 들은 이야기로는 파촉령의 정상(大巴山)은 3천 미터에 달하고 양자강변까지는 빨라도 2주일은 걸린다고 한다.

유격대를 떠나 이때에 이르기까지 이미 5천여 리는 걸었겠으나, 그것은 평지였고 산을 넘기는 이번이 처음이었기에 나는 각오를 더욱 단단히 하였다. 다만 한 가지 마음이 놓이는 것은 우리 주머니에 2천 원씩의 노자가 있기 때문에 우리 자신이 취사까지 해야 될 것은 없었다는 점이었다.

정초의 추운 바람을 꿰뚫고 우리는 삼삼오오 그룹을 지어 노하구의 시가를 벗어났다. 소식에 의하면 산속에 군데군데 주막이 있어서 숙식을 할 수 있다기에 하루의 목표를 정하고는 가까운 사람들끼리 분산하여 행군하였다.

우리는 자신도 모르는 사이에 차츰차츰 산속으로 깊이 묻혀 들어가고 있었다. 걸어도 걸어도 이 산속에서 헤어나갈 것 같지가 않은 오르막길로서 등산 도구나 있어야 오를 것 같은 험준한 모험의 길이었다.

우리가 엿새째 계속 고원지대로 향해 오름길을 오르고 있을 때였다. 거의 지칠 대로 지친 우리는 이제 한나절만 더 오르면 고원지대라는 말을 주막에서 듣고 힘을 내어 기를 쓰고 걷고 있었다.

오후 4시경이 되어 정상 가까이 도달하니, 길 양쪽에는 그래도 높은 봉우리가 우뚝 서 있고 그 사이로 조그만 길이 깊게 덮인 눈 사이로 나 있었다. 장준하 형과 나, 이렇게 단둘이서 이야기를 주고받으며 걷고 있었다.

내가 앞에 서고 장 형이 뒤에 서서 걸어가는데 무엇인가 난데없이 오른쪽 언덕 위에서 떨어지는 것을 의식하였다. 그랬더니 내 앞 약 5미터에 커다란 호랑이가 소리도 없이 사뿐 내려앉는 것이 아닌가.

"……"

그 순간 아무 말 못하고 그 자리에 서니 장 형도 발을 멈추었다. 너무나도 큰 놀라움으로 나의 가슴 안에서는 무엇이라고 부르짖었으나 끝내 입을 열지 못하였다.

우리가 채 고원지대를 다 횡단하기 전의 어느 날이었다. 목적지에 도착하기 전에 날이 저물기 시작하는 것이었다. 설경의 신비에 홀려 제대로 걷지 못한 탓일까. 낮에도 찾기 어려운 산길을 어둠 속에서 걷는다는 것은 죽음을 의미한다. 예측치 못했던 암담함이 우리를 사로잡았다.

이 눈 위에, 어디 한 곳 몸 둘 곳 없는 이 고원 위에서 우리는 밤을 지새워야만 하게 되었다. 이 파촉령의 고원에서 한 밤을 무사히 지낼 수 있을는지는 오직 천명에 맡길 수밖에 없는 것이었다. 어둠이 깔리기 전 우리는 나뭇가지를 꺾어다 움푹한 곳에 자리를 잡고 그 위에 솔가지를 깔고 쭈그리고 앉아 보았다.

노하구로 가다가 날이 저물어 단강(丹江)가에서 밤새 추위에 떨던 생각이 난다. 나는 다시 장 형과 마주 앉아 서로 서로를 껴안았다. 둘의 체온으로 얼어오는 몸을 녹여가며 어서 이 처절한 밤이 지나가주길 기다렸다. 이 추위 속에서도 피곤한 우리의 눈은 자꾸만 감기는 것이었다.

"잠이 들면 죽는다. 잠이 들면 죽는다."

우리는 서로를 깨우며 밤새 추위, 그리고 잠과 악전고투하였다.

"우리는 또다시 못난 조상이 되지 말아야 하겠……."

우리 조상들은 망국의 유산을 우리에게 남겨주어 우리로 하여금 이 고생을 겪게 했지만, 우리의 후손에게는 절대로 이런 고생을 맛보게 해서는 안 된다고 입술을 깨물고 몇 번이고 다짐하였다. 그러기 위해서는 이 고투를 이겨내고 왜놈이 망할 적까지 힘차게 싸워야 한다고 외쳤다. 고향의 어머님 생각이 난다.

파동(巴東)에 닿은 것은 밤 12시가 되어서였다. 파촉령을 넘는데 꼭 14일간이 걸린 셈이다. 1945년 1월 20일에 우리는 6천 리의 강행군을 끝맺고 양자강가의 파동(巴東)시에 무사히 도착한 것이다.

다음 날 새벽 4시, 다시 전마선을 타고 기선에 올랐다. 이제 파동에서 중경까지 반을 항행한 셈이고, 앞으로 나흘만 더 가면 중경이다. 웅장한 양자강의 해돋이를 보면서 다시 항행을 계속하였다.

충현(忠縣)·풍도(豊都)·장수(長壽) 등지를 지나 파동을 떠나 정확히 여드레째 되는 날 오후 3시경 우리는 중경을 바라볼 수 있는 지점을 통과하였다.

언덕 위에 나타난 중경의 건물들이 우리를 끌어당겼다. 가슴이 뛰었다. 일본 유학시절에 기차를 타고 고향의 마을이 보이기 시작할 때보다 더 깊은 감격으로 중경시를 바라보았다. 동지들은 모두 갑판에 올라와서 중경이 보인다고 떠들썩하였다. 임시정부의 청사는 어디 있을까? 김구 선생을 비롯한 우리의 지도자들은 지금 우리가 이곳에 도착하는 것을 알고 계실까?

부두에 닿자 우리는 앞을 다투다시피 중경 땅에 첫걸음을 내디뎠다. 얼마나 기다렸던 중경인가! 동경시절부터 꿈꾸던 중경! 강제로 학병으로 끌려갈 적부터 꼭 찾으려고 했던 중경! 유격대와 임천, 그리고 노하구에서도 모든 장애를 물리치고 중경행의 집념을 관철했던 나의 뜻은 이제 그 결실을 보아 중경에 힘찬 첫걸음을 옮기고 있는 것이다. 임천을 떠난 지 73일, 일본군을 탈출한 지 10개월 만에 나는 이 감격의 날을 맞이한 것이다. 1945년 1월 31일, 나는 고난의 장정을 끝내고 이제 중경에 도착한 것이다.

진경성 교관이 이곳 중경의 지리를 잘 알고 있으니까 곧 임정을 찾아가리라고 생각하면서 부둣가에서 언덕을 오르기 시작하였다. 우리는 하안(河岸)으로부터 약 80미터나 높은 언덕길을 걸어서 올라갔다. 지나가는 짐꾼들의 이마에서는 구슬 같은 땀이 흐르고 있었다. 날씨가 늦은 봄같이 따뜻하여 우리도 등에 땀을 느꼈다.

언덕 위에 올라 가리(街里)에 들어서자 우리는 진 교관을 선두로 2열 종대로 보무당당하게 행진하였다. 우리가 입고 있는 것은 중국 군복이기 때문에 광복군이라는 표시로, 우리는 노하구에서부터  나의 착상으로 가슴에 '한반도에 태극기를 그린' 마크를 달고 있었다. 광복군의 기개를 보이려는 듯이 가슴을 펴고 곁눈질도 하지 않고 힘차게 걸었다.

3시간이나 헤맨 끝에 해질 무렵에야 겨우 찾았다. 높은 5층의 층계 건물이 우리를 맞고 있었다. 대문 위에 가로로 크게 한글로 "대한민국 임시정부"라고 쓰여 있었고, 꼭대기에는 태극기가 펄펄 날리고 있는 것이 아닌가! 그것은 5층 건물이 아니고 층대 위에 차례로 지어 올라간 단층과 2층 건물인데 겉모양으로는 웅장한 5층 건물이었다.

건물을 보고 이렇게 감격한 것은 생전 처음이다. 우리 임시정부가 당당한 그 위세를 천하에 떨치고 있는 듯이 보였다. 눈물이 글썽하여 태극기에 정성껏 경례하였다. 우리 모두가 청사 앞에 도열하여 경례를 하는 동안 진 교관이 우리의 도착을 알리려고 청사 안으로 뛰어 들어갔다.

# 임시정부와 김구 주석

## 이청천 장군의 환영사

김준엽과 그 동지들이 6천 리 길을 걸어 도착한 중경(중칭) 임시정부는 사천성의 중심 도시에 있었다. 그동안 하남성·안휘성·호남성을 거쳐 사천성의 중경까지 오는 데 4개 성을 거치는 길이었다. 통칭 해남 땅끝에서 백두산까지를 3천 리라고 일컫는다면 그 두 배가 되는 행로였다.

임시정부는 1919년 3·1운동을 계기로 그해 4월에 상해에서 수립되고 1932년, 윤봉길 의거로 일제의 탄압을 피해 절강성 항저우, 1937년 강소성 치장(鎭江)을 거쳐 창사→광저우→류저우→치장→중칭에 이르렀다.

중경에 도착한 임시정부는 오사야항 부근에 있는 초라한 2층 건물을 사용하다가 김준엽 일행이 도착하기 4개월 전에 현재의 건물로 이사하였다. 원래는 중국인 소유 호텔이었던 것을 중국국민당 정부가 지원해준 돈으로 연 40만 원(元)의 세를 내며 사용하고 있었다.

이 같은 사정을 알 리 없는 김준엽과 그의 동지들은 예루살렘에 도착한 성지순례단처럼 떨리고 감격적인 심경으로 마침내 임시정부 청사 앞에 도열하였다.

> 마침내 진경성 교관의 안내를 받으며 몇 명의 군인들을 대동하고 이청천 총사령관이 위엄있게 우리 앞에 걸어오고 있었다. 우리는 부동자세로 숨을 죽였으며, 우리 독립군 총사령관의 사열을 받는다는 감격에 전신이 굳어 있는 것 같았다. 고향의 압록강 건너편에서 쏘아대는 독립군의 포성을 들을 적부터 그리던 총사령관이 아닌가! 학교에서, 일본 군대에서, 일장기 밑에서 왜놈의 사열을 받을 때마다 우리 독립군 총수의 사열을 받았으면 얼마나 좋겠는가 하고 꿈에도 그리던 그 순간이 아닌가!
>
> 우리 모두는 있는 정성과 기백을 나타내려고 가슴을 활짝 펴고 두 눈을 크게 부릅뜨고 총사령관이 앞에 서기를 기다렸다. 나는 눈에서 불꽃이 튀기는 듯한 기분이었다.
>
> 이윽고 진 교관이 떨리는 목소리로 "일동 차렷! 총사령관님에게 경례!" 하는 구령을 크게 외쳤다.

답례를 하는 이청천 장군(지대순, 1888~1957)을 바라보니 누런 군복에 역시 누런 색깔의 외투차림이었는데, 이때 그의 나이는 57세였지만 훨씬 더 늙어 보였다.[43)]

이청천은 한말 정부 유학생으로 뽑혀 일본 육군사관학교를 졸업하고 1919년 만주로 탈출하여 신흥무관학교 교성대장(教成大長)을 지낸 후 서로군정서에 들어가 항일무장투쟁을 벌였다. 이후 양기탁·오동진 등과 함께 정의부(正義府)를 조직한 데 이어 1940년 중경 임시정부의 광복군 총사령관으로 항일투쟁을 지휘하고 있었다.

이 장군은 대열 앞에서 한 사람씩 한 사람씩 뚫어지게 우리를 살펴보며 지나오다가 마침내 나의 앞에 이르렀다. 나는 온갖 경의를 다 바치는 몸가짐으로 장군에게 주목하였다. 오랜 풍상을 겪으시느라고 얼굴에는 주름이 많이 보였으나 장군의 눈은 무섭게 빛나고 있었다.

"수고들 많이 했소이다. 동지들이 무사히 도착되기를 기원하고 있었소. 동지들은 총사령관인 나보다도 훌륭하오. 나는 옛날 일본 육군사관학교를 졸업하고 중국 청도작전에 배치되어 탈출하려다가 실패하고 수년 후에야 비로소 탈출에 성공하여 만주의 우리 독립군에 참가하였는데 동지들은 '학병'으로 중국 전선에 오자

43) 김준엽,《장정 2》, 375~376쪽

마자 대번 탈출에 성공하였으니 말이오. 한마디로 독립군의 투쟁 이란 그렇게 시작하는 것이오."[44]

## 위대한 혁명영웅 김구 주석

이청천 사령관의 훈시가 끝날 즈음 청사 2층 계단에서 "푸른 중국 두루마기를 입은 거구의 노인이 앞장서고, 뒤에 머리가 희끗희끗한 일행 10여 명이 내려오고 있었다." 김준엽은 김구 주석을 첫 대면하게 된 감격을 이렇게 기술한다.

그 위대한 혁명영웅을 만나는 감격과 기쁨은 이루 형용할 수가 없었다. 더욱이 그의 검소한 인품은 우리에게 또 다른 충격을 주었다. 검은 안경테 속에 빛나는 눈매와 엷은 미소를 담은 인자한 인품은 우리를 압도하였다. 정중하고도 소박하고 또 침착한 그의 성격이 온몸에 풍겨 있는 것을 느꼈다. 이때 김구 선생의 나이는 69세(1876~1949)였다.

이분을 찾기 위하여 얼마나 헤매었던가! 고향이나 일본 유학 시절을 빼놓고라도 중국유격대에서 그리고 6천 리 장정길에서 얼마나 그리워서 몸부림쳤던가! 이제 그 간절한 소원이 달성되는 순간이 온 것이다.

44) 앞의 책, 376~377쪽

근엄하고도 건장한 모습으로 김구 선생은 잠시의 침묵을 깨뜨리고 말문을 열었다. 그 옆에는 한두 분을 제외하고는 한결같이 중국 청흑색의 두루마기를 입은 백발이 성성한 혁명 대선배들이 자랑스럽다는 표정으로 우리를 두루 살피면서 가로 한 줄로 서 있었다.

"그간 소식을 듣고 기다리던 여러 동지들이 이와 같이 씩씩한 모습으로 당도했으니 무한히 반갑소이다. 더구나 국내로부터 갓 나온 여러분을 눈앞에 대하고 보니 마치 내가 직접 고국산천에 돌아온 것 같은 생각이 들어, 복받쳐 오르는 감회를 억누르기 힘든 것도 사실입니다.

그러나 우리 독립운동가들은 많은 말이 소용없습니다. 우선 좀 쉬도록 하고, 오늘 저녁 정부에서 동지들에게 베푸는 환영회에서 또 만납시다."[45]

김구 주석의 환영사는 극히 짧았다. 이심전심으로 통하는 사람들끼리는 장광설이 필요하지 않다. 더구나 독립운동에는 이론보다 행동과 실천이 요구되었다. 김준엽은 김구와 이청천의 짧은 환영사를 들은 감회를 다음과 같이 적었다.

나는 김구 선생과 이청천 장군을 이렇게 짧은 시간이나마 직접

45) 앞의 책, 378쪽

뵙게 된 것만으로도 만족하였다. 중경행을 끝까지 고집한 것은 정말로 잘한 결정으로 생각하였다. 이 순간의 감격으로도 6천 리 길을 걸어온 보람을 느꼈으며 이러한 위대한 지도자를 모시고 있으니만치 나의 생명을 조국 광복에 바친다는 것은 영광된 일이라고 생각하였다.[46]

김구 주석이 연설을 할 때에 임시정부 요인들이 좌우로 도열하고 있었다. 김 주석은 일일이 이들을 소개하였다. 김규식·이시영·조소앙·최동오·박찬익·신익희·엄항섭·조완구·유림·유동열·황학수·차리석 등 모두 20, 30년 동안 조국 독립을 위해 만주·중국·시베리아 등지에서 풍찬노숙을 마다하지 않고 싸워온 독립운동의 지도자들이었다.

모두 국내와 남북만주 시베리아에서, 그리고 국제무대에서 수십 년간 조국의 광복을 위하여 왜놈들과 싸운 혁명의 대선배님들이시었다. 우리와 같은 혈기왕성할 때부터 민족의 해방을 위하여 국내에서 싸우다가 해외로 망명하였고, 그 뒤로 오늘에 이르기까지 항일투쟁에 신명을 걸고 형극의 길을 걸어온 분들이다.

한 분도 빠짐없이 백발이 성성하였고 몹시 노쇠해 보였다. 얼굴은 핏기가 없이 부석부석하였으나 두 눈과 꽉 다문 입술에는

46) 앞의 책, 378쪽

혁명가의 굳은 의지가 한눈에도 똑똑히 알아볼 수가 있었다.[47]

### 두 끼 식사로 허기 달래는 임정요인들

김준엽의 눈에 비친 임시정부 요인들이 "얼굴은 핏기가 없이 부석부석한" 모습은 곧 그 이유를 알게 되었다. "김구 주석을 비롯하여 임정요인 대부분이 임정청사에서 기거하는 데 하루 두 끼 식사로 연명하고 있었다. 오전 10시경에 조반을 하고 오후 5시경에 저녁 식사를 하는데 식사라고는 밥 한 그릇에 국 한 그릇이었다. 사천성에서는 쌀 생산이 많이 되기 때문에 밥은 쌀밥이었으나 국이라고는 고기 한 점 보이지 않는 밀가루 무국이었다. 날마다 이런 식사를 하고 있으니까 김구 선생을 비롯한 모든 분들이 얼굴에는 기름기가 없고 부석부석한 것이었다."[48]

일제의 한국 지배를 미화하고 임시정부와 독립운동을 폄훼하는 '식민지근대화론' 신봉자들은 임시정부의 역할을 대단히 부정적으로 인식한다. "할 일 없는 노인들이 중국 정부가 준 돈으로 호의호식하면서 파당싸움이나 일삼았다"는 따위의 망설이다. '이명박근혜' 정부가 1948년 8·15정부수립을 '건국절'로 바꾸려 했던 것도 이

47) 앞의 책, 379쪽
48) 앞의 책, 386쪽

같은 인식에서 출발한다.

중경의 임정요인들은 대부분 조국을 떠난 지 20, 30년이 되는 망명객들이었다. 하루 두 끼의 식사도 제대로 하기 어려운 형편이었다. 일제에 쫓기고 가는 곳마다 밀정이 득실대서 항상 신변이 위태로웠다.

김구는 1938년 3월 7일 한국국민당·조선혁명당·한국독립당의 3당 통합을 위해 조선혁명당 본부 남목청(南木廳)에서 회의 중에 괴한으로부터 심장 부근에 총격을 받고 구사일생으로 살아났다. 괴한은 김구를 향해 첫발을 쏘고 이어 현익철·유동열·이청천을 차례로 쏘았다. 현익철은 현장에서 사망했다. 식민지근대화론자들이 추켜 세우는 친일파들이 호의호식할 때 독립운동가들은 생명을 걸고 일제와 싸우고 밀정들에게 시달렸다.

임시정부는 가난한 살림에서도 김준엽 일행을 위해 간소한 환영만찬을 베풀어주었다. 이어서 광복군총사령부에서 연 환영연에는 진귀한 중국요리가 듬뿍 준비되고 고량주도 마련되었다. 이 환영연에는 중국군참모장 윤정보(尹呈輔) 중장 등 중국군 핵심 간부들과 한국광복군 이청천 총사령관 등 간부들이 참석하여 성황을 이루었다.

한국 학병 출신 다수가 일본군을 탈출하여 임시정부에 도착했다는 소식은 중경 사회에 큰 뉴스가 되고 중국 신문 〈대공보(大公報)〉에 크게 보도되었다. 중한문화협회(中韓文化協會)가 주최한 환영연은 국민당 정부의 요인들과 군 최고 간부들, 임정요인 다수가 참석하는 대연회였다.

### 첫 사자후-중한문화협회 간부들 앞에서의 연설

행사 주최 측에서 학병 출신들에게 답사를 요청하였고 김준엽이 대표자로 선정되었다. 중한문화협회의 중요성을 알게 된 김준엽은 답사 연설에서 무슨 이야기를 할 것인가 하고 장준하를 비롯한 여러 동지들의 의견을 듣고, 임시정부 외교부장인 조소앙을 찾아가 문의하였다.

조소앙은 1918년 해삼위에서 '무오독립선언'을 주도하고 임시정부의 헌법기초를 비롯해서 '건국방략'의 집필 등 임정의 핵심적 이론가이자 외교통이었다. 김준엽이 그를 찾아 자문을 구하게 된 배경이다.

> 조 부장은 약 한 시간에 걸쳐서 소신을 조리 있게 설명해주었다. 지금 단계로 가장 중요한 것은 중국 정부가 정식으로 임시정부를 승인하는 일이니 그에 초점을 맞춰 이야기하는 것이 좋겠다는 것이었다. 중국 정부가 솔선하여 우리 정부를 승인해야만 미·영을 비롯한 연합국에서 승인할 것이 아닌가. 그리고 우리 일행의 도착으로서 국내 3천만 동포가 한결같이 항일사상으로 뭉쳐 있을 뿐만 아니라 임시정부를 절대 지지하고 있다는 증명이 된

> 것이 아닌가 하는 점을 역설하면 훌륭한 답사가 될 것이라고 일러주는 것이었다.
>
> 조 부장은 지나간 여러 해 동안 임정에 대한 승인을 얻기 위하여 자신이 고심한 여러 가지를 설명해주었다.
>
> 사실 우리는 중경에 도착할 적까지 임시정부는 이미 국제적인 승인을 얻고 있는 것으로 잘못 알고 있었기 때문에 이러한 조 부장의 생각은 당연한 것으로 알았고, 나는 선생님의 말씀에 전적으로 동감이라고 힘주어 대답하고 자리를 떴다.[49]

김준엽은 대단히 학구적이다. 게이오대학에서 동양사를 전공한 데서도 나타나지만, 그는 임시정부에 참여해서나 이후의 여러 분야의 활동에서 보인 태도는 매사에 합리적인 판단을 하고 그 기조에는 학구적인 성실성이 바탕이 되었다. 사실 전시상황에서 한·중 정부 요인들과 군 간부들이 참석한 연회에서 자신들의 탈출과정과 일제의 만행을 사실적으로 폭로하고 양국의 우호협력을 역설하면 되는 인사치례였다. 하지만 김준엽은 성실하고 알차게 내용을 준비하여 갈채를 받았다. 요지를 소개한다.

> 우리는 작년(1944년) 1월에 일본 제국주의자들의 강압으로 소위 학병(學兵)이란 이름으로 끌려나왔다가 조국의 독립을 위하여 결

49) 앞의 책, 389~390쪽

사적으로 일본군을 탈출한 한국의 청년들입니다. 우리는 탈출한 후 귀국의 유격대에서 중국 청년들과 어깨를 맞대고 포악한 일본군과 싸우다가 우리의 임시정부를 찾아 이곳까지 6천 리 길을 걸어서 왔습니다.

우리는 국내의 3천만 동포가 진심으로 존경하고 하루빨리 환국하는 날이 오기를 고대하는 우리 독립운동의 지도자들에게 조국의 실정을 알려드리고 또한 그 어른들의 지도를 받으려고 중경까지 찾아왔으며, 앞으로 그분들이 지시하시는 대로 어떤 일, 어떤 곳에서도 조국의 광복과 도탄에 빠진 동포들의 해방을 위하여 이 한 목숨을 기꺼이 바칠 각오가 되어 있는 한국의 젊은이들입니다.

양국 수뇌들의 박수갈채를 받으며 김준엽의 답사는 이어진다. 답사형식의 연설이었다.

여러 선생님들께서 아시는 바와 같이 우리는 일본이 한국을 강점한 다음에 태어났으며, 또한 대학에 이르기까지 그들의 교육을 받으며 자라온 세대입니다. 일본 제국주의자들은 한국 문화를 말살하고 소위 일본에 동화시킨다고 하여 가지가지의 민족 말살 정책을 써 왔습니다.

그들은 학교에서 한국어를 가르치지 못하게 하였을 뿐만 아니라 '국어상용(國語常用)'이라 하여 일본어만을 쓰도록 강요했으며,

한국 혼을 없애기 위하여 우리의 역사를 가르치지 못하게 하였으며 심지어 교정에다 '봉안전(奉安殿)'이라 하여 일본 천황의 사진을 걸어놓고 아침마다 경례를 시켰고 '동방요배(東方遙拜)'라 하여 천황이 있다는 동쪽을 향하여 배례를 강요하였습니다.

그뿐입니까! 아침마다 조회 때면 '황국신민서사'라는 것을 고창케 하였으며 나중에는 한국인의 성씨까지도 일본식으로 고치라고 강요하였습니다.

한국의 정치·외교·군사·경제·문화권을 박탈하였을 뿐만 아니라, 우리 국토에 일인들이 이주하고 한국 사람들로 하여금 만주 지방으로의 이민을 강요하고 있는 실정입니다.

우리가 왜 징집되었습니까! 일본 침략자들은 전쟁이 장기화됨에 따라 인적 자원의 부족을 느낀 까닭도 있지만 차제에 한국의 지식 분자를 제물로 만들어 한민족을 영원히 말살하려는 음모 때문인 것입니다.

## 임시정부를 인정하라

김준엽은 이번 기회에 중국 정부가 임시정부를 승인하지 않고 있는 점을 따져 물었다. 조소앙 외교부장으로부터 들은 내용을 바탕으로 주장을 펴나갔다.

우리는 중경에 와서 크게 실망한 것이 한 가지 있습니다. 그것은 귀국에서 아직까지 우리 임시정부를 정식으로 승인하지 않고 있다는 사실입니다. 물론 우리는 귀국에서 물심양면으로 꾸준히 우리의 독립운동을 지원해준 것을 잘 알고 있습니다. 그러나 가장 중요하고도 핵심적인 임정 승인 건은 유감스럽게도 주저하고 있습니다.

중·일전쟁이 발발하기 전에는 일본 군국주의자들의 침략을 피하기 위하여 구실을 주지 않으려고 임정을 승인하지 않았을 것으로 이해합니다마는 오늘날에 이르러서는 무슨 이유 때문에 승인을 주저하고 있는지 그 진의를 알기가 대단히 어렵습니다.

여기 도착하기 전까지의 우리 50명은 물론이고, 국내에 있는 3천만 동포는 모두 귀국이 우리 임시정부를 벌써 승인하고 있는 것으로 알고 있었습니다.

혹시 임시정부가 해외에서 조직이 되어 오랫동안 망명생활을 하고 있기 때문에 한국민의 임정에 대한 지지를 의심해서 승인을 꺼리고 있었는지도 모르겠습니다. 그러나 우리 임시정부는 1919년에 일어난 거족적인 항일운동, 즉 3·1운동을 계기로 내외 한민족 전체의 의지와 지지로 조직된 정부이며, 오늘에 이르기까지 오히려 그때보다도 우리 민족은 우리의 유일한 정부로 중경에 있는 임시정부를 지지하고 있을 뿐만 아니라 오직 임정에 대한 기대로 일본의 폭정에 항거하고 있습니다.

여기 앉아 있는 우리 50명은 감히 전 민족을 대표하여 임정에 대한 우리 민족의 절대적인 지지를 귀국정부나 국민에게 알려드리는 바이오니 하루 속히 임시정부를 정식으로 승인해주십시오.

1921년 귀국의 국부이신 손문 선생께서 광동(廣東) 호법정부(護法政府) 대총통으로 계실 때에 우리 임시정부를 이미 승인한 바가 있는 것을 우리는 잘 알고 있고, 또한 그로 말미암아 한국 민족은 손문 선생을 더욱 존경하고 있습니다. 손문 선생의 원대한 뜻이 빠짐없이 실현되기를 간절히 바라는 바입니다.

끝으로 우리나라의 독립운동을 위하여 많은 지원을 해주신 귀국의 정부를 비롯한 각계각층에 심심한 사의를 표하는 바입니다. 더욱이 우리가 일본군을 탈출한 다음에 베풀어준 일선의 귀국 장병들의 따뜻한 보호에 대하여 이 자리를 빌어 깊은 감사의 말씀을 드리고 이만 줄이겠습니다.[50]

김준엽의 연설은 대단히 성공적이었다. 여러 차례 박수갈채가 쏟아지고, 내용이 다음 날 〈대공보〉를 비롯 각종 매체에 비중 있게 보도되었다. 임시정부도 자신들이 하기 어려운 말을 해준 데 만족해하였다. 한 신문의 보도이다.

중경을 찾아온 한국 청년들은 '한국 합방(한일합방)' 후에 출생

50) 앞의 책, 390~393쪽 (발췌)

성장한 청년들로서 일본의 동화교육을 받았고 일본에 가서 진학하였으나 적(日本)은 조금도 이 한국 청년들의 항일사상과 민족관념을 소멸시키지는 못했다. 한국 청년들은 한국은 망하지 않았으며 전도는 광명과 희망에 차 있음을 우리(중국)에게 일깨워주었다.[51]

51) 〈대공보〉, 1944년 2월 4일

# 독립운동 지도자들의 애국 혼

## 중국 지원받는 가난한 임시정부 살림

김준엽 일행이 중경 임시정부에 도착하여 극진한 환영을 받을 때, 임시정부는 수립 이후 가장 정부다운 정부의 면모를 갖추고 있었다. 1941년 12월 8일 일제가 미국 하와이의 진주만을 기습 공격하면서 발발한 태평양전쟁은 오래전부터 독립운동가들이 기다렸던 일이었다.

일제의 패망을 내다본 독립운동 진영에서는 통합운동이 제기되고, 이에 따라 1942년 초 민족혁명당의 김규식·김원봉·윤기섭·성주식·김상덕 등이 임시정부에 합류하였다. 1944년 2월 헌법을 개정하여 부주석제를 신설하고 국무원을 개조하여 좌우통합 정부를 구성함으로써 중경의 모든 독립운동가들이 임시정부로 모여들었다. 1944년 3월 현재 임시정부 직제와 요인 명단이다.

먼저 정부 요인을 소개한다.

| | |
|---|---|
| 주　　석 | 김　구 |
| 부 주 석 | 김규식 |
| 재무부장 | 조완구 |
| 외무부장 | 조소앙 |
| 군무부장 | 김원봉 |
| 내무부장 | 신익희 |
| 법무부장 | 최동오 |
| 문화부장 | 최석형 |
| 선전부장 | 엄항섭 |
| 감사원장 | 이상만 |
| 참모총장 | 유동열 |
| 주석판공 실장 | 민필호 |
| 비 서 장 | 박찬익 |

무임소 국무위원은 이시영·조성환·황학수·장건상·조경환·유림·성주식·김붕준·김성식 등이다.

1939년 3월에 확충된 의정원 의원은 다음과 같다.

이동녕·김구·조성환·조완구·차리석·송병주·엄항섭·양우조·신공제·문일민·민병길·김붕준·안경근 등 14명이고, 새로 홍진·최동오·이청천·조경환·신환·방순희·손일민·박찬익·김학규·조시원·이준식·나태섭·공진원 등 13명을 추가하여 도합 27명으로 구성되었다.

임시정부는 전시체제에서도 내각책임제와 유사한 정부 형태를 유지하여 의정원 의원이 정부 국무위원을 겸임하는 경우가 적지 않았다. 정부 운영자금은 1941년부터 차관형식으로 중국 국민정부의 지원을 받았다. 중경으로 옮겼던 1941년과 42년은 매월 6만 원씩을 받다가 차츰 증가되어 1943년 5월부터 8월까지 월 50만 원, 1944년 9월부터 1945년 3월까지는 월 100만 원, 1944년 4월부터 6월까지는 월 1천만 원씩을 받았다.

이 지원금으로 임시정부를 운영하고 광복군 훈련과 몇 개 지역에 설치한 초모처 등에 사용하였다. 중경지역도 전시상황이 되면서 물가가 치솟아 중국 정부 지원액의 증가에도 힘겨운 살림을 하지 않을 수 없었다.

턱없이 부족한 예산이지만, 그나마 1919년 정부수립 이래 처음으로 확립된 예산으로 규모 있는 살림을 할 수 있었고, 정부는 광복군을 체계적으로 조직·훈련하게 되었다.

임시정부는 김준엽 등 신입 청년들에게 교양강좌 형식의 정신교육을 시켰다. 독립군으로 육성하기 위한 임시정부 요인들의 '산

교육'이었다.

이들이 묵고 있는 숙소에 임정요인들이 하루 한 분씩 나와서 강의를 해주었다. 본디 학구적인 김준엽은 이를 크게 반기고 훗날 자서전에서 상세히 기록하였다.

> 나는 정말로 좋은 기회라고 생각하여 열심히 들었고 또한 그것은 대단히 유익한 것이었다. 밤 8시경부터 두세 시간씩 희미한 전등불 밑에서 말씀해주시는 선배님들의 모습을 나는 일생 잊을 수가 없다. 우리 50명은 마룻바닥에 앉아 있었고, 말씀하시는 원로분은 앞에 놓은 의자에 앉았기 때문에 뒤에서도 원로분의 얼굴 표정을 잘 볼 수가 있었고 말소리도 잘 들렸다.[52]

김준엽은 이때의 독립운동 지도자들의 강의를 자서전에 기술하면서 "그 당시에 직접 보고 느낀 것을 정직하게 서술하려고 한다. 그때 내 나이가 20대 초기였고 또한 중경에 체류한 것이 불과 3개월밖에 되지 않기 때문에 관찰력도 부족하고 미숙한 점이 많으나 보고 들은 그대로 적는 것이 가치가 있는 듯하여 뒤에 나이가 들어가면서 갖게 된 생각으로서 그때를 윤색할 생각은 없다"라고 피력하였다. "다만 오류나 실례되는 점은 '20대 초기의 나의 생각'이었던 점을 감안하여 이해를 바란다"고 하였다.

52) 앞의 책, 418쪽

## 인생의 지침, 김구 주석의 첫 강의

첫날밤은 김구 주석께서 맡으셨다. '교양강좌'라고 한 것은 우리가 붙인 이름이지 임시정부에서 그런 이름으로 부른 것은 아니다. 우리나라의 독립투쟁의 경과를 옳게 전달하여 우리로 하여금 올바른 행동을 취하게 하려는 배려였다.

다만 임천에서 김학규 선생이 시도한 독립운동사는 개괄적인 것이었으나 이번 '강좌'의 경우는 원로분들의 개인 투쟁경력을 중심으로 한, 지극히 인포멀(informal)한 담화형식이었다. 따라서 부드러운 분위기였으며 나는 정말로 흥미진진하게 들었고, 또한 얻은 것도 많았다.

백범 선생은 첫 번 뵀을 적과 마찬가지의 까만색 중국 두루마기를 입고 들어오셨다. 이때만이 아니라 중경에 있는 동안 다른 옷으로 갈아입은 것을 본 일이 없다. 의자에 앉으시면서 대단히 기쁜 표정으로 활짝 웃으셨다.

나는 이 강좌 시리즈가 계속되는 동안 항상 맨 앞에 앉았기 때문에 여러 선배들의 이야기를 하나도 빼놓지 않았을 뿐더러 그분들의 표정이나 말씀하시는 스타일까지도 상세하게 볼 수가 있었다. 말씀 뒤에 숨은 생각까지도 모두 파악하여 나의 인생살이의 지침을 삼으려고 노력하였다.[53]

53) 앞의 책, 418쪽

김준엽은 이날 김구 주석의 강의를 들으면서 그의 파란만장한 생애에서 자신이 어떻게 살아야 하는가를 일깨웠다고 한다. 그리고 김 주석이 들려준 투쟁의 과정을 상세히 기술한다. 김구의 생애는 이미 많이 알려졌기 때문에 여기서는 김준엽의 '소회'를 중심으로 정리하고자 한다.

> 백범 선생은 조금도 가식이 없이 소탈한 모습으로 있는 그대로를 쉬운 말로 표현하였다. 달변이나 이론적은 아니었으나 그 구수한 말씨와 인품이 나를 자석처럼 끌어들이는 것이었다. 거무수룩한 데다 얽은 얼굴이지만(3, 4세 때에 마마를 치름) 인자하기가 비할 데가 없었다. 다만 큰 몸집에다 삼각형의 적은 눈은 사람들을 압도하고도 남음이 있어 보였다.
>
> 어려서부터 지금에 이르기까지의 파란만장의 투쟁경력을 이야기하면서 조금도 고생했다거나 자랑스럽다는 기색은 전혀 없었다.[54]

김준엽이 백범의 강의를 듣고 회상한 소회의 몇 대목을 소개한다.

> 백범 선생은 밤 12시가 되도록 약 네 시간에 걸쳐 그의 경력과 그때그때의 심정을 항상 웃으시면서 또한 당신이 하신 일은 아무

54) 앞의 책, 419쪽

것도 아니라는 식으로 대단히 겸허하게 말씀하셨다. 한국 사람이라면 누구나 마음만 먹으면 당신이 하신 일 정도는 할 수 있다고 하시면서 우리를 격려해주셨다.

그러나 어찌 범인이 그런 위업을 이룩할 수가 있을까. 나는 그 동안 극히 짧은 기간, 독립운동을 한답시고 고생한 것이 정말로 아무것도 아니라는 것을 뼈저리게 느꼈다. 그러면 그럴수록 앞에 바위처럼 앉아 계시는 백범 선생이 위대하게 보이는 것이었다.

백범 선생은 당신만큼의 투쟁과 고생은 많은 선열들이 모두 겪은 것이고 이곳 중경에 와 계시는 임정 요인들은 모두가 그런 경력을 밟으신 분들이라는 것을 강조하시는 것이었다.

백범 선생은 동족에 대해서는 누구 하나도 비난하지 않았고, 1938년(62세) 일본군의 침략으로 호남성 장사(長沙)로 옮겼을 때에 민족주의 3당의 통합문제를 논의하던 남목청서 조선혁명당원 이운한의 저격을 받아 중태에 빠진 일이 있었지만, 그는 이운한에 대해서도 아무런 원한을 품지 않은 태도였다. 모든 것은 나라가 없게 된 탓이고, 그 기본적인 원인은 포악한 왜놈들의 침략에 있다면서 우리의 적은 오직 일본의 군국주의라 하셨다.

그는 애국애족의 혼으로 굳어진 거암(巨岩)이다. 계급을 타파한 위대한 서민이다. 말이 아니라 행동을 존중하는 실천가이다. 그러면서도 인정이 많은 인도주의자요 사상가였다. 백범에게는 외국적인 것은 하나도 보이지 않는 순수한 한국인이었다.

그의 부동의 신념과 굳은 의지, 그리고 그의 투쟁경력과 인격으로서 임시정부를 지켜온 것이다. 많은 사람들이 임시정부의 주도권을 둘러싼 암투에 휘말려 이합집산을 하였으나 그는 끝까지 거암처럼 흔들리지 않고 이 임시정부를 지키면서 우리의 어려운 독립운동을 총지휘한 것이다.

나는 네 시간 동안 숨을 죽이고 백범 선생의 말씀을 들으면서 인간은 어떻게 살아야만 된다는 것을 깨달은 듯하였다. 그리고 다시 한 번 일본군을 탈출하여 항일전선에 참가하고 이곳까지 찾아온 것을 천만다행으로 생각하였다.

백범 선생과 같은 위대한 지도자를 모시고 있는 것이 우리 임시정부나 광복군으로서 행운이라고 생각되었고, 이봉창 의사나 윤봉길 의사가 백범 선생을 만나 뵙고 사지로 뛰어든 심정을 헤아릴 수 있을 것 같았다.

밤이 깊어서야 백범 선생은 자리를 떴는데, 일어서면서도 우리의 잠자리가 불편할 것이라면서 걱정해주셨다. 우리는 모두 감격하여 한참 동안 잠을 이루지 못하였던 것이다.[55]

## 대학교수 같은 김규식 선생의 강의

김준엽 일행이 두 번째로 듣게 된 연사는 김규식 부주석이었다.

55) 앞의 책, 424~425쪽

김규식에 관해서도 그의 생애나 항일투쟁 등 상세히 기술하고 있으나, 여기서는 약술하고 김준엽이 느꼈던 소회를 중심으로 소개한다.

김규식 박사는 건강이 좋지 않아 오랫동안 앉아 있지를 못하고 한 시간 정도로서 이야기를 끝냈다. 김구 선생과는 대조적으로 키가 작고 몹시 쇠약해 보였다. 회색 중국 두루마기를 입고 지팡이를 짚으면서 들어와 의자에 앉으셨는데 기침을 자주하는 것을 보니 기관지가 좋지 않은 것으로 느껴졌다.

얼굴이 핼쑥하다 보니 눈이 유달리 더 커 보였다. 미국에서 교육 받았으며 중국의 여러 대학에서 강의를 맡은 일이 있다는 선입견이 있어 그런지는 몰라도 한눈에 이 어른은 서구적이며 지성인이고 총명하신 분이라는 인상을 받았다.

기운이 없어 보였지만은 말소리는 컸다. "여러분을 만나 장시간 이야기를 나누고 싶지만 내 나이가 많거니와 (당시 64세, 1881~미상, 호는 우사(尤史)) 몸이 불편해서 많은 이야기를 할 수 없겠다"고 하시는 것이 꼭 대학교수의 풍도였다.

따라서 김 박사(미국 로녹 대학에서 받은 명예 법학 박사)는 백범 선생의 이야기와는 달리 그의 경력에 대한 소개가 아니라 원칙론을 강의식으로 말씀하셨다.

구한국이 망한 중요한 이유 중의 하나는 당시의 위정자나 국민들이 국제 정세에 눈이 어두웠다는 데 있다는 것을 강조하였고 특히 강대국들에게 둘러싸인 한국으로서는 국제 정세에 민감해야만 생존경쟁에서 살아남을 수 있다고 하면서 우리에게 영어 공부와 국제 정치에 대한 연구를 소홀히 하지 말라고 가르쳐주었다.

김 박사는 우리를 혁명 후배라기보다는 학생으로 간주하는 듯 하였다. 그는 백범과는 달리 이론적으로 서구적이었으며 인간적으로 좀 가깝게 하기는 어려운 성품으로 느껴졌다.

나는 그가 모스크바에서 열린 원동 약소민족대회에 참가한 이야기나 파리 강화회의에서의 활동상황에 관한 질문을 하고 싶었으나 밤중이었기 때문에 말을 삼갔다.[56]

당시 임시정부의 비주류격인 민족혁명당 계열인사들인 김규식·김원봉·최석순·성주식·윤기섭 등은 중경시내 남쪽 즉 양자강 남안(南岸)인 토교(土僑)에 모여 살고 있었다. 김준엽과 장준하는 김규식의 강의가 끝난 며칠 뒤 불쑥 토교의 집으로 찾아갔다.

아무 예고 없이 불쑥 찾아간 것이 미안하긴 하였으나 전화도 없고 하여 그럴 수밖에 없었다. 초라한 죽제집에 들어서니 집이라고는 하지만 방 하나에 부엌 하나이고, 김 박사는 병석에 누워 있었는데 사모님(김순애 여사는 당시 한국부녀회의 회장)이 한약을 방에서 달이고 있었다. 사모님은 몸집이 크고 남성같이 보였다.

56) 앞의 책, 431~432쪽

방 안에는 약 냄새가 가득 차 있었고, 간단한 가구며 책들이 산재해 있었는데, 방이 비좁아 우리 둘이 앉을 자리도 없는 형편이었다.

우리 둘의 방문을 반갑게 맞이하면서 김 박사께서는 병상에서 반신만 간신히 일으켜 앉았다. “무슨 병환이십니까?” 하고 물었더니 “나에게 무슨 병이 있는가 묻지를 말고, 무슨 병이 없는가 하고 물으라”고 하신다. 생각 이상으로 병고에 시달리는 것을 알고 ‘강좌’에서 묻고 싶었던 이야기는 이날도 입 밖에 끄집어낼 수가 없었다. 장준하 형이 신학교 출신인 것을 알고 김 박사 내외분께서는 국내의 기독교 사정을 물었다. 그래서 이날의 방문은 주로 장 형의 설명으로 끝이 난 것이다.

오랜 망명활동과 정신적인 좌절로 병이 생겼을 것이고, 또 궁색하여 병 치료도 제대로 할 수 없었을 것을 생각하니 여간 마음이 괴롭지가 않았다.[57]

## 임시정부 분신 이시영 선생의 강의

3일째 강사는 이시영 의정원 의원이었다. 일찍이 국치를 당해 삼한갑족의 평을 받던 6형제가 전 재산을 팔아 만주에 신흥무관학교를 세우고, 임시정부 수립에 참여하여 김구와 함께 시종일관 임정

57) 앞의 책, 434쪽

을 지켜온 애국지사였다.

이시영의 항일투쟁사는 곧 한말과 임시정부의 역사와 같은 것이었다.

이시영 선생(1869~1953, 호는 성재省齋)은 이때 76세로서 중경에 계신 원로들 가운데 가장 연장자였다. 역시 회색 중국 두루마기를 입고 계셨는데 키는 작고 연로한 관계로 허리가 구부러져 있었다.

김규식 선생과는 달리 시종 웃는 얼굴이었고 자상하기 그지없었다. "날더러 무슨 이야기를 하라지만 할 만한 이야기가 있어야지" 하면서 겸손하게 사양하셨다. 말소리가 적기 때문에 뒤에 앉은 사람들은 잘 들리지가 않았을 것이다.

나는 성재 선생을 통하여 한말로부터 그때에 이르기까지의 슬픈 한국 민족사를 읽는 듯하였다. 대학시절에 동양사를 전공한 덕에 나는 우리의 역사를 대강 알고 있었다고 할 수는 있으나 이렇게 내면적인 실상은 전연 모르고 있었던 것이다.

어찌하여 우리 민족은 이렇게 형극의 길을 걸어야만 하는가! 나는 늙으신 성재 선생의 모습을 보면서 한없이 비통해지는 것이었다. 그러나 선생은 우리와 같은 씩씩한 애국 청년들이 있기에

우리나라의 전도는 광명에 찬 것이라고 하면서 격려해주셨다.[58]

김준엽은 자서전에서 '부기(附記)'를 붙여 이시영과 자기 부인(민영주)과의 인연을 기술한다.

성재 선생은 당시 독신으로서 임정의 청사 내에서 숙식을 하고 계셨기 때문에 식당이나 마당에서 가끔 뵈기는 하였으나 단독으로 찾아뵌 일은 없다. 그러나 내가 뒤에 서안에서 결혼한 다음에야 안 사실이지만 내 아내 민영주는 성재 선생을 잘 알고 있었다. 그럴 수밖에 없는 것이 한말 민비와의 관계로 선생은 민씨 일가와 깊은 사이였던 것이다.

게다가 상해시절에 임정요인들은 생활이 곤란하여 날마다 나의 처갓집에서 기식을 하였다고 한다.

이때 장인은 중국 교통부에 취직을 하여 재화(在華) 일본 각 기관들의 통신 상황을 탐지하여 임시정부에 연락하는 책임을 맡고 있었기 때문에 생활이 남보다 좀 여유가 있었다.

그런 관계로 성재 선생뿐만 아니라 조완구·윤기섭·조성환·성주석 선생은 내 아내가 상해에서 탄생(1922년)하면서부터 자라나는 과정을 계속 지켜보신 것이다.[59]

58) 앞의 책, 434쪽
59) 앞의 책, 435쪽

## 삼균사상가 조소앙 선생의 강의

넷째 날 강좌는 대사상가인 조소앙이었다.

다음으로 '강좌'에 들어오신 분은 조소앙 선생이다. 앞서 이야기한 바와 같이 나는 중한문화협회에서 답사를 하게 되어 그 내용을 문의하러 외무부장실로 소앙 선생을 혼자 찾아뵌 일이 있다.

소앙 선생은 그때 내가 처음 받은 인상과 마찬가지로 철학자의 풍도였다. 거구에다 유달리 큰 머리는 누가 봐도 사상가다웠고, 이날 밤 말씀하신 내용 역시 삼균주의와 건국강령에 관한 사상문제였다.

선생의 본명은 용은(鏞殷)이고 호는 여러 가지를 가지고 있지만 1927년(40세) 이후로는 계속 소앙(素昻)을 전용하였다. 앞서 말한 대로 우리가 만났을 때는 58세였는데 대단히 건장하게 보였다.[60]

선생은 외교 활동과 동시에 언론 투쟁을 전개하였으며 임시정부나 우리 독립운동의 이론화에 지대한 공을 세웠고 임정의 거의 모든 문안은 선생이 작성했다고 해도 과언이 아닐 것이다. 선생의 삼균주의 사상은 1927년(40세)경에 체계화되었으며, 삼균주의에 입각한 '건국강령'을 만든 것은 1941년(54세)의 일이다.

그는 구학문과 신학문을 겸비한 학자이자 혁명가이고, 언론인이

60) 앞의 책, 436쪽

자 정치인이며 또한 외교관이었다. 내가 알기로는 당시 중경에 계신 독립운동자들 가운데 가장 학문이 깊고 이론적인 인물이었다. 내가 만난 원로들 중에서 항상 독서와 집필생활을 계속한 분은 소앙 선생 혼자였던 것으로 기억한다.[61]

조소앙은 사상가답게 젊은 독립군들을 감동시키고, 해방 후 국가건설의 비전을 제시하였다.

선생의 육중한 몸은 의자가 모자라는 듯하였다. "지나간 이야기는 다른 동지들이 이미 많은 이야기를 하였을 터이니까 나는 앞으로 우리가 독립하면 어떠한 국가를 건설해야만 되겠는가 하는 미래 문제에 관하여 여러분과 의견을 나누고 싶다"고 하시는 폼이 대학원 학생들에게 강의하는 세미나와 같았다.

더욱이 코밑의 수염은 그를 돋보이게 하였다. 선생은 차분하지만 굵은 목소리로 천천히 말씀하셨는데 어휘도 하나하나 골라 가면서 또박또박 '강의'하시는 것이었다.

강의란 깊은 지식의 체계화 없이는 남을 감동시킬 수 없다는 것을 새삼 깨달았다.

"나는 우리의 독립이 멀지 않았다고 생각합니다. 물론 앞으로 더 많은 희생을 치를 것으로 알고, 또한 희생 없이 독립을 한다면 국제

61) 앞의 책, 438쪽

사회에서 우리의 발언권이 적어질 수밖에 없다고 생각합니다.

그런데 독립을 쟁취하는 것이 우리의 기본과제이기는 합니다마는 독립 후에 어떻게 나라를 건설해야만 되는가 하는 것도 그에 못지않게 중요합니다.

우리 임시정부에서는 1941년에 〈건국강령〉을 발표한 바가 있는데, 우리가 해방시킬 조국의 건설은 이 강령에 의해서 진행될 것입니다."

나는 그제야 새나라 건설의 청사진을 임정이 가지고 있다는 것을 알았다. 여태까지 독립투쟁사에 대해서만 관심을 가지고 있던 나의 생각에 새로운 눈을 뜨게 한 것이 사실이다. 그러나 나는 독립을 위해 나의 목숨을 바치려고 결심하고 있던 처지였기 때문에 독립 후에 어떤 나라를 건설하는가 하는 것은 먼 장래의 꿈과 같이 느껴졌다.

"여러분은 사람이 그가 추구하는 이상을 위하여 몸을 바친다는 말을 많이 들었던 것으로 압니다. 우리의 이상은 민족의 해방과 동시에 진실한 민주주의의 실천이라는 것을 모두 똑똑히 인식해야만 될 것으로 압니다."

선생은 고차원으로 우리의 생각을 끌어올리면서 건국강령의 밑바탕이 되어 있는 그의 삼균주의(三均主義)를 설명하는 것이었다.

나는 3시간에 걸친 선생의 '강의'에 완전히 매료되었다. 그의 심오한 학문에 탄복함과 동시에 우리의 임시정부가 이렇게 구체적인 건국계획을 가지고 있다는 것을 발견하고 마음 든든하게 생각하였다. 그리고 다시 한 번 중경까지 찾아온 것을 천만 잘한 것이라고 느꼈다. 독립 후의 모든 것은 이 어른들이 잘할 것이고 나는 그저 독립을 위해 목숨만 바치면 된다는 생각에 잠겼다.

소앙 선생은 장시간 이야기하고서도 조금도 피로한 기색이 없었다. 우리에게 질문이 있으면 서슴지 말고 발언하라고 하였으나 누구 하나 말이 없었다. 앞으로 시간이 많으니 전체적으로도 좋고 개별적으로도 좋으니 더 의견을 교환하고 싶다고 하면서 작별하였다.

나는 이날 밤처럼 깊은 생각에 빠진 일은 없다. 나의 생각이나 나의 학문의 부족을 뼈저리게 느꼈다. 죽을 때는 죽더라도 죽을 적까지 책을 더 읽어야 되겠다고 마음먹었다.[62]

조소앙은 엘리트 독립운동가들에게 〈건국방략〉과 그 바탕이 되는 삼균주의를 힘주어 설명하였다. 김준엽 등은 우리 임시정부에 이 같은 철학과 비전이 있음을 알고는 자신들의 일본군 탈출이 백 번 천 번 잘한 일임을 재삼 확인하였다.

62) 앞의 책, 437쪽

## 의열단장 김원봉 선생의 강의

다음 날 강사는 의열단장 출신의 김원봉이었다.

다음 차례는 김원봉 군무부장(1898~미상, 호는 약산(若山))이었다. 이때 47세였기 때문에 '강좌'를 맡으신 분 가운데 비교적 연소한 각료였다. 앞에서 언급하였지마는 거무수룩한 얼굴에 키가 후리후리하고 남성답게 잘생긴 투사형이었다. 그는 중산복(中山服, 중국 관공리들이 입던 제복)을 입었고 양쪽 머리를 바짝 짧게 깎았기 때문에 더욱 키가 커 보였다.

김 부장이 들어올 적까지는 이미 중경에 와서 한 열흘이 지난 다음이었기 때문에 우리는 그에 대한 소문도 많이 듣고 있었다. 음모술수가 많은 공산주의자라는 것이다. 그럴수록 그에 대한 나의 호기심은 컸다.

김 부장은 우리가 그런 소문을 듣고 그에 대하여 공산주의자라는 편견을 가지고 있을 것으로 짐작하였는지 또는 그날 무슨 불유쾌한 일이 생겨서 그러는지 그리 유쾌한 표정은 아니었다. 얼굴을 좀 찌푸리고 말도 많이 하지 않았다.

어쩌면 그의 성격이 과묵한 편이 되어 그랬는지는 알 수가 없었다. 나는 선생이 군무부장이기 때문에 군인 신분인 우리에게 많은 이야기를 해줄 것을 기대하였고, 또한 공산주의자라면 공산주의자답게 이론적으로 우리를 설득할 것으로 생각하고 있었는데. 그날 밤은 완전히 실망하고 말았다.

김 부장은 그가 깊이 관여한 의열단에 대해서나 조선의용군 그리고 민족혁명당에 관해서도 일체 언급을 하지 않고 다만 우리가 결사적으로 중경까지 찾아온 것을 환영한다는 말과 중경에는 여러 정당과 또한 생각을 달리하는 혁명지사들이 많이 있으니 골고루 만나서 많은 이야기를 들은 다음에 우리의 갈 길을 정하라는 충고만 하고는 다른 약속이 있다고 하면서 한 시간도 못 되서 일어서는 것이었다. 어쩌면 의미심장한 충고인 듯하지만 그의 투쟁 경력이나 민족의 앞길에 대한 이야기를 기대했던 나로서는 실망이 컸다.[63]

김준엽은 다소 보수적인 성향 탓인지 김원봉에 대한 인상은 그리 좋지 않았던 것 같다.

김준엽의 회상은 이어진다.

경력으로서 짐작할 수 있지만 그는 학구적으로나 이론적인 인물은 아니고 실천적인 투쟁가라고 나는 생각한다. 공산주의자라기보다는 민족주의적 좌파일 것이다. 설사 공산주의라고 하더라도 공산주의 우파라고 해석하는 것이 타당할 것으로 생각한다.

아무튼 그가 어떠한 사상을 가졌든 항일투쟁에 있어서 커다란

63) 앞의 책, 440쪽

공을 세운 것은 부인할 수 없는 사실이다. 앞서 이야기한 바와 같이 나는 장준하 형과 함께 남안(南岸)으로 김규식 박사를 방문한 다음에 그 근처에 있는 김원봉 부장을 찾았으나 그는 외출 중이어서 만나지를 못하고 그의 서른 전후의 젊은 부인만 문 밖에서 만났다. 이 부인은 당시 임시정부의 국무위원으로 있던 최석순 선생의 따님으로서 후취라 한다. 부인은 우리의 방문을 무척 기뻐하였는데 대단히 발랄하고도 미모의 여성이었다.

나는 어느 날 중경거리를 혼자 다니다가 김원봉 선생을 우연히 길가에서 만난 일이 있다. 그는 언덕 위의 길목에 서서 누구를 기다리고 있었다. 내가 찾아갔을 때에 집에 없어서 미안하다고 하면서 악수를 청하였는데 이때도 그는 웃는 낯이 아니었다. 방금 주은래(朱恩來)를 만나고 오는 길이라고 하면서 언제 조용히 만나 이야기나 하고 싶다고 친절하게 말하였지만 끝끝내 나는 그를 단독으로 만나지 못하였다.[64]

## 조완구·신익희·엄항섭·최동오·유림 선생의 강의

젊은 독립군들은 이어서 조완구·신익희·엄항섭·최동오·유림 선생의 강의를 차례로 들었다. 말이 좋아서 강의이지 이분들의 삶

64) 앞의 책, 439쪽

의 혈투이자 바로 독립운동사의 한가닥이었다. 김준엽은 자서전의 지면 사정상 이분들의 강의는 약술하면서 '인상에 남는 것만을' 적었다.

조완구 선생(1883~미상)은 이때 62세였는데 작은 키에 몸은 수척했지만 대단히 강단진 분으로 보였다. 턱에 긴 수염을 기르고 목소리는 카랑카랑한 모습이 구조선 시대의 절개 있는 선비형이었다. 그러면서도 우스운 이야기를 재미있게 말씀하는 것이 인상적이었다.

"여러분, 나를 잘 보시오" 하시더니 오른쪽 주먹을 그의 입속에 다 집어넣는 것이었다. 우리는 그 '묘기'에 깜짝 놀랐다. "여러분도 나처럼 할 수 있는가, 한 번 시험해보시오" 하기에 우리 모두가 주먹을 쥐고 입에 넣어보려고 시도했으나 누구 하나도 성공하지 못하였다.

다음번에는 양쪽 손바닥을 펴더니 "누가 대표로 나와서 내 손금을 보시오" 하시기에 내가 나가서 상세하게 보고 여러 동지들에게 보고를 하였지만 놀랍게도 양쪽 손바닥의 한가운데에 세로로 큰 금이 일직선으로 가운데 손가락까지 뻗어 있는 것이었다.

"여러분, 입이 크면 대정치가의 상이오, 손바닥에 세로 큰 금이 일직선으로 뻗어 있으면 임금이 된다는 관상가들의 말을 알고 있

소?" 하시면서 크게 웃으시는 것이었다.[65]

신익희 선생(1892~1956, 호는 해공海公)은 이때 53세였고, 이미 환영회에서 그의 개회사도 들은 일이 있기 때문에 훨씬 친근하게 느껴졌다. 게다가 일본 조도전(早稻田) 대학을 졸업한 후에 보성 법률상업학교(보전의 전신)에서 교수를 한 일이 있고, 또 중국에서도 복단대, 남경대학, 중산대학 등에서 교편을 잡은 일이 있고 해서 우리와 호흡이 잘 맞는 듯하였다. 항상 양복을 입고 있는 데다가 굵직한 목소리가 인상적이었다.

당시 그는 청년당의 당수였지만 그것은 1인 1당이었다. 현대적인 감각을 가진 정치가로 보였는데 그는 젊은 사람들과 만나는 것을 좋아했고 나도 몇 차례 따로 뵌 일이 있다. 만날 때마다 시내의 조그마한 음식점으로 가서 호콩안주로 백주(白酒) 대접을 받은 일이 있다. 그는 술을 몹시 즐기는 것 같았고 취기가 올라 얼굴이 불그스름해지면 으레 "김 동지! 나라 일이 걱정이외다" 하였다.[66]

엄항섭 선생(1899~미상, 호는 일파(一派))은 이때 46세였는데, 보기에 대단히 꾀가 많은 분으로 보였다. 사실 그 당시 임정을 움직

65) 앞의 책, 443~444쪽
66) 앞의 책, 444쪽

이는 핵심 인물로 김구·이시영·조완구·박찬익·엄항섭·민필호로 구성되는 기호파라고 했는데 브레인은 엄항섭 선생이란 소문이었다.

그는 한국독립당에 관한 이야기를 주로 하면서 공산당에 대한 비판을 많이 하였다. 우리가 토교(土橋)로 옮긴 다음 어느 날 엄 선생이 토교에 왔다가 나를 찾더니(당시 나는 우리 일행의 대표였다), 중경에 놀러가지 않겠는가 하기에 나는 내심 그의 뜻을 알았지마는 선생을 아는 좋은 기회라고 생각하여 대번 뒤따랐다.

우리는 약 30리를 걷기로 하였다. 따뜻한 날씨에 중경의 교외 경치를 즐기면서 나는 그의 말을 경청하였다.[67]

김준엽이 지켜보았던 소회의 일단이다.

최동오 선생은 그 당시 무소속으로 입각하여 법무부장을 맡고 있었는데 중경에서는 제갈공명이라는 별명을 갖고 있었다. 천도교를 신봉하고 있는 분으로서 대머리에 수염을 길게 기르고 있는 품이 한의사와 같다는 인상을 나는 받았다. 항상 웃는 얼굴이고 좋은 사람으로 느껴졌다.

유림 선생(1899~1961)은 무임소 각료였고 '무정부주의자 연맹'

67) 앞의 책, 445쪽

의 대표였는데 이것도 1인 1당의 조직이었다.

유 선생은 눈이 부리부리하고 카이젤 수염을 기르고 있는 호걸형의 투사였다. 목소리도 크고 우람진 분으로 무엇이든 단도직입적으로 처신하리라는 인상을 받았다.

선생은 무정부주의에 대하여 열정적으로 설명하고 대일투쟁에 있어서 무정부주의자들이 세운 공로를 자랑삼아 이야기하셨다. 내가 "선생님, 아무리 무정부주의가 좋다고 하더라도 선생님 혼자서야 어떻게 큰일을 치를 수 있겠습니까?" 하고 물었더니, "모르는 소리 하지 말아요, 국내에 20만에 달하는 무정부주의자가 있어서 내가 국내에만 들어가면 이 동지들이 전국적으로 호응할 것이니 두고 보시오" 하고 기염을 토하셨다.

교양강좌는 유림 선생을 마지막으로 끝이 났다. 중경에 약 20일간 있다가 우리의 거처를 토교로 옮기게 되어 더 계속할 수가 없는 것이었는데 나는 다른 원로들의 이야기를 듣지 못한 것이 아쉬웠다.[68]

정말로 중경까지 잘 찾아왔다. 임시정부를 알았고 우리 지도자들의 훌륭한 모습을 보았으니 이제는 내가 할 일을 정하고 그를 위해 내 생명을 바치는 일만 남은 것이다. 어서 우리의 원수 일본

68) 앞의 책, 446쪽

제국주의를 타도하는 선봉에 서야 되겠다고 다짐하였다.[69]

김준엽의 올곧은 생애는 20대 초기에 핵심적인 독립운동가들을 만나 이야기를 듣고 활동을 지켜본 것이 크게 작용하였을 것이다. 누구나 젊은 날 어떤 사람을 만나고 어떤 영향을 받았는가는 생애를 크게 결정한다. 이런 면에서 그는 행운아였다.

69) 앞의 책, 447쪽

# 중경체류 90일간의 질풍노도

## 임정요인들의 다양한 신념과 사상

김준엽은 천성이 학구적이다. 몸에 밴 학구성은 중경에서도 다르지 않았다. 매일 만나는 독립운동가나 중경거리와 시장, 모처럼 찾게 된 서점에 이르기까지 하나같이 탐구의 대상이었다.

김구 주석 등 임정요인들에게서 받게 된 감화는 젊은 열정에 애국 혼을 불어넣는 데 모자라지 않았다. 당시 중경에는 한인 350여 명이 양자강을 중심으로 북안(北岸)과 남안(南岸), 토교에 산재해 살고 있었다.

김준엽이 중경에 이르렀을 때는 독립운동의 원훈인 이동녕·신규식·박은식·노백린 등은 이미 세상을 떠났고, 이동휘는 시베리아로 떠난 후에 작고하였다. 김두봉은 연안으로 본거지를 옮겨갔다고 했다. 김준엽은 이들을 만나지 못한 것을 두고두고 아쉬워하였다.

김준엽은 틈을 내서 강좌에 나오지 못한 분들을 찾아뵙기를 거듭하였다. 어느 날 조선건국동맹의 김성숙과 박건웅을 찾아갔다. 처음 중경에 도착했을 때부터 한인사회에서는 임시정부 요인들에 대한 이념 성향이 나돌고 있었다. 김원봉·김성숙·박건웅 등은 공산주의자로 분리되었다. 김성숙과 박건웅은 김원봉보다 더 좌쪽 성향이란 것이었다. 당시 김성숙은 49세였다.

"날보고 빨갱이라고 하는데 나를 찾아와도 김 동지는 괜찮겠소?"

"저는 왜적과 싸워온 선배님들은 모두 존경합니다. 그리고 싸우는 방략이나 앞으로 건국이 되면 우리 민족이 어떤 길을 택해야 하는 방도에 대해서도 선배님의 고견을 듣고 싶어서 찾아왔습니다."

이것이 우리의 첫 번 대화였다. 그는 나의 태도를 흐뭇하게 생각하였는지 손수 차를 끓여서 대접하는 것이었다.

"내가 진짜 빨갱이라면 왜 중경에 남아 임시정부의 국무위원으로 있겠어요? 나도 연안(延安)에 가려면 얼마든지 갈 수 있어요."

그는 강력히 자기는 지금 공산주의자가 아니라고 하면서 그가 겪어온 이야기를 들려주었다.

그의 일생도 형극의 길이었고, 또한 공산주의자라는 평을 받을 만한 대목도 있었다.[70]

인간사회 어느 곳이나 따르기 마련이지만, 중경 임시정부에도 각양각색의 이념지향의 독립운동가들이 일제타도와 조국해방이라는 공통목표를 추구하며 동거하고 있었다. 민족주의자, 사회주의자, 공산주의자, 아나키스트들이었다.

국치 이후의 세계사적인 조류는 각종 이데올로기가 활개 치던 백가쟁명의 시기였다. 1911년 중국의 신해혁명, 1917년 러시아의 볼세비키혁명, 그리고 일본의 메이지(明治) 시대의 다이쇼를 거치면서 동아시아에도 각종 이데올로기가 지식인 혁명가들의 이념적 지표가 되었다.

김준엽이 만난 김성숙은 님 웨일즈가 쓴 《아리랑》에 나오는 주인공 장지락의 친구 승려, 바로 그 사람이었다. 의열단 출신이다.

중국에서는 북경을 중심으로 신채호·이회영·유자명 등 저명한 아나키스트 독립운동가들이 활동하고, 러시아 맹인 출신 에로생코가 일본을 거쳐 중국에서 활동하면서 아나키즘 붐을 불러일으켰다. 중경 임시정부에도 유림 등 아나키스트들이 참여하였다.

20대의 엘리트 청년들이 임시정부에 도착하면서 각 정파에서는 이들을 초청하여 자파세력의 확장을 도모하고자 하였다. 명분은

70) 앞의 책, 449쪽

식사초대의 형식이었다. 김준엽 등은 차츰 임시정부 사정을 알게 되면서 정당이 주최하는 초청에는 일체 나가지 않기로 결정했다. 임시정부 내에는 시국관과 각자의 신념에 따라 여러 갈래의 분파가 형성되고 파쟁이 그치지 않고 있었기 때문이다. 출신지·이데올로기·독립운동출신 단체 등으로 갈렸다.

## 장준하 파격 발언의 파문

이러한 실상은 젊은 그들에게는 적지 않게 실망감을 안겨주는 현상이었다. 천신만고 끝에 찾아온 임시정부였다. 국제 정세는 일제와 최후의 일전을 겨룰 기회가 다가오고 있었다. 그런데 임정요인들은 각기 자파세력 확장에 청년들을 동원하고자 했다. 이 무렵 장준하가 전(全)국무위원과 교포들이 다수 모이는 주회(週會)에 참석하여 '폭탄발언'을 서슴지 않았다. "다시 일본군에 지원한다면 항공대에 지원하여 임정 청사에 폭탄을 던지고 싶다"는 발언이었다.

장준하의 이 내용이 《돌베개》에 소개되면서 후에 독립운동과 임시정부의 역할을 폄훼하는 어용사학자·언론인들과 뉴라이트 계열 학자들의 단골 비판 메뉴가 되었다. 심지어 일부 논자 중에는 TV토론장에서도 거침없이 이를 소개하면서 비아냥거렸다. 이에 대해 한 TV토론장에서 필자와 논쟁을 벌이기도 했다.

장 형의 폭언으로 문제가 커졌으나 결국 장 형이 주회에서 사과하는 것으로 일은 매듭지게 되었다. 나도 장 형에게, 장 형이 너무 흥분해서 과격한 말을 한 것은 실수로 생각된다고 말하였다.

그러나 장 형이 이렇게 흥분하게 된 것은 그의 과격한 성격 탓도 있지만, 도리어 우리 일행 50명을 이간시키려는 공작이 벌어지는 것을 보고 격분하였기 때문이었다.[71]

필자는 장준하 선생 생전인 1970년대 초반기 어느 산행길에서 잠시 쉬는 틈에 이 부분에 대해 물었다. 정확한 멘트는 기억이 가물거리지만, 20대 초반의 혈기였다고 말하였다. 그리고 자신들은 기껏 조국을 떠난 지 1년도 안 되지만 지사들은 대부분 20~30년씩을 해외에서 독립운동에 생애를 바친 경력을 이해하지 못했던 것 같다고 설명하였다. 그리고 자신도 〈사상계〉를 넘기고 야당에 투신하여 신민당 소속 국회의원을 지내고도 당지도부의 행태가 못마땅해서 뛰쳐나와 통일민주당 창당에 참여했던 일을 부연 설명하였다. 다음은 장준하의 발언에 관련한 김준엽의 기록이다.

파쟁이라는 것은 우리 독립운동 진영에만 있는 것이 아니라는 것을 역사학을 공부하는 동안에 나는 알고 있었기 때문이다. 일본의 명치유신 때만 하더라도 덕천막부를 타도하는 데 조슈 번

71) 앞의 책, 465쪽

(藩)과 사쓰마 번이 제휴하였지마는 일단 명치 신정부를 수립하고 나니까 두 번(藩)의 사이가 벌어져 결국 명치 10년에는 내전으로 진전하여 명치유신의 대공신의 하나인 사쓰마 번의 사이고 다카모리는 패전하여 자살한 사건이 벌어진 것이 아닌가.

또한 러시아혁명 시기에도 국내외에서 볼셰비키(Bolshevik)와 멘셰비키(Menshevik)가 얼마나 격렬한 투쟁을 반복하였던가.

중국혁명기에 있어서도 마찬가지다. 일본 동경으로 망명한 혁명지사들이 혁명당과 보황당(保皇黨)으로 대립하여 서로 헐뜯고, 같은 혁명당 내에서도 흥중회(興中會)니 광복회니 하면서 얼마나 치열한 파쟁을 거듭하였던가. 그뿐이랴. 지금 왜놈의 침략하에서도 중국은 국민당과 공산당 그리고 왕정위파로 3분하여 무력투쟁까지 하고 있지를 않은가!

여기에 비하여 우리 임시정부의 파쟁이란 아무것도 아닌 것이었다. 더욱이 임정이란 권력도 없고 재력도 없는 형편으로 통솔이 어려울 것이 아닌가.[72]

## 〈등불〉 속간하며 독서에 빠지다

김준엽 일행은 임천에서 2호까지 발간했던 〈등불〉을 속간하기로 했다. 자신들의 교양을 넓히고 임시정부 요인들에게도 읽혀서 신

72) 앞의 책, 468쪽

참 독립운동가들의 순수성을 알리는 데 도움이 될 것으로 믿었다.

그러던 중 2월 20일 김준엽 일행은 중경에서 서북방으로 30킬로미터가량 떨어진 토교라는 마을로 옮기기로 했다. 임정 청사에서 50여 명의 젊은이들과 요인들이 함께 기거하기에는 너무 비좁고 업무에도 지장이 따랐기 때문이다.

토교에는 주로 독립당 계통의 가족들이 모여 살고 한교기독교청년회관이 있어서 그곳에서 거처하도록 조처하였다. 한국교포들은 이곳에서 약간씩의 땅을 분배받아 채소도 가꾸며 힘겹게 살았다.

김준엽 일행은 '광복군토교대'로 편성되었고, 광복군 총사령부 총무처장인 최용덕 소장이 대장으로 임명되어 통솔하였다. 광복군에서는 '토교대'에게 많은 자치권을 주었다. 자치회에서는 김준엽을 다시 대표로 선출하였다. 그는 중경에 도착한 이래 줄곧 대표로 뽑혀 대외 연락임무를 맡아왔었다. 리더십과 중국어에 능해 대표로 뽑히게 되었던 것 같다.

2월 20일부터 4월 29일까지 약 70일 동안 토교에서 살았는데 이 기간은 '태풍전야의 고요함'이었으나 나에게 있어서는 대단히 소중한 시간이었다. 마치 여름방학에 고향에 돌아와 있는 기분이었다. 비록 나라를 잃고 이국땅에 망명한 신세들이기는 하였으나 여기 있는 가족들은 평화롭게 보였다. 어린아이들도 많아서 회관에 놀러 오기도 하였다.

> 어느 날 밤에는 중고등학교나 국민학교에 다니는 우리 아이들이 우리를 위로하는 합창회도 열어주었다. 중국노래도 불렀으나 주로 우리나라 가요를 불렀는데 그 모두가 고향을 그리는 옛날 노래들이었다. 부모님들이 고향을 떠날 적에나 상해에서 부르던 노래를 아이들이 배워서 부르는 것이다. '봉숭아', '타향살이', '황성옛터' 등이 합창되고 있었다.
>
> 노래를 들으면서 우리는 모두 슬퍼졌다. 나라 잃은 백성들이 고향산천 그리워하는 이 심정, 나는 고향에 계신 그리운 어머님이나 형님·누님 그리고 온 가족을 생각하면서 밤잠을 이루지 못하였다.[73]

토교로 옮긴 이후 김준엽은 〈등불〉을 속간하였다. 임천과는 달리 등사판이 있어서 일이 한결 수월했고, 나중에 장인이 된 민필호 주석 판공실장이 많은 지원을 해주었다. 이런 과정에서 묘령의 여성을 만나게 되었다.

김두봉의 딸 김상엽인데, 그는 아버지가 연안으로 가면서 김원봉의 수양딸로 그의 집에 머물면서 〈부(斧)〉(도끼) 라는 잡지를 만들고 있었다. 김준엽 등이 새로 잡지를 제작하고 있다는 소식을 듣고 토교까지 찾아와 두 잡지를 합병하자고 제안했다. 김준엽은 마다할 이유가 없어서 그녀를 편집위원으로 선임하여 함께 일하기로 하

73) 앞의 책, 473쪽

였다.

김상엽은 내 나이 정도였는데 이름이 비슷하여 우리는 오누이로 삼기로 하고 그는 나를 오빠라고 부르게 되었다. 대단히 재간 있어 보이고 총명하고도 성격이 꽤 적극적인 아름다운 여성이었다. 이렇게 자주 만나다 보니까 허물없는 가까운 친구가 되었고, 막내로 태어난 나는 정말로 누이동생이 하나 생긴 것 같은 즐거운 느낌이었다.

삭막한 생활을 하다가 아리따운 여성과 가까이하게 되었으니 이성에 대한 그리움이 더욱 작용하였을지 모르지만 우리 둘은 급속도로 가깝게 되었다. 그는 중경을 안내해주겠다 하여 밤거리도 함께 다녔다.[74]

불운한 시대에 이국땅 망명지에서 만난 두 인텔리 청춘남녀는, 그러나 연정이 싹트기도 전에 경계해야 했다. 김준엽이 그녀에 대해 몇 가지 부정적인 소문을 들었기 때문이다. 그 대신 열심히 잡지를 만들고 책을 읽었다. 학구파인 그에게는 어디서든 지식에 대한 갈증을 느끼게 되고 책이 있으면 읽지 않고는 배기기 어려웠다.

이곳에 있는 동안 나는 거의 날마다 독서로 시간을 보냈다. 널

74) 앞의 책, 473쪽

따란 방에서 혼자서 독서삼매의 생활을 하였다. 죽을 때는 죽더라도 공부는 계속해야 된다고 생각하였다. 지식에 대한 갈망이 나를 사로잡은 것이었다. 중국어 공부를 겸하여 파금(巴金)의 《가(家)》나 조우(曺禺)의 《뇌우(雷雨)》 등 닥치는 대로 소설을 많이 읽었다. 소설은 중국 사람들의 심리나 감정 그리고 사회를 이해하는 데 가장 적절하다고 생각하였다. 이 밖에도 민족혁명당에서 빌려준 공산주의에 관계되는 책이나 손문의 《삼민주의》, 모택동의 《신민주주의》 등을 읽었고 영어공부에도 열중하였다.

장준하 형은 신학교 출신이기 때문에 토교에서는 장 목사라 하였고 일요일마다 이곳 가족들을 모아놓고 예배를 보았다. 또 김구 선생의 연락을 받아 중국의 기독교 인사들과의 접촉에도 바쁜 시간을 보내는 듯하였다.[75]

## 이범석 장군 따라 서안행 결정

그러던 어느 날(4월 20일경) 철기(鐵驥) 이범석 장군이 토교에 왔다는 전갈이 왔다. 김준엽과 그 동지들에게 이범석은 다소 과장이 되었지만 청산리전투의 영웅으로서 숭앙의 대상이었다. 민필호 집에서 이범석을 처음 만난 김준엽의 기록이다.

75) 앞의 책, 472~473쪽

이 장군에 대한 소문을 하도 많이 들었기 때문에 내 마음속에는 만나기도 전에 이미 그에 대한 동경으로 가득 차 있었다. 항일투쟁 중의 가장 큰 전투인 청산리싸움에서 승리를 거두게 한 맹장일 뿐만 아니라 그 후에도 중국의 유명한(馬占山) 장군의 참모로서 북만주에서 계속 왜적을 무찔렀으며, 말(馬)을 잘 타고 사격술이 절묘하다는 등의 이야기를 나는 임천에서부터 듣기 시작하였고 중경에 와서도 여러 사람들로부터 듣고 있었던 것이다.

더울 때라 그는 군복 윗저고리를 벗고 있었는데 양쪽 겨드랑이 밑에 권총을 차고 있는 폼이 어김없이 군인이었다. 이때 그의 나이는 45세(1900~1972)로서 머리가 벗겨지고 탄탄한 몸이 무쇠같이 보였다.

그는 나를 보자마자 "준엽 동지요? 나 철기외다" 하면서 두둑한 손을 내밀면서 악수를 청하는데 내 손이 아프도록 꽉 쥐는 것이었다.

이것이 철기와 나의 첫 만남이었고, 이때만 해도 내가 그와 일생 깊은 관계를 맺게 되리라고는 생각조차 못하였다.[76]

이렇게 이범석을 만난 김준엽은 그로부터 "미군과 제휴하여 싸우게 되었으니 우리 광복군이 한국에 상륙할 날이 멀지 않았다"는 말을 듣고 '나는 내가 해야 할 일이 드디어 닥쳐왔구나' 하는 생각

76) 앞의 책, 477쪽

이 들었다고 한다.

당시 이범석은 서안에서 미군 정보·유격활동을 벌이는 OSS부대와 합동으로 국내 진공훈련 책임을 맡고 있었다.

이범석은 김준엽과 그의 동지들이 전부 모인 자리에서 '미군과 제휴' 사실을 거듭 설명하면서 자신과 함께 서안(西安)으로 갈 것을 요청하면서 "죽음을 두려워하지 않는 젊은이라야만 한다"는 조건을 달았다. 선택을 앞두고 50명에게 하루의 말미가 주어졌다. 하루 동안 잘 생각하고 결정하라는 지시였다.

김준엽은 처음부터 서안행을 결심했다. 일군을 탈출할 때 이미 조국광복을 위해 '죽을 자리'를 찾기 위해 지금까지 행동해왔기 때문이었다. 이날 이범석을 따라 하루를 지내면서 서안행의 결심을 다시 굳히며 다짐하였다.

> 나는 일본 군대를 탈출할 적이 생각났다. 내 생명을 건 결심이 아니었던가! 이제 다시 나는 생명을 내던지는 중요한 결정을 한 것이다. 서안에 가지 않고 중경에 그냥 남아 있으면 내 생명은 보장된다. 무슨 명목이라도 붙여서 임정에 남아 있으면 죽지는 않을 것이다. 그러나 나는 그렇게 할 수 없다. 임정은 노인 선배들에게 맡기면 되는 일이고 젊은 사람들은 총칼을 들고 왜놈들을 한 놈이라도 더 죽여야만 조국의 해방은 가까워지는 일이다. 이

것은 나의 신념이었다.[77]

다음 날 학병출신 전원 모임에서 각자의 행로가 결정되었다. 김준엽과 장준하 등 19명이 서안행을 택하고 나머지는 중경에 남기로 했다. 잔류자가 많았던 것은 딸린 가족이 있거나 임시정부의 특정 계파 중에서 은밀히 손을 쓴 때문이었다. 이런 사실을 알고, 김준엽 등은 임정 청사로 몰려가 이를 규탄하였지만, 당사자들은 이미 청사를 빠져나가고 없었다.

그날부터 즉시 우리는 서안으로 이동할 준비를 하였다. 이 장군은 우리에게 떠나기 전에 이름부터 바꾸라고 했다. 그것은 정보 누설을 막기 위해서 필요하다고 했다.

우리는 이름을 어떻게 바꿀 것인가 하고 고심하였다. 나는 장 동지와 상의해서 '신(信)' 자를 돌림자로 하기로 하였다. 믿음이 없는 사회에서 서로 믿고 살자는 뜻이었다.

장 동지가 '김신철(金信鐵)'로 하기로 하고 나는 '김신일(金信一)'로 하기로 했다. 이것으로 우리는 의형제와 같은 마음의 결속을 다시 굳게 맺은 것이었다.

이리하여 4월 29일 우리는 90일간의 중경생활에 종지부를 찍고

77) 앞의 책, 482쪽

서안에 있는 광복군 제2지대로 가게 된 것이다. [78]

서안행은 김준엽의 생애에서 또 한 번의 중요한 결단이었다. 결단의 시기마다 안일보다 위험을 마다하지 않는 길을 택한 것은 애국심의 발로였다. 그런데 이번의 결단에는 과외의 행운이 따랐다. 평생의 반려가 된 여성 민영주(閔泳珠)를 만나게 된 것이다.

4월 29일 오전 7시, 김준엽과 18명의 '결사대'가 된 동지들은 3개월 전 부푼 감격을 안고 도열했던 임시정부 청사 앞에 다시 섰다. 요인들은 사지(死地)로 떠나는 젊은 독립군들을 비장한 표정으로 위무해주었다. "나는 처음에 이곳에 도착할 적보다도 더 씩씩한 모습을 보이려고 온갖 신경을 썼다. 그리고 각료들이 악수하려고 손을 내밀 적마다 웃는 얼굴로 태연한 태도를 취하려고 애썼다."[79]

김준엽과 그의 동지들에게 김구 주석의 작별사는 다시 한 번 더 감격케 하였다.

김구 선생은 떠나는 우리보다도 더 긴장하고 비장하게 보였다. 선생은 중국 두루마기 안주머니에서 아무 말 없이 둥근 회중시계

78) 앞의 책, 484쪽
79) 앞의 책, 491쪽

하나를 꺼내어 우리에게 내 보이셨다. 누구나 빠짐없이 다 보라는 듯이 시계를 우리 대열 앞에 높이 쳐들어 보여주었다.

오늘 4월 29일은 내가 23년 전에 윤봉길 군(당시 24세)을 죽을 곳에 보내던 날이오. 또 지금이 바로 그 시각(오전 7시)이오. 여러분도 다 알 것이오. 상해 홍구공원에서 폭탄을 던져 백천대장(白川大將) 등을 죽이려던 그날의 의사 윤봉길이 나와 시계를 바꿔 차고 떠나던 날이요. 내가 가졌던 허름한 시계를 대신 차고, 내게는 이 회중시계를 주고 떠나가던 윤 군의 모습을 생각하며, 바로 같은 날인 오늘, 앞으로 윤 의사와 똑같은 임무를 담당할 여러분을 또 떠나보내는 내 심중이 괴롭기 한이 없구료. "선생님 제 시계와 바꿔 찹시다. 제가 가진 것은 선생님 것보다 나을 것입니다. 어차피 저는 시계가 필요 없어질 것이지만, 제 일이 성공하기 위해선 시계가 아주 없어서는 안 되겠지요……" 하던 윤의사의 눈망울이 이제 여러분의 눈동자로 빛나고 있기 때문이오. ……그러나 그때보다 나는 더욱 마음 든든하오. 한 사람이 아니라 19명의 윤 의사와 같은 동지를 떠나보내니 조국 광복을 위하여 더 큰 일을 성취할 것으로 믿기 때문이오…. [80]

임정 요인들에게 작별 신고를 마친 김준엽 등은 대기하고 있던

80) 앞의 책, 491쪽

미군 수송기에 탑승하여 서안으로 날아갔다. 모두 처음 타보는 비행기였다. 그런데 탑승자 중에 미모의 처녀가 한 명 섞여 있었다. 김구 주석의 판공실장인 민필호의 딸 민영주인데, 그녀는 이범석 장군의 비서로 서안으로 가는 길이었다.

> "젊은 청년들의 기분은 동요하기 시작했다"고 장준하 형은 회상하고 있지만 사실 나는 항일투쟁에 나선 우리의 한 젊은 여성을 자랑스럽게 생각하였을 뿐이지 이때만 해도 그 이상의 느낌을 가진 적은 없었다.
>
> 나에게 있어서의 관심은 제2지대에 있어서의 OSS훈련과 그 뒤에 전개될 국내 진입공작 그리고 죽음이라는 것과 중국이나 중국사에 대한 것이었다.[81]

인연은 알 수 없는 것이어서 얼마 후 두 사람은 진지에서 결혼식을 갖게 되어 흔치 않는 '부부 광복군'이 되었다.

81) 앞의 책, 494쪽

# 광복군 제2지대에 편입되다

## 광복군 창설과 일제에 대한 선전포고

임시정부는 1940년 9월 15일 정부의 국군으로 한국광복군을 창설하였다. 창군 당시는 중경에 있는 30여 명의 인원으로 우선 총사령부를 구성하고, 이후 병력을 모집하여 부대규모를 확장해간다는 계획이었다. 창립 1개년 후 최소한 3개 사단을 편성한다는 전략이었다.

임시정부는 각종 정보를 통해 만주지역에 120만으로 추산되는 한인과 특히 1940년을 전후하여 북경·천진·석가장 등 화북지역 일대에만 20만여 명에 달하는 한인들이 살고 있는 것으로 파악하였다. 여기에 일본군에 징집되어 중국 각지에 파견된 다수의 한인 병사들이 있었다.

김준엽 등이 머물렀던 임천의 김학규 장군은 초모 활동을 하는 최일선 부대였다. 이와 같은 초모부대가 몇 곳에 더 있었다.

임시정부 주석 겸 한국광복군 창설위원장 김구 명의로 선포된 〈한국광복군 선언문〉이다.

한국광복군 선언문

대한민국 임시정부는 대한민국 원년에 정부가 공포한 군사조직법에 의거하여 중화민국 총통 장개석 원수의 특별 허락으로 중화민국 영토 내에서 광복군을 조직하고 대한민국 22년 9월 17일 한국광복군 총사령부를 창설함을 이에 선언한다.

한국광복군은 중화민국 국민과 합작하여 우리 두 나라의 독립을 회복하고자 공동의 적인 일본 제국주의자들을 타도하기 위하여 연합군의 일원으로 참전을 계속한다.

과거 삼십 년간 일본이 우리 조국을 병합통치하는 동안 우리 민족의 확고한 독립정신은 불명예스러운 노예생활에서 벗어나기 위하여 무자비한 압박자에 대한 영웅적 항전을 계속하여 왔다. 영광스러운 중화민국의 항전이 4개년에 도달한 이때 우리는 큰 희망을 가지고 우리 조국의 독립을 위하여 우리의 전투력을 강화할 시기가 왔다고 확신한다. 우리는 중화민국 최고영수 장개석 원수가 한국민족에 대하여 원대한 정책을 채택함을 기뻐하여 감사의 찬사를 보내는 바이다.

우리는 한중연합전선에서 우리 스스로 계속 부단한 투쟁을 감행하여 극동 및 아시아 인민 중에서 자유 평등을 쟁취할 것을 약속하는 바이다.[82]

임시정부는 한국광복군을 창군하면서 〈한국광복군 공약〉과 〈한국광복군 서약문〉을 제정하였다. 김준엽도 이 서약문에 서약을 하였다.

한국광복군 공약

제1조: 무장적 행동으로써 적의 침탈세력을 박멸하려는 한국 남녀는 그 주의사상의 여하를 막론하고 한국광복군의 군인 된 의무와 권리를 유함.

제2조: 한국광복군의 군인 된 자는 대한민국 건국강령과 한국광복군 지휘정신에 위반되는 주의를 군내 외에 선전하고 조직함을 부득함.

제3조: 대한민국 건국강령과 한국광복군 지휘정신에 부합되는 당의(黨義)·당강(黨綱)·당책(黨策)을 가진 당은 군내 외에 선전하고 조직함을 득함.

82) 국사편찬위원회 편. 《한국독립운동사 자료 1》. 임정편. 451쪽

한국광복군 서약문

본인은 적성으로써 좌열 직함을 준수하옵고 만일 배제하는 행위가 유하면 군의 엄중한 처분을 감수할 것을 자에 선서하나이다.

一. 조국광복을 위하여 헌신하고 일체를 희생하겠음.

二. 대한민국 건국강령을 절실히 추행(推行)하겠음.

三. 임시정부를 적극 옹호하고 법령을 절대 준수하겠음.

四. 광복군 공약과 기율을 엄수하고 상관명령에 절대복종하겠음.

五. 건국강령과 지도정신에 위배되는 선전이나 정치조직을 군내 외에서 행치 않겠음.[83]

## 광복군 편제와 제2지대

한국광복군 창설은 중국정부의 견제로 한때 어려움을 겪기도 했으나 이를 설득, 극복하면서 중국군의 제도를 참조하여 '한국광복군 총사령부 조직조례'를 제정하고 총사령부에 비서처·참모처 ·부관처·정훈처·관리처 등 10개의 부서를 두었다.

광복군 창설 당시 총사령관 이청천, 참모장 이범석, 총무처장 최용덕, 참모처장 채원개, 부관처장 황학수, 경리처장 조경환, 정훈처장 안훈, 편련처장 송호성, 군의(위생)처장 유진동이었다.

83) 앞의 책, 457쪽

임시정부는 1940년 11월 광복군총사령부를 전선 가까운 서안으로 옮기고 긴급하게 수행해야 할 과제로 지대(支隊)를 편성하였다. 근거지와 활동구역은 다음과 같다.

제1지대
지대장: 이준식
간부: 노태준·안춘생·노백선·조인제·이석화·김자동·이건우
근거지: 산동성 대동(大同)

제2지대
지대장: 공진원
간부: 나태섭·고시복·이달수·유해준
근거지: 완원성 포두(包頭)
활동구역: 채합아성 및 하북성

제3지대
지대장: 김학규
간부: 오광선·신송식·신규섭·김광산·오영희·이복영
근거지: 안휘성 부양
활동구역: 안휘성·강소성·산동성 일부

제5지대

지대장: 나월환

간부: 김동수·박기성·이하유·한유한·이해평·김부성·김용주

근거지: 섬서성·서안

활동구역: 섬서성·하남성·낙양·정주[84]

일제가 1941년 12월 8일 하와이 진주만을 기습공격하면서 미·일 전쟁이 발발하자 임시정부는 12월 10일 '대일본(對日本) 선전포고'를 발표하고 김원봉이 이끌던 조선의용대를 광복군에 편입하는 등 전력을 대폭 강화하였다. 임시정부는 광복군 총사령부 직제를 개정하여 김원봉을 광복군 부사령 겸 제1지대장에 임명함과 더불어 광복군 종래의 1·2·3·5지대를 모두 통합하여 광복군 제2지대로 개편하였다. 지대장에는 이범석이 임명되었다.

광복군은 태평양전쟁의 전세가 연합국 측에 유리하게 전개되면서 대일전을 강화하고자 1942년 5월 다시 2개 지대로 확대 개편하고, 1945년 6월에는 초모병력이 많아지면서 제3지대를 신설하였다.

제1지대

지대장: 김원봉

총무조장: 이집중

84) 앞의 책, 455 ~ 456쪽

정훈조장: 김인철
제1구대장: 김 준
제2구대장: 이소면
제3구대장: 박효삼

제2지대
지대장: 이범석
총무조장: 김용의
정훈조장: 조경한
제1구대장: 안춘생
제2구대장: 노태준
제3구대장: 노복선

제3지대
지대장: 김학규
부지대장: 이복원
구대장: 박영준
제1소대장: 김문택
제2소대장: 송병하

제3지대장: 김재기[85]

김준엽 일행이 이범석을 따라 서안에 왔을 때 제2지대의 직제와 진용은 약간 바뀌어 있었다.

지대장: 이범석
정훈조장: 송면수
총무조장: 김용의
제1구대장: 안춘생
분대장: 김태산·이정식·오성행
제2구대장: 노태준
분대장: 이한영·최전·박영보
제3지대장: 노복선
분대장: 최명환·김희산·김문호

광복군의 주력부대는 제1지대 일부가 연안으로 떠나가면서 당시 병력은 약 250명, 서안의 지대본부에 약 170명이 있었고 전방공작대로 파견된 사람이 약 80명이었다.

85) 앞의 책, 475 ~ 476쪽 참조

## 내 조국의 군복은 언제 입어볼까

김준엽과 그의 동지들은 비행장에서 대기한 트럭을 타고 광복군 제2지대 본부에 도착하여 선참 광복군 동지들의 열렬한 환영을 받았다. 지대 본부는 서안 외곽 종남산 일대의 두곡(杜曲)이라는 마을의 오래된 절간인 낭낭묘(娘娘廟)를 내부 개조한 것이었다고 한다.

필자는 일전에 신흥무관학교 기념사업회가 주최한 서안·연안 지역의 한국광복군과 조선의용대 유적지 탐방 답사단의 일원으로 다시 현장을 찾았다. "두곡에서 동남쪽으로 40여 리 떨어진 곳에 있었다"는 OSS훈련장소인 종남사는 확인할 수 없었고, 그곳에는 현재 미타고사(彌陀古寺)라는 낡은 사찰이 자리잡고 있었다.

연병장으로 사용되었을 부지에는 감 등 각종 과일이 탐스럽게 열려 있었다. 현지의 노인들은 미타고사 근처에서 한국광복군이 훈련을 했었다는 말을 들었다고 전했다. 중국식 현재의 주소는 '섬서성 서안시 장안구 남오대산 국가삼림공원 미타고사 부근'으로 명기돼 있다.

김준엽의 증언이다.

> 이날 저녁으로 우리에게 새로운 피복이 지급되었다. 이번에 입은 것은 미제군복이었고 신발도 미군화로 갈아 신었다. 다만 미국과 다른 것은 미군모에 태극기의 휘장이 붙어 있는 것뿐이었다.
>
> 그 밖에도 야전용 침대와 모포 등이 지급되었다. 지난 14개월

동안에 나는 일본군복에서 중국군복으로 그리고 미국군복으로 갈아입은 나 자신에 대하여 묘한 생각도 들었지만은 우선 생활환경이 '화려'하게 된 것을 기쁘게 생각하였다. 식사도 여기서는 세 끼를 먹는다기에 이제 정상적인 군대 생활을 시작하는 것이었다.

밤이 깊어 침대에 누우니 일군을 탈출한 이후의 극적인 장면들이 주마등과 같이 스쳐가고, 내일부터의 훈련과 그 뒤에 전개될 국내진격을 생각하니 마음이 설레는 것이었다. 최선을 다하자. 다음은 천명에 맡기는 수밖에 없지 않은가! 까마득한 고향의 어머님이나 가족들의 얼굴을 하나하나 생각하다 잠이 들었다.[86)]

김준엽은 일본군에 들어간 이래 지난 14개월 동안 일본군복→중국군복→미군군복으로 군복을 차례로 갈아입게 된 자신을 돌아보았다. 이것은 그 시대 한민족의 굴곡진 시련을 상징하는 하나의 사례였을 것이다. 하지만 그는 이에 대한 비애나 감상에 빠지지 않고 현실에 적응하면서 새롭게 주어진 운명에 도전하였다.

김준엽은 이범석 장군의 부관으로 임명되었다. 전혀 뜻밖의 일이었지만 군대의 명령이었다. 이범석은 처음 만나는 날부터 김준엽의 유능함을 지켜보고 부관으로 임명한 것이다.

일행 19명은 부대 배치를 받고 5월 1일부터 특수공작 훈련에 들어갔다. 김준엽은 부관의 일을 맡으면서도 빠짐없이 특수훈련을

86) 김준엽, 앞의 책, 497쪽

받는 고된 나날을 보냈다. 그리고 통신반에 배치되었다.

> 예비훈련을 받은 다음에 내가 배치된 것은 '통신반'이었다. 이로부터 7월 말까지 3개월간 정규훈련으로서 나는 타전 기술과 무전기 조작이나 수리법, 암호의 작성이나 해독법, 심지어 암살법(권총에 특수 장치를 하여 총소리가 들리지 않게 되어 있었다)이나 교량이나 건물의 파괴 등을 배웠다. 특히 타전 기술의 숙달에 치중한 훈련을 받았는데, 이것은 적중(국내)에서 신속히 그리고 정확하게 서안(西安) 본부나 곤명의 미군본부 등과의 연락을 짧은 시간 내에 수행해야만 하기 때문이었다.[87]

## 미국의 첩보부대 OSS 합동훈련

한국광복군은 미국의 OSS(Office of Strategic Services)와 합동작전을 추진하였다. OSS는 제2차 세계대전 중에 창설되어 정보수집·유격대활동·적 후방 교란 등을 임무로 하는 일종의 전략첩보기구였다. 웨드마이어 중장이 1944년 10월 중국 전구(戰區)사령관으로 부임하여 운남성 곤명(昆明)에 본부를 두고 중국에서 활동을 시작하였다.

87) 앞과 같음

OSS와 광복군의 합작을 이루게 된 것은 양측이 서로를 필요로 하고 있었던 데서 비롯되었다. 중국에서 활동하고 있던 OSS에서는 전략상 한반도를 중시하고 있었다. 한반도가 "일본과 중국대륙 간의 수송로 역할을 하고 있다"는 것, 또 한반도는 '비밀첩보원들이 일본으로 침투하는 기지'로 중요하다는 것이었다. OSS에서는 한반도에 대한 전략적 가치를 중요시하게 되면서, 이 지역에서의 첩보활동에 한국인들을 이용하고자 하였다. OSS측은 미주교포와 미군에 포로가 된 한국인, 그리고 중국에서 활동하고 있는 한국광복군과 조선의용군을 이용할 수 있는 대상으로 보았다.[88]

김준엽은 함께 온 일행과 기존 제2지대 대원들 중에서 31명이 선발되어 50명 단위로 구성된 일종의 게릴라 부대에서 혹독한 OSS훈련을 받았다.

OSS훈련에 대한 모든 준비는 미국 측에서 담당하였고, 훈련책임자는 싸전트 대위였다. 싸전트는 5월 11일 미국인 교관들과 함께 제2지대 본부가 있는 두곡(杜曲)에 도착하여 정식으로 '독수리작전' 대장에 부임하였다. 선발된 50명은 1주일간 예비훈련을 받았다. 이 동안 미국 교관들은 훈련생 각자에 대한 자질과 적성을 조사하였고, 이를 기초로 훈련생 각자에 대한 임무와 특수훈련

88) 앞의 책, 505쪽

내용이 분별되었다.

1주일간의 예비훈련 후, 정규훈련에 들어갔다. 정규훈련은 첩보훈련반과 통신반(무전교신반)으로 나누어져 5월 21일부터 시작되었다. 훈련은 학과교육과 야전훈련으로 구분되어 단계별로 이루어졌다. 학과교육은 무전통신과 독도법을 비롯하여 첩보와 작전에 관한 과목들로 구성되어 있었고, 1주일간의 교육이 끝나면 각 과목에 대한 시험을 치러 이를 통과해야 했다. 시험을 통과하지 못하면 탈락하였던 것 같다.[89]

## 평생 동지, 민영주와 전지 결혼

김준엽은 OSS훈련과 부관업무를 수행하면서도 장준하의 제안으로 잡지 〈등불〉을 속간하기로 하였다. 이범석에게서 승락을 받고 미국 측에 교섭하여 잡지 발행에 필요한 재료를 공급받았다. 이범석은 "우리의 심신을 조국에 바친다는 뜻으로 잡지의 제호를 〈제단(祭壇)〉으로 고치자고 하면서 모필로 '제단(祭壇)'이란 두 글자를 써 주기도 하였다."[90]

김준엽은 이범석의 부관업무를 하면서 그의 비서 민영주와 한 사무실에서 근무하는 날이 많았다. 자연히 대화하는 시간이 잦아

89) 한시준, 한국광복군의 활동과 역할,《한국광복군창군 59주년 기념 학술회의 논집》 832쪽, 1999.
90) 앞의 글, 88쪽

지면서 서로 간에 호감을 갖게 되었다.

> 미스 민은 외조부인 신규식 선생이 작고한 지(1922년 9월 25일) 열흘 뒤에 상해에서 태어났고 윤봉길 의사의 장거가 있자 어른들을 따라 항주로 피난했다. 중·일전쟁이 일어난 것은 이때이며 이로부터 장사·광동·계림·하내(베트남)·곤명을 거쳐 중경까지 전전했던 것이다.
>
> 이런 상황이기 때문에 여러 학교를 거치기는 하였지마는 중경에 와서 일을 하게 되었다. 태평양전쟁의 발발로 임정이나 광복군의 활동이 활발하여 중경에 있던 우리 핵심진영에서는 남녀노소를 가릴 것 없이 모두 대일투쟁에 참가해야만 했다. 미스 민은 내무부, 재무부, 주석판공실에서 근무하다가 마침내 이 장군의 요청에 따라 제2지대로 온 것이다.
>
> 그녀는 차분하고 정숙한 여성이었지만 가정에서나 혁명진영에서 단련된 것으로 짐작이 되는데 대단히 굳은 신념을 가지고 있었다. 왜놈에 대한 적개심이나 조국을 찾아야 하겠다는 집념이 여간 굳은 것이 아니었다. 나는 그녀를 통해서도 혁명진영을 이해하는 데 많은 도움을 받았다.[91]

두 사람의 사귐은 곧 영내에 소문이 돌았고 시샘과 선망의 대상이

91) 김준엽, 앞의 책, 508쪽

되었다. 이역 땅 전지에서 언제 죽을지 모르는 상황이지만, 50명 대원들은 하나같이 피 끓는 청춘들이었다. 김준엽은 이범석에게 두 사람의 사이를 말하게 되었고 축하를 받았다. 이범석은 아침 조회 때에 전 대원 앞에서 "오늘부터 김준엽 동지와 민영주 동지는 부부가 된다"고 선포하였다. 이것이 두 사람의 '전지 결혼식' 이었다.

> 생각하면 나의 짧은 일생은 모든 것이 격변의 연속이었다. 광막한 중국 대륙의 구석에 있는 두곡에 와서 결혼을 하게 되다니! 사태가 이렇게 급진하고 보니 어머님이나 형님들의 동의는 고사하고 소식조차 전할 길이 없지 않은가!
>
> 그보다도 내가 전쟁터에서 죽는다면 아내의 일생은 어떻게 될까? 나는 그 점을 사전에 몇 번이나 영주에게 강조하였지마는 그녀는 조금도 흔들리지 않았을 뿐만 아니라 그때마다 도리어 나를 격려해주는 것이었다.
>
> 아무튼 나는 일생대사인 결혼을 했다. 우리 두 사람은 주위환경과 장 동지, 이 장군의 주선으로 이렇게 급속도로 결혼에 도달한 것이다.[92]

92) 앞의 책, 318쪽

# 3부

# 갑작스러운 해방과 전쟁

# 물거품 된 국내정진대 훈련

## OSS 특수훈련과 국내진공 준비

김준엽 등 제1기생 50명이 OSS 특수훈련을 마친 것은 1945년 7월 말이었다. 3개월간의 강훈련 끝에 김준엽은 무전기술 등에서 우수한 성적을 받았다. 국내로 정진(挺進)하여 특수공작을 하고, 이것을 본대에 신속히 알리기 위해서는 무엇보다 무전기술이 중요했던 것이다.

제2기 훈련반에는 함께 사선을 넘었던 학병 출신 윤재현·홍석훈·박영록·김준정과 중경에 남아 있다가 두곡으로 온 민영수·김성동 동지가 끼어 있었다. 제2기생 50명은 8월 1일부터 훈련이 시작되었다.

제1기 훈련생이 성공적으로 훈련을 마치자 광복군과 미군 측에서는 이들을 국내로 침투(진공)시킬 계획을 세웠다. 국내 침투는 곧 사지(死地)로 들어가는 것이기 때문에 지원의 형식을 밟았다. 김준엽은 이범석 장군의 부관이라는 위치에서 가장 먼저 지원을 하였고, 동기생 모두가 지원을 멈추지 않았다.

50명의 결사대는 8월 20일 안으로 함경도로부터 남해에 이르기까지 4, 5명씩으로 조를 편성하여 잠입하기로 전략이 짜였다. 김준엽은 강원도 반장, 장준하는 경기도 반장에 지명되었다. 그리고 함경도 반장 김용수, 평안도 반장 강정선, 황해도 반장 송면수, 전라도 반장 박훈, 충청도 반장 정일조, 경상도 반장 허영일이었다.

이들은 야음에 낙하산이나 잠수함을 이용하여 국내에 잠입, 총독부나 일본군 진지를 파괴·살상하는 공작이 주어졌다. 8월 1일자로 결사대 50명 전원이 대위로 승진되었다. 일종의 사기 진작용이었다.

8월 7일 김구 주석과 이청천 사령관이 OSS 총책임자인 도노반 소장, 홀리웰 중령, 싸젠트 소령과 함께 두곡에 도착하였다. 한미 최종작전회의와 동시에 OSS대원들의 훈련 상황을 시찰하고 국내 진공 결사대원들에 대한 격려를 하기 위해서였다.

> 김구 주석은 우리가 중경을 떠날 적에 말씀하신 대로 우리를 찾아준 것이다. 사랑하는 조국의 아들들이 죽으러 가는 훈련을

받으며, 죽음을 선택해가는 마당에 오셔서 마지막 격려를 해주신 것이다. 이때 윤경빈(학병) 동지가 수행원으로 함께 왔다. 윤 동지는 유격대에서부터 함께 고생한 친구이기 때문에 더욱 반가웠다.

그날 오후 부대본부에서 한미 작전회의가 개최되었다. 우리 측에서는 김구 주석, 이청천 사령관, 이범석 대장, 미국 측에서는 도노반 소장·홀리웰 중령(OSS 중국 전구 책임자), 싸젠트 소령이 참석했으며 나와 도노반 소장의 부관이 기록담당 자격으로 참가했다.

그날 밤에는 김구 주석과 이청천 총사령관을 환영하는 모임을 가졌다. 그것은 마지막 향연이라고 생각되었으며 모두 노래와 춤으로 즐겼다. 심지어 철기 장군과 이청천 장군까지 무대에 뛰어올라 노래를 불렀다. 우리는 잠시나마 짓눌린 듯이 무거웠던 마음을 펼 수 있었다.

이튿날(8일) 한미 양측의 수뇌들은 전부가 종남산 훈련장으로 우리의 훈련 상황을 시찰하러 갔다.[93]

김구 등 광복군 지휘부는 결사대원들의 훈련광경을 지켜보고 극찬을 아끼지 않았다. 다음 날(8월 9일) 싸전트 소령은 곤명에서 가져온 무기·무전기·조선은행권·금괴·각종 가짜 증명서·국민복·모자·신발 등 국내 것과 똑같은 장비일체를 이범석에게 넘겨주었다.

93) 앞의 책, 525쪽

## 일제 항복으로 국내진공 좌절

진공 준비는 완료되었고 출동명령만 내리면 되었다. 이범석은 대원들에게 몇 시간 뒤에 출동할 수 있도록 대기명령을 내렸다. 군인에게 '적지 투입'은 곧 죽음을 의미했다. 당시 한반도는 조선총독부가 전시체제를 갖추면서 개미 한 마리도 얼씬거리기 어려운 상황이었다. 이런 때에 4, 5명씩의 특수공작대원이 잠입하여 지하활동한다는 것은 십중팔구 죽음을 의미했다. 이때의 심중을 김준엽은 다음과 같이 기술한다.

> 무엇을 생각할 수 있는 여유가 조금도 허락되지 않는 시간의 연장 속에 대내에는 긴장이 계속되었다. 숨 막힐 듯한 시간의 연속이었다.
>
> 장준하 동지와 나는 각각 경기지구와 강원지구를 담당하였기 때문에 둘이서 서로 연락하면서 지하공작을 전개하기로 하였다.
>
> 이때 임시정부와 광복군은 이 국내진입에 모든 운명을 거는 듯하였다. 나는 백범 선생과 이청천 사령관 그리고 이범석 장군이 계속 의논하는 것을 옆에서 들었기 때문에 더욱 일의 중대성을 절감한 것이었다.
>
> "드디어 올 시기가 온 것이다!" 독립투쟁 수십 년에 조국을 탈환하는 결정적 시기가 온 것이다. 이때의 긴장감은 내가 일본군대를 탈출할 적과는 또 다른 긴장감이었다. 목적은 같으나 그때

는 막연한 미지의 세계에 뛰어드는 것이었지만 이번에는 분명한 조국으로 가는 것이 아닌가? 사지로 향하는 것은 마찬가지였지만 어쩐지 이번에는 죽을 것 같지가 않았다. 왜적을 쫓아 보내려고 이를 갈고 있는 우리 동포들이 나를 보호할 것이라는 신념이 있었기 때문이다.

그때는 어머님이나 형님들과 떠나 이역으로 온 것이지만 이번에는 아내와 떠나 조국으로 가는 것이었다. 아내는 침착하고 의연한 태도였다. 혁명가의 집안에 태어나고 임정과 광복군의 일원으로 일해온 여성답게 조금도 동요되는 기색이 보이지가 않았다.

어쩌면 오늘 저녁(9일)이 마지막이 될는지도 모른다는 느낌이 들었다. 이번에는 출발시간이나 출발방법이나 도착지점 등을 내가 정하는 것이 아니라 곤명에 있는 미군사령부가 정하는 것이다. 그러나 모든 상황으로 보아 내일(10일) 아니면 늦어도 모레는 떠날 것으로 보였다. 부관실에서 일하는 나로서는 이 장군의 표정을 충분히 읽을 수가 있었던 것이다.[94]

역사라 해도 좋고 운명이라 해도 무방하지만, 이것은 가끔 한 민족이나 개인에게 얄궂게 희롱하는 경우가 있다. 1910년 8월 29일 국치로부터 시작된 일제의 한민족 지배는 하루하루가 지옥이었다. 소수의 친일파와 그 동조자들을 빼고는 3천만 민중은 하루 속히 노

94) 앞의 책, 527쪽

예의 삶에서 풀려나길 기원하였다.

그 세월이 장장 35년에서 15일이 모자라는 34년 11개월 보름이었다. 어찌 하루인들 노예의 생활이 지속되기를 바라겠는가. 중경과 서안의 임시정부와 한국광복군은 연합군의 승리를 예측하고 있었지만 일제가 쉽게 패망하리라고는 기대하지 않았다. 그런데 이런 예측과는 달리 일제는 조기에 항복했다.

국내외 동포와 독립운동가 모두가 환희에 들뜨게 한 일제의 항복이, 최후의 결전을 앞둔 임시정부와 광복군에게는 충격이 아닐 수 없었다.

> 그런데 이것이 웬 말인가?
>
> 1945년 8월 10일, 그날 오후, 싸젠트 소령은 상기된 얼굴로 대장실로 들어오더니 느닷없이 일본이 투항했다는 것이다. 이 장군이나 나는 출동통지를 알리려는 줄 알았더니만 천만 뜻밖에도 원수 왜놈들이 드디어 항복했다는 것이 아닌가!
>
> 믿기가 어렵다는 이 장군의 표정을 보더니 싸젠트 소령은 일본이 포츠담선언을 무조건 수락하겠다는 요청을 중립국 스위스를 통하여 연합국에 통지해 왔다고 다시 확언하는 것이었다.
>
> 그 순간 잠시 동안 침묵이 흘렀다. 와아 하고 기쁨의 환성을 올리며 의자를 박차고 일어나 춤이라도 춰야 할 터이었지만 이 장군이나 나는 그럴 심정이 아니었다. 왜놈들을 우리 힘으로 몰아

내지 못하는 데서 일어나는 아쉬움과 모든 계획이 좌절되는 데서부터 생기는 허탈감 때문이었다. 이 장군은 일어서서 억지로 웃으면서 싸젠트 소령과 승리의 악수를 하기는 했으나 얼굴은 굳게 상기되어 있었다.

영내는 삽시간에 발끈 뒤집혔다. 미군 장교들과 하사관들은 모두 방 밖으로 뛰쳐나와 샴페인을 펑펑 터뜨리며 서로 껴안고 야단법석이었는데 그야말로 광적인 장면이었다.

왜적의 항복을 기다린 것은 미 군인들보다도 우리가 몇 십 배나 더 했을 것이다. 35년 동안이나 왜놈들에게서 당한 노예생활에서 벗어나고 잃었던 주권을 회복하게 되는 이 순간에 우리의 기쁨은 오죽 클 것인가! 게다가 우리 개인들로서는 죽음을 면할 수가 있는데 어찌 기쁘지가 않으랴!

그런데도 광복군 동지들은 미군들처럼 기뻐서 날뛸 수만은 없었다. 우리는 환희와 실망을 동시에 느끼고 있었다. 서로 손을 잡았다. 나와 장준하 형은 온몸을 끌어안고 울음을 터뜨렸다. 누가 선창했는지는 모르지만 우리는 모두 손을 잡고 힘차게 애국가를 불렀다.

하느님이 보우하사 우리나라 만세![95]

95) 앞의 책, 528~529쪽

## 공격 한 번 못해본 결사대원들

예정대로 결사대원 50명이 국내에 잠입하여 적어도 몇 곳에서만이라도 군부대나 총독부 건물이 폭파되고 왜적 수괴급이 처단되었다면, 전후 한반도의 운명은 크게 달랐을 것이다. 그랬다면 한국은 제2차 세계대전 참전국으로 대우되어 임시정부가 '개인자격'으로 환국하는 수모를 겪지 않았을 터이고, 미·소의 한반도 진주나 외국의 군정, 나아가서 1951년 샌프란시스코 강화회의에 참석이 배제되지 않았을 것이다.

그래서 결사대원들의 출정식을 참관하고자 서안에 왔다가 섬서성 축 주석으로부터 일제의 항복소식을 들은 김구 주석은 환희 아닌 개탄을 토했다.

> "아! 왜적이 항복!"
>
> 이것은 내게는 기쁜 소식이라기보다는 하늘이 무너지는 듯한 일이었다. 천신만고로 수년간 애를 써서 참전할 준비를 한 것도 다 허사다. 서안과 부양에서 훈련을 받은 우리 청년들에게 각종 비밀한 무기를 주어 산동에서 미국 잠수함을 태워 본국으로 들여보내어서 국내의 요소를 혹은 파괴하고 혹은 점령한 후에 미국 비행기로 무기를 운반할 계획까지도 미국 육군성과 다 약속이 되었던 것을 한번 해보지도 못하고 왜적이 항복하였으니 진실로 전공이 가석하거니와 그보다도 걱정되는 것은 우리가 이번 전쟁에

한 일이 없기 때문에 장래에 국제간에 발언권이 박약하리라는 것이다.

나는 더 있을 마음이 없어서 곧 축 씨 댁에서 나왔다. 내 차가 큰길에 나설 때에는 벌써 거리는 인산인해를 이루고 만세 소리가 진동하였다.

나는 서안에서 준비되고 있던 나를 위한 모든 환영회를 사퇴하고 즉각 두곡으로 돌아왔다. 와 보니 광복군은 제 임무를 하지 못하고 전쟁이 끝난 것을 실망하여 침울한 분위기에 잠겨 있는데 미국 교관들과 군인들은 질서를 잊을 만큼 기뻐 뛰고 있었다. 미국이 우리 광복군 수천 명을 수용할 병사를 건축하려고 일변 종남산에서 재목을 운반하고 벽돌가마에서 벽돌을 실어 나르던 것도 이날부터 일제히 중지하고 말았다.[96]

일제의 무조건 항복 소식을 들은 임시정부와 광복군 수뇌부는 급속한 상황변화에 대체하는 방안을 찾았다. 김구·이청천·이범석은 연일 구수회의를 통해 OSS훈련을 마친 제2지대 대원들을 '국내정진군'으로 편성하고 국내로 진입시키기로 결정하였다.

이 같은 사실은 김구가 중경으로 돌아가 국무회의를 개최하여 '국내정진군' 파견안에 동의를 거쳐 확정하고 곧 실행에 들어갔다. 이범석을 '국내정진군 총사령관'에 임명하여 책임을 맡겼다.

96) 김구, 《백범일지》, 351~352쪽, 국사원판, 1948.

김준엽은 자동적으로 국내정진군 총사령관의 부관이 되었다. 이와 동시에 이범석은 김준엽의 계급을 소령으로 진급시켰다. "그것은 정진군 총사령관의 위신도 문제가 되지마는 그보다도 국내로 진입하면 왜놈 군사령부나 국내 지도자급 인사들과의 접촉에 있어서 사령관을 대신하는 경우가 있을 것을 예측하고서의 처사였다. 그러나 나는 나 혼자만의 진급은 부당하니 장준하 동지를 비롯한 국내정진군의 간부는 모두 진급케 해달라고 간청하여 철기 장군의 동의를 얻었다."[97]

## 아내와 이별하고 정진대원 지원

광복군이 서둘러 국내정진군을 편성한 것은 미군과 함께 일본군의 무장해제를 하고 하루라도 빨리 새로운 나라를 세우는 데 기틀을 다지기 위함이었다. 13일 중국전구 미군사령부가 '사절단'을 서안에서 서울로 들여보낼 때 한국광복군 대표단도 함께 보내기로 한미 양측 간에 합의가 이루어졌다.

미군 측은 비행기 한 대가 들어가니 한국군을 7명만 선발하라고 하였다. 이범석은 국내를 떠난 지 얼마 되지 않은 학병 출신 선발대 5명의 선정권을 김준엽에게 맡겼다. 장준하·노능서·이해평·이계현·장영기 등이 지명되었다. 일제가 항복했다고 하지만 한국에는

97) 김준엽, 앞의 책, 532쪽

일본군이 아직 포진하고 있는 상태였다.

출정을 앞둔 8월 13일, 이범석은 선발된 정진대원과 3명과 구대장을 소집하여 '임무'를 맡겼다.

우리의 임무는 대단히 무겁소. 국내에 진입하는 대로 일군에 징병된 우리 병사들을 인수해야 하고, 일군의 무기접수를 지휘해야 하며, '국민자위군'을 조직하고 또 불순 정치세력이 작용할 수 없는 분위기를 조성할 뿐더러 국내의 애국지사들과 긴밀한 협조를 하면서 하루 속히 우리 임시정부와 광복군이 환국할 수 있는 기틀을 만들어야 하오.

미군 사절단의 임무는 국내수용소에 있는 연합국 거류민의 생명의 보호, 연합군 포로의 인수 및 미군 진주를 위한 사전준비에 있소.

세 구대장(노태준·안춘생·노복선)은 여기에 남아 뒷일을 처리해 주어야 하겠소. 그럼, 선발대원들은 각자 자기처소로 돌아가 떠날 준비를 서두르고 명령이 내리는 대로 다시 모이시오.[98]

김준엽은 그동안 사경을 함께해온 동지들과 갓 결혼한 아내 민영주와 헤어지는 순간에 이르렀다. 두 사람은 그동안 이범석의 배려로 그의 집 바로 옆 농가에 방을 얻어 신접살림을 하고 있었다.

98) 앞의 책, 536쪽

휴대품이라고는 세면도구와 속옷 몇 개에 불과하고 나머지는 영주가 귀국 시에 들고 오면 그만이기에 나의 출발준비는 간단하였다. 나는 처에게 기회가 생기면 중경으로 돌아가 처갓집과 행동을 같이할 것과 서울에 들어오면 명륜동의 고모님댁에 연락하라는 말만 남기고 급히 귀대하였다.

생각하면 감개무량한 일이다. 빼앗겼던 조국에 나라의 주인으로 돌아가게 되었으니 얼마나 가슴 벅차고 기쁜 일인가!

살아서 고국에 돌아가리라고는 꿈도 꾸지 못했던 내가 광복군 국내정진군 총사령관의 부관으로서 당당하게 서울로 돌아갈 수 있다니. 지난 1년 8개월 동안의 모든 고생은 넘쳐흐르는 낙으로 변하고 한국의 아들로서의 영광을 흠뻑 만끽하였다.[99]

기다리던 출동 명령은 8월 15일 오후 4시에야 내려왔다. 혼미 상태의 국내 상황을 분석한 미국 당국이 일왕의 공식 항복소식을 들은 후에 출동명령을 내린 것이다. 그러나 탑승명령은 다시 지체되었다. 한참 후에 미군 측에서 한반도 상공에서 어떤 위험한 사태가 발생할지 모르니 기체를 가볍게 하기 위해 한국 측은 4명만 탑승하라는 것이다.

저마다 먼저 입국하고 싶고 모두 흥분하여 비행장까지 나왔는데 이제 와서 3명을 줄이라니 이 장군은 몹시 불쾌하고 난처하였다.

---

99) 앞의 책, 537쪽

이런 때에 이 장군과 가장 가까운 부관인 내가 먼저 사양하는 것이 도리일 것 같이 용기를 내어 "제가 여기 남겠습니다" 하였더니 이 장군은 해방되는 느낌으로 그럼 김 부관과 이해평 동지, 이계현 동지는 다음 번에 입국하시오" 하고 입맛 쓰게 결론을 지었다.

이리하여 우리 측으로는 이범석 장군과 장준하·노능서·장덕기의 네 동지가 제1차 선발대로 입국하게 되고 실망한 나와 이해평·이계현 동지는 대번 귀대하였다.[100]

## 여의도 비행장에서 흘린 통한의 눈물

고래로 혁명가의 생애는 잦은 역전에 있다. 김준엽의 생애도 역전에 역전을 거듭하였다. 이번에도 운명은 다시 역전되었다. 서안을 출발한 정진대가 3시간을 비행하여 산둥반도 상공까지 갔을 때 곤명으로 귀환하라는 명령을 받았다. 그날 아침 일본 동경만에 진입하던 미국 항공모함이 일본 특공 비행대의 습격을 받았기 때문에 한국 상공에서 무슨 일이 벌어질지 모르기 때문이었다.

이범석은 국내 진공작전팀에 김준엽을 포함시키고 싶어 했다. 그래서 장덕기와 교체하였다.

"김 동지, 곧 다시 입국시도를 할 것이오. 어제 비행장에서 김

100) 앞의 책, 538쪽

동지가 사양하는 것을 보고 나는 김 동지의 인격과 용기에 감탄하였소. 그러나 내가 입국하는 것은 놀러 가는 것이 아니라 우리의 국운을 좌우할 중대한 일을 하러 가는 것이라는 것은 김 동지도 잘 알 것이 아니오. 이 일을 하기 위해서는 김 동지가 내 옆에서 모든 것을 도와줘야 하니 장덕기 동지와 바꿔서 이번에는 나와 함께 갑시다. 김 동지는 장 동지, 노 동지와 손발이 잘 맞는다는 것도 나는 잘 알고 있으니 아무 말 말고 내가 하라는 대로 하시오."[101]

출동이 다시 미뤄졌다. 타고 갔던 C46 수송기가 고장 나서 하루가 지체되고, 18일 새벽 5시, 미국 측 18명과 한국 측 4명이 탑승한 수송기가 서안 비행장을 이륙하였다. 황해를 건너면서 매 5분마다 일본조선군사령부에 '미군 군 사절단 진입 중'이라고 타전하였으나 일측으로부터 아무런 회전이 없었다. 영등포 상공에 이르러서야 "여의도에 착륙하라"는 답전을 받았다.

국내정진군이 여의도 비행장에 착륙했을 때의 정황을 장준하는 다음과 같이 썼다.

우리 주변엔 돌격태세에 착검을 한 일본군이 완전 포위하고 있었다. '워커' 구두 밑의 여의도 모래가 발을 구르게 했다. 코끼리

101) 앞의 책, 539쪽

콧대 같은 고무판을 제독통에 연결시킨 험상궂은 방독면을 뒤집어 쓴 일군이 차차 비행기를 중심으로 해서 원거리 포위망을 줄여오고 있었다.

너무나도 위험한 상황이었다. 이것이 그리던 조국 땅을 밟고 처음 맞은 분위기였다. 동지들은 눈빛을 무섭게 빛내면서 사주경계를 했다. 그러나 아직 기관단총을 거머쥐지는 아니했다. 여의도의 공기가 움직이지 않는 고체처럼 조여들어 왔다.

뿐만 아니었다. 타고 온 C46의 수송기로부터 한 오십여 미터 떨어진 곳의 격납고 앞에는 실히 1개 중대나 되는 군인들이 일본도를 뽑아든 한 장교에게 인솔되어 정렬해 있었다. 그 앞에는 고급장교인 듯한 자들이 한 줄로 섰고, 장성 몇도 있는 듯했다.

그러나 무엇보다도, 18일 낮 12시가 가까운 시간의 그 뜨거운 여의도의 열기가 우리를 더욱 긴장시켰다. 격납고 뒤에까지 무장군이 대기하고 있었다. 중형전차의 기관포도 이쪽을 향하고 있었다.[102]

일본군은 쉽게 진입을 허용하지 않았다. 살벌한 양측의 대치가 계속되었다. 일본군은 "아직 동경의 지시가 없으니 일단 돌아갔다가 휴전조약이 체결된 다음에 다시 오라"는 주장이고, 미국 측은 "일본이 투항한 이상 동경의 지시가 필요없다"는 주장을 폈다. 이 같은 대화를 들으면서 김준엽은 무력한 자신들의 처지에 한없이 비

102) 장준하, 앞의 책, 372쪽

애를 느꼈다. 일본 측이 무전으로 동경과 교신한 결과 "가능한 한 문제를 일으키지 말고 돌려보내라"는 지침을 받았다.

이에 따라 삼엄했던 일군의 경계가 다소 완화되고 다음 날 서안까지 갈 C46호에 맞는 가솔린을 평양에서 운반해 오는 대로 떠나기로 하였다. 김준엽 등은 이날 밤 장교집합소라는 막사에서 일본군 경비사령부 참모장과 각료들이 들고 와서 권한 맥주를 마시면서 그제야 일본군의 항복을 실감할 수 있었다.

동승해온 미군 측은 '무사히' 본대로 돌아가는 것을 원칙으로 삼았으나, 김준엽 등 한국독립군의 처지는 크게 달랐다. "나는 장 동지, 노 동지와 함께 셋이서 몰래 빠져나가 서울 시내로 잠입할 생각도 하였으나 그것도 여의치 않았다."[103]

김준엽은 천신만고를 겪은 끝에 고국 땅에 돌아왔으나 소정의 임무를 하지 못한 채 다시 대륙으로 돌아가야 한다는 것이 기막힐 따름이었다. 번번히 죽을 자리를 찾았으나 죽지 않았다. 더욱 큰일을 하라는 '역사의 신'의 배려였을까.

> 날이 새어 19일, 모든 것을 포기한 미국 측과는 달리 정진대 4명은 끝까지 무엇이라도 이루어 보려고 몸부림쳤다. 이 장군은 사절단의 고문자격으로 왔기 때문에 뻴드 중령을 설득하여 왜놈 총독을 만나 담판할 것을 일 측에 요구하였으나 거절당하였다.

103) 앞의 책, 546~547쪽

나와 장·노 동지는 어젯밤에 내가 만난 한적 헌병과의 접촉을 경험으로 하여 각각 한인 사병을 골라 연락도 할 겸 국내사정을 탐지하기로 하였다.

우리 셋이 얻은 정보를 종합한즉 국내에서는 사상범들이 석방되었고 날마다 시위운동이 전개되고 있다는 것이고, 전국적으로 우리 임시정부와 광복군에 대한 기대가 클 뿐더러 하루속히 환국하기를 기다리고 있다는 낭보였다.

그러다가 오후 2시쯤, 평양에서 실어왔다는 가솔린을 급유한 다음 2시 반에 여의도 비행장을 이륙했다.

이리하여 해외 독립운동자로서 해방된 조국에 제일착으로 진입하는 영광을 가지기는 하였으나 우리는 맡은 바 사명을 달성하지 못하고 다시 중국 대륙으로 돌아갈 수밖에 없었다는 것은 민족으로서 여간 큰 비극이 아닐 수 없었다. 살아남기만을 제일로 생각하는 미국 측과는 달리 광복군 정진군의 4명은 모두 침통한 얼굴이었다.[104)]

김준엽과 함께 국내정진대원으로 뽑혀 독립군으로서는 일제 패망 후 처음으로 국내에 들어왔던 장준하는 그로부터 꼭 30년이 되는 1975년 8월 18일 일본군 장교 출신 박정희의 유신치하에서 유신반대 투쟁의 선봉에 섰다가 의문사를 당했다.

---

104) 앞의 책, 548~549쪽

# 중국에 남아 학문의 길을 선택하다

## 귀국길 막힌 광복군

중국으로 회항한 비행기는 산둥반도 부근에서 가솔린이 부족하여 청도와 제남을 연결하는 유현(濰縣)비행장에 불시착하였다. 웨드마이어 사령관은 일행에게 가솔린이 보급될 때까지 유현에 있는 서양인 수용소를 방문하여 그들의 안전을 도모하라는 명령을 내렸다.

춘래불사춘(春來不似春)이란 고사가 있다. 전한(前漢) 때 흉노족 임금의 아내로 선발되어 끌려간 왕소군(王昭君)의 애달픈 심정을 두고 노래한 시의 한 구절이다. 앞의 구절은 '호지무화초(胡地無花草)'이다. "오랑캐 땅에는 꽃도 풀도 없으니"로 시작된다.

재중(在中) 독립운동가들의 처지가 '춘래불사춘' 격이었다. 일제가 패망하고 조국이 해방되었지만, 조국으로 돌아갈 방법은 쉽지 않았다.

한참 후에 알려졌지만 미국이 임시정부 요인들을 '개인자격'으로 귀국케 하면서 귀국길이 지연되거나 막혔다. 요인들이 그랬으니 광복군들의 경우는 더욱 막막했다. 김준엽 일행은 유현에서 중국에 살던 선교사와 상인 등 600여 명이 갇힌 수용소를 방문, 이들의 보호조치를 취하고 8일 후인 8월 27일 서안으로 떠났다.

김준엽과 장준하·노능서는 여의도 공항을 출발하기 전 한 움큼의 흙을 파서 보따리에 담아왔다. 중국에 남아 있는 동지들에게 고국의 흙냄새라도 맡게 하려는 배려에서였다.

국내정진대가 8월 18일 서안을 떠난 지 9일 동안 선발대로부터 아무런 연락을 받지 못한 대원들은 일본 특공비행대의 습격으로 모두 추락사한 것으로 걱정하다가 살아서 돌아온 동지들을 감격적으로 맞았다.

9월 1일부로 한국은 중국 전구에서 태평양 전구로 이관되었다. 장개석 총통과 웨드마이어 장군의 관할에서 맥아더 장군의 관할로 넘어간 것이다. 이로 인해 광복군의 국내정진 작전이 수포로 돌아가게 되었다. 광복군의 실망이 이만저만이 아니었다.

이범석 장군은 웨드마이어 장군에게 광복군의 입국을 교섭했다. 항공기가 어려우면 상해에서 미 제7함대 편으로라도 귀국을 교섭했으나 여의치 않았다. 귀국 교섭을 위해 안춘생을 책임자로 하여 김준엽·장준하·노능서·이계현·장덕기·신덕영이 선발대로 편성되었다. 이들은 미군사령부가 있는 곤명으로 가서 교섭을 벌였다.

김준엽 등은 9월 15일 다시 상해로 내려와 제7함대 사령부를 찾아가 귀국길을 교섭하였다. 그리고 상해에서 윤봉길 의사의 의거 현장, 임시정부 청사로 쓰던 건물, 신규식·박은식·노백린 선생 등의 묘지가 있는 만국공원 등을 찾아 참배하였다.

11월 5일 임시정부 요인들이 상해에 도착하였다. 1932년 윤봉길 의사 의거 후 상해를 떠났다가 13년 만에 돌아온 것이다. 요인들은 교포들의 열렬한 환영을 받았다.

> 홍구공원을 비롯한 각처에서 거행된 교포들의 환영회는 감격적이었으며 이분들이 입국하였을 때에 서울을 비롯한 전국 방방곡곡에서 전개될 환영회가 눈에 선히 보이는 듯하였다. 우리 선발대 일행도 하지 장군이 보내는 비행기가 도착하는 대로 임정요인들을 모시고 함께 귀국하기로 되었다.
>
> 그러나 이때로부터 11월 23일 김구 주석 일행이 귀국하기까지의 약 20일 동안에 나는 개인적으로 앞으로의 진로에 대하여 최종 결정을 내려야만 했다. 일군을 탈출하여 독립군으로 뛰어들 때와 마찬가지로 일생을 좌우할 어렵고도 중대한 선택을 이때에 정해

야만 될 것으로 판단하였다.[105]

## 귀국이냐 중국 잔류냐

김준엽은 귀국을 앞두고 향후 진로에 대해 고심을 거듭하였다. 비록 국내진공 작전은 좌절되었으나 독립운동에 그의 공적은 적지 않았다. 학병 탈출 제1호, OSS훈련 1기반, 이범석 광복군 총사령관 부관, 국내정진대원 선발 등 당대 조선 청년들 중 누구보다 항일투쟁에 앞장선 청년투사였다.

임정 요인들과 함께 환국하면 그야말로 '개선장군'의 대우를 받을 수 있는 위치였다. 아직 20대 중반의 야망과 영웅심리가 작동하는 피 끓는 청춘이었다. 그러나 그는 "이 길이냐 저 길이냐"를 두고 고심을 거듭하였다.

> 나는 나름대로 여러 가지로 분석하였다. 우선 일제의 투항으로 정세가 일변하였다는 점이다. 일제의 식민지하에서는 우리 민족의 해방과 독립이 지상과제였기에 그를 위하여 나의 목숨까지도 바치려고 하였으나, 이제 독립이 되어 건국사업이 전개되는 마당에서는 우리가 해야 할 일은 정치뿐만 아니라 경제·문화·사회·군사에 걸친 제반 건설 사업이기 때문에 국민 각자가 자기의 적

105) 앞의 책, 575쪽

성에 맞는 일에 투신하여 최선을 다해야만 될 것이다(이때만 해도 남북이 분단될 것으로는 생각하지 못하였다).

그러면 나의 적성은 무엇일까? 학문에 대한 나의 정열도 정열이려니와 정치에는 흥미도 없을 뿐더러 권모술수나 머리 숙일 줄 모르는 내 성격은 관료로는 맞지 않는다고 판단하였다. 게다가 나는 강제징집으로 학업을 중단하였기에 대학을 졸업하지 못한 것이 아닌가! 내가 게이오대학에서의 전공과목이 중국사였기 때문에 중국사를 연구하기 위해 일부러라도 중국에 유학을 와야 할 것이 아닌가.

나는 전쟁터에서 중국어를 배웠고 대륙을 동분서주하는 동안에 중국의 지리나 실정에도 어느 정도 익숙한 장점을 터득한 것이 아닌가. 이 모든 것을 살려서 나는 기어코 중국 전문가가 되리라.[106]

중국에 남아서 학문의 길을 걷기로 결심한 김준엽은 이청천 사령관을 만나 자신의 생각을 밝히고 중경으로 보내줄 것을 부탁하였다. 이 사령관은 중국 각지에서 광복군을 대규모로 편성하여 이들을 인솔하고 귀국하기 위한 임무를 맡고 있었다. 그리고 중경에는 임시정부가 떠나면서 임정 주화대표단(駐華代表團)을 조직하여 한인 교포들의 생명과 재산을 보호하고 귀국을 돕기로 하였다. 박

106) 앞의 책, 575쪽

찬익이 단장, 김준엽의 장인 민필호가 부단장의 책임을 맡았다. 두 사람은 중국전문가이기도 했다.

이청천은 잔류하겠다는 김준엽의 의견을 받아들이면서 광복군 총사령부가 국내로 들어갈 때까지 총사령관의 부관을 맡아달라고 하였다. 이렇게 하여 그는 항일투쟁사에 빛나는 두 장군의 부관을 역임하게 되었다.

2개월 반 동안의 상해 지구의 일을 마친 이청천은 11월 말 기차로 남경으로 출발하였다. 김준엽은 동행하면서 이 사령관으로부터 일본 육사를 졸업하고 탈출하여 신흥무관학교를 거쳐 봉오동과 청산리 전투·대한독립군·의군부·열성단·대한독립군 등의 활동을 상세히 들을 수 있었다. 이전부터 어느 정도는 알고 있었으나 백전노장을 모시고 다니면서 직접 전력을 들을 수 있었던 것은 큰 행운이었다.

남경에서 포로수용소에 갇혀 있는 한인병사들을 석방하여 광복군으로 편성하는 일을 마친 이청천과 김준엽은 12월 4일 민간비행기 편으로 중경으로 날아갔다. 김준엽은 1년 전 6천 리 장정을 했던 지역을 비행기 차창으로 내려다보면서 회상에 젖기도 했다. 그의 심중에는 두고 온 임신 중인 아내와 처가 식구들의 안위가 걱정되었다. 공항에서 곧바로 아내의 곁으로 달려갔다.

처가에서는 내가 갑자기 나타났기 때문에 어리둥절하면서도 대단히 기뻐했다. 아내는 몇 달 뒤에나 국내에서 만나게 될 것으로 각오하고 있다가 나의 뜻밖의 출현에 여간 마음이 놓이는 것 같지가 않았다. 더욱이 임신 중이기 때문에 남에게는 말도 못하고 혼자 걱정하고 있었을 것이다.

나는 정월 말에 처음 중경에 와서 석 달을 지내는 동안에 처가 식구들을 이미 모두 만난 일이 있기 때문에 조금도 생소한 것이 없었다. 해외에서 수십 년 동안을 함께 전전하면서 고생을 나눈 사람들이기 때문에 혁명가들의 가족 사이의 친분은 친가족 이상으로 가까웠다.

우리 학병들의 임정 참가는 마지막 대열이기는 하였으나 같은 혁명동지로서 벌써 친가족보다 더 따뜻한 환영을 받은 바 있기 때문에, 내가 처가에 처음 왔다고 해서 국내에서 흔히 있는 그런 서먹서먹한 분위기는 아니었다. 그날 밤 장인은 시내의 큰 음식점에서 전 가족이 모인 가운데 나를 위한 환영연을 베풀어주었고, 나는 그동안에 겪은 여러 가지 이야기를 털어놓았고 또 앞으로의 진로에 대한 포부도 이야기하였다.[107)]

## 동방어문전문학교 교수 초빙

얼마 후 이범석이 중경으로 왔다. 이청천 사령관이 부른 것이다.

107) 앞의 책, 582~583쪽

여전히 계속되는 광복군의 편성사업과 그동안 크게 불어나 10만 명에 달하는 광복군의 귀국문제를 중국·미군 당국과 교섭하기 위해서였다. 일본군으로 징병되어 중국 각지에 산재돼 있던 한인 병사들은 일제 패망과 함께 광복군으로 편성되었다.

김준엽은 이청천 사령관의 부관이 된 배경과 그동안 진행 사정을 이범석에게 보고하고 자신의 전도에 대한 생각도 설명하였다. 그는 함께 귀국할 것을 권하였으나 결의가 확고한 것을 알고는 기꺼이 동의해주었다.

광복군의 집단적 귀국 교섭은 난항에 부딪혔다. 중국 정부는 찬성했으나 미국 측이 반대하였다. 이 과정에 대한 김준엽의 기록이다.

> 이때 중국정부에서는 광복군의 계획을 전적으로 찬성하고 적극적으로 지원해주었으나 미국 측의 태도는 여전히 모호하였다. 김구 주석도 개인자격으로 입국케 한 미국인데 광복군을 무장 편성한 채 귀국케 하지 않을 것으로 나는 짐작하였다. 한반도에 대한 중국이나 소련처럼 명백한 이해나 정책을 갖고 있지 못한 미국은 이때 중요한 착오를 범한 것이다.
>
> 임시정부를 적극적으로 지지하고 광복군 10만 대군이 무장한 채로 입국하게 하였더라면 남북의 분단도 어쩌면 막을 수 있었을 것이고, 적어도 여수·순천사건을 비롯한 공산당들의 반란을 막을 수 있었을 것이며 6·25사변도 발생하지 않았을 것으로 생각한다.

철기 장군은 실의에 가득 찬 심정을 갖고 서안으로 되돌아갔다. 그리고 다음 해(1946년) 4월에 이청천 총사령관도 개인 자격으로 환국하였고 중국 각지에서 광복군으로 수편한 대부대도 포로나 난민과 비슷한 대접으로 귀국선을 타게 된 것이다.

이리하여 광복군은 실질적으로 해산된 셈인데 생각하면 생각할수록 뼈아픈 일이 아닐 수 없었다.[108]

## 중국 학생들에게 한국어를 가르치다

일본군에 징집되어 중국 각지에서 복무하다가 전후에 잠깐 광복군에 편재된 사람들 중에는 해방 후 자신들도 '광복군 출신'이라고 행세한 경우도 적지 않았다. 김준엽 등 '진짜 광복군' 출신들은 국내에서 전개되는 외국군정 실시와 광복군의 개별입국을 조처한 미국의 처사에 분개하지 않을 수 없었다.

실제로 일제와 최후의 결전을 치르고자 창군되었던 광복군은 제대로 한 판 싸워보지도 못한 채 해방과 더불어 해체되다시피 하여 '개인자격'으로, 개별적으로 귀국하게 됨으로써 그 존재성을 잃게 되고, 1948년 정부수립과 함께 창군된 대한민국 국군은 일군·만군 출신들이 주축이 되는 어이없는 일이 벌어졌다.

김준엽은 이와 같은 사태의 진전을 예상하고 택한 것은 아니었

108) 앞의 책, 591쪽

지만, 중경에서 머무는 동안 의외의 행운이 찾아왔다. 앞에서 소개한 대로 임시정부가 떠나면서 중경에 잔무처리와 중국정부와의 연락(외교)을 위해 주화대표단을 구성하여 잔류시켰다.

중국 국립 동방어문(東方語文) 전문학교에서 한국어과를 신설하고 한어를 담당할 사람을 추천해달라고 주화대표단에 요청해왔다. 마치 김준엽을 위한 자리 마련과 같았다. 대표단은 김준엽을 추천하였다. 김준엽은 1946년 2월 16일부터 전임강사로 취직하여 학계에 입문하게 되고, 이후 40년에 걸치는 동안 학문의 길을 걷는 첫 출발이 되었다. 예측할 수 없는 운명의 행로였다.

독립운동가 김준엽이 생애의 첫 직장이기도 하고 평생의 길이 되는 교단에 서게 된 동방어문전문학교(동방어전)은 "중국정부가 동방 각국과의 국교관계나 이 지역에 대한 정치·경제·문화적인 진출이나 동방 각지에 거류하는 화교들의 보호를 꾀하는 뜻에서 국립으로 세운 학교인데, 일본이 투항하자 독립될 한국과의 관계를 생각하여 새로 한어과를 설치한 것이다. 이때 중국에서는 따로 외국어대학이 없는 것은 아니고 외국어전문의 학교로서는 이 학교뿐이었다."[109]

동방어전은 중경에서 버스로 2시간가량 소요되는 신문시(新聞市)라는 조그마한 도시에 있었다. 온대지방이어서 교사는 대(竹)로 만든 소규모 건물이었다. 이 학교에서 매사에 성실한 성격인 김준엽

109) 앞의 책, 602쪽

은 열심히 준비하여 학생들을 가르쳤다.

해방 직후에 신설된 학과여서 학생은 30명이었다. 한 주일에 한국어를 9시간만 가르치는 비교적 수월한 수업이었다. 중경과 교통이 불편하여 강의시간을 3일에 몰아넣고 강의가 있을 때는 신문시에 있는 학교숙사에 머물렀다. 그런데 정작 가르치는 데 필요한 교재와 자신의 한국어문법 실력이 문제였다.

교재는 요행히 학교 도서관을 뒤져 최현배의 《우리나라 말본》을 발견하여 활용하게 되었다. 김준엽 세대는 우리말이나 글보다 일어를 '국어'로 알고 배운 불행한 세대였다. 따라서 대학 출신이라도 한글이 서투를 수밖에 없었다.

도서관에서 우연히 찾아낸 최현배 선생의 저서는 김준엽의 수업에 큰 도움을 주었다. 최현배(1894~1970)는 주시경의 가르침을 받아 일제강점기 국내에서 《우리말본》(1929년)과 《중등 조선말본》(1934년), 《한글갈》(1941년) 등을 펴낸 국어학자·국어운동가다. 김준엽이 동방어전 도서관에서 발견한 《우리나라 말본》은 《우리말본》의 착오이거나 중국 당국이 편역하면서 제목을 바꾸었는지 확인하긴 어렵다.

김준엽은 "구세주를 만난 듯이 기뻤다"는 《우리나라 말본》을 바탕으로 한어(韓語) 교재를 만들고 스스로 문법을 열심히 익혀 중국 학생들에게 한글을 가르쳤다.

나는 밤잠을 아끼면서 열심히 공부하였다. 워낙 중학시절부터 새벽 4시면 일어나서 책상에 앉던 버릇이 있었기 때문에 조금도 어렵지가 않았고 또 전쟁터에서의 고생에 비하면 아무것도 아니었다. 나는 1944년 2월에 '학병'으로 끌려나온 다음부터 이 학교에서 교편을 잡게 되기까지 만 2년간 책이라고는 옳게 쥐어보지 못한 상태였기 때문에 책에 대한 갈증이 대단하였다.

물론 그동안 여러 가지를 배웠고, 특히 중국어와 영어회화를 배운 것은 큰 소득이었지만 그것은 책을 통한 것은 아니었다. 책! 책!…… 나는 이로부터 책과 함께 24시간을 사는 인간이 되었다.[110]

김준엽이 중경에 잔류하여 초년 학자의 길을 걷고 있을 즈음, 중국의 정정은 갈수록 소연해졌다. 국민당 정부와 공산당 간의 패권 싸움이 본격화됨과 더불어 일본군의 무장해제와 왕정위 괴뢰정부 관할의 각종 기관을 접수하는 일이었다. 또한 만주에 주둔한 소련군의 철수를 주장하는 학생 데모가 각지에서 벌어졌다.

김준엽은 소연해가는 정정 속에서도 '제3국인'의 신분으로 학생들을 가르치고 학문에 열중하였다. 그는 교수생활이 천성에 맞는 직업이라는 것을 차츰 체득하게 되었다.

110) 앞의 책, 604쪽

## 평생의 전공 공산주의 연구에 정진

김준엽은 학생교육에 열과 성을 다하였다.

전쟁관계로 나이든 학생들이 많았기 때문에 나는 옷차림도 될 수 있는 대로 늙은 티가 나는 것으로 골라 입었다. 나의 열성에 감동되었는지 나는 쉽게 학생들과 친근하게 되었고 또 그들과 만나는 것이 그렇게 즐거울 수가 없었다. 처음 몇 달을 지나면서 벌써 교수생활이 나의 천성에 맞는 직업이라는 것을 확신하게 되었다.

나는 교실에서 만나는 것뿐만 아니라 신문시에서 2박 하는 동안은 완전히 그들과 함께 지냈다. 함께 식사도 하고 함께 산책도 하면서 온갖 이야기를 나누었다. 어느새 전쟁은 잊어버리고 내 머릿속은 학생들과 학문으로 가득 차 있었다. 또 학교에 출강하는 각국의 강사들과도 다정하게 지내게 되었다.

중국어를 모르는 외국교수들과는 영어로 의견을 나누었는데, 나는 서안에서 미군들과 함께 지내는 사이에 익힌 영화회화가 이토록 요긴한 역할을 할 줄은 몰랐다. 나는 이들과의 교제를 영어 공부의 기회로 삼았고 또 학생들과의 접촉을 중국어 공부의 좋은 계기로 생각하였다.

중경은 3월이면 벌써 덥기 시작한다. 승객이 가득 찬 버스를 타고 퀴퀴한 냄새를 맡으며 땀을 많이 흘렸지만은 하나도 고생스럽게 느껴지지가 않았다. 전쟁터에서 단련된 심신인 데다가, 새

로 출발하는 학교생활에 최고의 희열을 느끼고 있었기 때문이었다.[111)]

김준엽은 자리가 잡히고 월급이 나오자 먼저 책방으로 달려갔다. 중경 시내에 있는 모든 책방을 뒤졌다. 전공에 대한 공부를 하기 위해서였다. 게이오대학에서 "동양사학과(중국사 중심)에 적을 두었었고 이제 본고장인 중국에서 중국사를 연구하려고 하는 것이다. 중국사 중에서도 아편전쟁 이후의 최근세사, 말하자면 서력동점(西力東漸) 이후로 전통적인 중국이 한 발자국씩 무너져 가는 과정과 근대화과정, 그중에서도 중국의 장래를 결정지을 국공(國共) 관계에 초점을 두고 연구할 결심이었다."[112)]

국·공관계를 연구하기 위해서는 공산주의에 관한 선행 연구가 필수불가결하다고 생각한 김준엽은 이와 관련한 책을 찾았다. 일본 유학시절에는 일본 정부의 공산주의에 대한 탄압으로 관련 서적을 구하기가 어려웠다. 그런데 중국 서점에는 마르크스·엥겔스의 저서를 비롯하여 각종 관련 부문 책이 산적해 있었다. 김준엽은 우선 중국학자들이 쓴 《중국통사》와 《국사대감》을 샀고, 공산주의 이론에 관한 각종 서적을 구입하였다.

111) 앞의 책, 610쪽
112) 앞의 책, 605쪽

중경은 김준엽에게는 각별한 연고가 따랐던 곳이다. 그의 아내는 5월 9일 산고 끝에 아들을 낳았다. 임시정부와 한국광복군 활동 그리고 결혼을 하고, 해방 후에는 동방어전 교수에 이어 첫 아이를 얻었다. 아들 이름을 홍규(鴻圭)라고 지었다. 규(圭) 자는 돌림자이고 홍(鴻) 자는 그의 장인이 고른 글자였다. 큰 인물이 되라는 바람이 담겨 있었다.

# 더욱 깊어가는 학자의 길

## 남경에서 국립중앙대학원 입학

중국의 국민당정부는 전쟁이 마무리되면서 정부의 행정기관과 공공부서를 원래의 지역으로 옮기도록 명령하였다. 국민당정부도 일본군에 쫓겨 떠났던 수도 남경으로 옮겨갔다. 이래서 동방어전도 남경으로 옮기게 되었다.

임시정부의 주화대표단과 그 가족들도 옮기고, 김준엽 가족과 처가도 남경행을 택하게 되었다. 김준엽 부부는 이제 석 달이 안 된 아들과 처가 쪽 식구들과 중경에서 대표단이 주선한 선편으로 양자강을 따라 남경으로 향했다.

비좁은 선실에서 대표단과 관련 인원 120여 명이 12톤 정도의 중

기선 양측에 얽어맨 목선 두 척에 나눠 탔다. 선실에서 밥을 해 먹고 잠을 자야 하는 불편하기 그지없는 생활이었다. 김준엽은 1년여 전 학병 동지들과 파동에서 배를 타고 중경으로 올라갔는데, 이번에는 거꾸로 중경에서 배를 타고 남경으로 동류(東流)하면서 1년 동안의 변화무쌍했던 생활을 돌이켜 보았다.

40여 일 만인 9월 중순에 남경에 도착한 김준엽은 동방어전이 남경시의 동북쪽에 있는 자죽림(紫竹林)에 자리 잡았다는 소식을 듣고 학교를 찾아갔다. 새 교사는 도교의 절간을 개수한 것으로 신문시에 있던 교사보다는 좋은 편이었으나 규모나 시설은 훨씬 못하였다. 다음 해에 건물을 신축할 때까지 이 절간을 이용한다는 것이다.

학생들도 전원 무사하여 사제 간은 뜨겁게 상봉할 수 있었다. 김준엽 가족은 대표단이 입주한 건물에서 지내게 되었다. 이 무렵 박찬익 단장이 병환으로 귀국하게 되면서 김준엽의 장인 민필호가 대표단장이 되어 중국정부와 외교사안과 교포들의 안전문제 등의 책임을 맡게 되었다.

동방어문은 전문학교여서 3년이면 졸업하고 1946년 9월에 신입생을 뽑았다. 학생수가 많아지자 혼자서 담당하기 어려워 학교당국의 허락으로 시간강사를 두었다. 학생들에게는 한국어뿐만 아니라 한국 단편소설을 읽히고 회화강의를 통해 의사소통에 역점을 두었다.

학교 측에서 3학년생들에게 한국사를 가르쳐줄 것을 제의하자 자신도 일제 통치하에서 배우지 못했던 국사를 공부할 겸하여 이를 받아들였다. 중국 학생들에게 한국어와 한국사를 가르치면서, 오래전부터의 꿈인 대학원에 입학하여 본격적으로 중국근현대사를 연구하고자 방법을 찾았다.

뜻이 있는 곳에 길이 열렸다. 여러 사람의 도움으로 중경 소재 국립중앙대학 대학원에 입학하게 되었다. 학비도 면제되어 더욱 다행이었다. 교수진이 중국사 분야의 저명한 인사들이어서 이 학교를 택한 것이다.

다행히도 중국어 공부에 노력했던 관계로 청강에는 큰 지장이 없었지만 한문 실력은 도저히 중국 학생들을 따라갈 수가 없어서 고심을 많이 하였다. 특히 중국사를 전공하는 학생들의 한문 소양은 대단하였고 그들 모두가 나에게는 스승이었다. 게다가 동방어전에서의 강의를 계속하고 있었기 때문에 더욱 시간이 모자랐다. 시험 때 중국어로 답안을 쓰는 것이 여간 힘이 들지 않았으며 특히 괴상하게도 서양중세사의 서자명(徐子明) 교수는 답안을 붓글씨로 쓰라고 하여 외국인인 나뿐만 아니라 중국학생들도 불평이 대단하였다.

그러나 나는 역사에 대한 지식이 다른 학생들보다 많은 편이어서 성적이 늘 좋게 나왔다. 외국유학이란 이렇게 힘이 드는 것이지만 중국사 전공의 나로서는 꼭 거쳐야 할 관문이라고 생각하여

열심히 공부하였다.[113]

김준엽은 동방어전에서 강의를 하고 중앙대학에서 강의를 들으면서 한국교민회의 젊은 친구들과 중경의 명승지를 두루 찾았다. 또 아내와 중국영화 구경도 하고 서점에 들러 각종 책을 보고 필요한 책을 샀다.

그 즈음(1947년 5월) 이승만이 미국을 방문했다가 상해를 거쳐 기차편으로 남경에 왔다. 남한 단독정부를 세우고자 미국을 방문하여 조야를 설득하고 귀국길에 들렀다고 했다. 교민들과 기차역으로 나가 환영했다. 장인이 통역을 겸해서 수행했기 때문에 김준엽은 그를 통해 국내 사정을 어느 정도 듣게 되었다. 38선 분단으로 북녘 고향에 계시는 어머니와 형들의 안위가 걱정되었다.

## 신병으로 귀국, 애국지사들 다시 만나

김준엽은 1948년 초 소변에서 피가 섞여 나오는 병을 앓게 되었다. 2년 전 중경에서 앓았던 병세가 재발한 것이다. 긴장된 생활과 탈출·장정 과정의 좋지 않은 식수 때문이 아닐까 싶었다.

의사의 말에 의하면 내가 전쟁터에서 긴장된 생활을 거듭하면

113) 앞의 책, 656~657쪽

서 물을 옳게 마시지 못한 데서 생긴 병이라고 한다. 앞에서 이미 언급했거니와 중국 시골의 물이란 정말 형편없는 것이고, 물속에는 침전물이 뿌옇게 떠 있는 텁텁한 물이어서 될수록 물을 조금밖에 마시지 않은 것은 사실이다.

게다가 여름의 전쟁터에서는 땀을 흠뻑 흘릴 뿐만 아니라 뿌연 물이나마 제대로 마실 수가 없었던 것이다. 생사를 건 전투를 되풀이하다 보니 항상 긴장상태에 있었을 것은 뻔한 일이었다. 그러나 나만이 이런 병에 걸렸다면 나의 체질에도 문제는 있을 것이다.[114)]

김준엽은 아내와 장인·장모의 동의를 얻어 국내로 들어가 수술을 받기로 했다. 하지만 귀국길이 막연하였다. 수소문 끝에 천진지역에 피난 중이던 우리 교포들을 미 군정청에서 국내로 수송하기 위하여 선박을 보낸다는 소식이 닿았다. 당시 중국은 국부군과 공산군 사이에 치열한 내전이 일고 있었다. 한국 교민들은 이를 피해 천진 지역으로 몰려 귀국선을 기다리던 참이다.

김준엽은 교포 박수덕에게 대신 강의를 맡기고 대학원 지도교수에게는 병 치료 후에 돌아올 것을 약속하고, 처자를 친정집으로 이사시킨 다음 귀국길에 올랐다. 1948년 4월 1일경 아주 귀국하는 큰 사촌처남 민영구 가족 등과 함께 기차로 상해로 가서 일박하고 조

114) 앞의 책, 681쪽

그마한 기선을 타고 천진으로 향했다. 심한 파도로 김준엽은 선실에서 피를 토하는 등 고통 끝에 나흘 만에 천진에 도착하여, 국내에서 배가 올 때까지 1개월 동안 숙소에서 머물렀다.

천진에서 배를 기다리는 동안 시내 구경에 이어 기차로 가까운 거리의 북경으로 가서 1주일 동안 지내며, 천안문과 자금성을 비롯하여 명소와 여러 유적지를 둘러보았다. 중국 역사를 연구하는 그에게 근현대 중심도시의 하나인 이곳은 모두가 탐구의 대상이었다. 다시 천진으로 돌아와 1주일 정도 지내다 귀환선 LST를 탈 수 있었다.

배가 인천에 도착한 것은 5월 10일의 낮이었다. 배에서 내리니 모두 바닷가에 마련된 텐트에 들어가라는 것이었다. 여기서 방역 주사를 맞고 소독도 충분히 한 다음에 자유행동을 취하게 한다는 것이다. DDT라는 약 이름을 처음 들은 것은 이때의 일이다. 서울로 가고 싶은 생각은 일각이 여삼추 같았으나 어쩔 수가 없는 일이었다.

3년 전(1945년 8월 18일)의 정황과는 아주 딴판이었다. 나는 독립투사도 아니고 대학교수도 아니고 한낱 피난민의 신분으로 텐트 속에 갇힌 것이다. 그러나 조국 땅의 모래밭에 두 다리를 펴고

드러누우니 내 세상을 만난 것 같아 기쁘기만 하였다.[115]

5년만의 귀국이었다. 해방 직후 일본군의 항복을 받고자 여의도 공항에서 하룻밤을 지냈으나 그곳은 아직 수복하지 못한 '적진'이었고, 가족은 물론 동포들을 만날 수 없었다. 5년 만에 돌아온 고국 산천이 이토록 반가웠는데, 20~30년 만에 환국한 애국지사들의 감회는 어땠을까를 상상하면서, 그는 서울 명륜동에 사는 고모를 찾아갔다.

김준엽은 아버지가 3대독자여서 가까운 친척은 고모뿐이었다. 일찍 청상이 된 고모는 혼자서 아이들을 키우며 여의전을 졸업하고 훌륭한 의사가 되어 있었다. 아직 어머니와 형들은 북녘 고향에 그대로 있어서 만날 길이 없었다. 김준엽은 수술날짜를 미루고 장준하를 만나 국내 정세를 들었다. 그리고 애국지사들을 찾아 귀국인사를 하였다.

나는 수술 전에 꼭 만나야 할 사람들이 몇 있었다. 수술하다가 만일의 경우가 생기면 다시는 만나보지를 못할 것이 아닌가. 우선 임정가족들이 모여 사는 명동의 한미 호텔로 장준하 형을 찾았다. 장 형은 가족들이 남하하여 함께 살고 있었다.

세상에 둘도 없는 가장 가까운 친구요 동지가 아닌가. 상해에

115) 앞의 책, 681쪽

서 헤어진 다음 2년 만에 만난 셈인데 장 형은 만나자마자 그때 왜 상해에서 함께 귀국하지 않았는가 하는 것부터 묻는 것이었다. 장 형은 귀국 후 백범 선생의 비서로서 배석하여 친히 들을 바 있는 백범과 여운형·안재홍·허헌·김성수·송진우·박헌영 등의 국내 요인들과의 대담내용이며 또 이승만 박사와의 관계 등을 소상하게 설명해주었다. 그리고 임정요인들의 근황이나 정치적 입장도 하나하나 말해주었기 때문에 지나간 2년 동안의 국내 정국을 대략 파악할 수가 있었다.[116]

## 극적인 가족 상봉, 5년 만에 만난 어머니

해방 후 한반도는 미·소에 의해 분할 점령되고 38선을 분계선으로 하여 군정이 실시되었다. 김구 주석 등 임시정부 제1진이 11월 23일 개인자격으로 귀국하고, 이에 앞서 이승만은 10월 16일 하지 미군정사령관의 안내를 받으며 미국에서 귀국했다. 여운형이 건국준비위원회(9월 6일에는 조선인민공화국)를 조직했으나 미군정은 이를 용인하지 않았고, 미군정이 38선 이남의 유일한 정부라고 선포했다. 1945년 연말부터 신탁통치를 둘러싸고 좌우가 크게 대립했다.

1947년 5월 미군정의 알선으로 김규식·여운형 등이 좌우합작을

116) 앞의 책, 684~685쪽

위해 노력하고, 6월에는 이승만이 정읍에서 남한 단독정부 수립론을 제기하여 큰 파문을 일으켰다. 임시정부는 미군정과 대치한 상태에서 탁치문제가 정계의 블랙홀이 되었다.

김준엽의 수술은 결석을 제거하는 데 실패하여 오른쪽 신장 하나를 떼어내야 했다. 해방직후라 의료기술과 장비가 불비한 까닭이었다. 의사는 신장이 하나 없어도 활동에는 지장이 없다고 위로해주었다. 1주일 만에 퇴원하여 고모집에서 요양하였다. 그런데 기적과 같은 일이 벌어졌다.

> 퇴원 후 1주일이 못되는 어느 날 (5월 말) 천만 뜻밖에도 어머님과 형님, 형수님들이 아이들을 데리고 우르르 고모집으로 찾아왔다. 나는 앓던 몸을 다 잊어버리고 벌떡 일어나 어머님과 가족들을 부둥켜안았다. 내가 무슨 꿈을 꾸고 있는 것만 같았다. 그렇게도 그리던 어머님이나 형님들을 만나게 되었으니 이 얼마나 고마운 일인가. 나는 돌아가신 아버님의 배려라고 생각하고 한없이 고맙게 생각하였다.
>
> 그런데 둘째형님과 누님 식구들만이 보이지 않았다. 둘째형님은 38선을 넘다가 발각이 되어 그놈들(공산당원)에게 붙잡혔다는 것이고, 누님 식구는 아예 떠나지를 못했고, 또 큰형님의 딸 둘이 출가한 관계로 남하하지를 못했다는 것이다. 몸이 약한 둘째형님

이 걱정스러웠다(한 달 뒤에 형님은 다시 탈출하여 남하하였다).[117]

김준엽이 일본군을 탈출하면서 가족이 겪은 고통을 이루 말할 수 없었다. 왜경들이 날마다 집을 찾아와 괴롭히고 형님들을 끌고 가 동생의 은거지를 대라고 고문하였다. 해방 후에는 항일가족이라 하여 공산당에서 우대해주었다고 한다. 또 부모와 형들이 평소에 농민이나 고향사람들에게 잘해주었기 때문에 소련점령기에도 주민들의 보호를 받을 수 있었다.

어머니와 형들은 북한에 공산정권이 굳혀지면서 압박이 심해지자 남하할 것을 결심하고 동해와 황해, 육지로 분산하여 간신히 이북을 탈출했다고 한다. 격동기에 온 가족이 남하에 성공하여 서울에서 재결합했으니 크나큰 행운이었다. 하지만 당장 가족들의 생계문제가 걱정이었다. 가족은 모든 재산을 털리고 빈털터리 신세였다.

김준엽은 수중에 남은 돈과 한국에 유학시키기 위해 데리고 온 3명의 중국 유학생들이 보태준 돈으로 오류동에 17평짜리 집을 마련하였다. 비좁은 집이지만 5년여 만에 온 가족이, 그것도 서울에서 함께 살게 되었다. 맏형은 이범석 국무총리의 도움으로 대한중석회사에, 둘째와 셋째형은 교원경력이 있어서 학교에 취업하여 짧은 기간에 남한에서 자리를 잡을 수 있었다.

117) 앞의 책, 684~685쪽

## 김구 선생에게 학비 받고 다시 중국행

김준엽이 귀국한 직후 남한에서는 5·10 총선거를 거쳐 8월 15일 대한민국 정부가 수립되었다. 한동안 상관으로 모셨던 이범석이 국무총리가 되었다. 국방부장관도 겸임하였다. 김준엽은 축하인사를 하러 총리실로 찾아갔다. 이범석은 총리실이든 국방장관실이든 희망하는 대로 들어와 자기를 도와달라고 하였다.

> 고맙기는 하였으나 나는 일생 학계에 있으면서 내 나름대로 건국사업에 이바지하기로 결심하고 있다는 것을 설명하고 이 총리의 권유를 사양하였다. 이 장군은 건국사업이 긴급한데 공부는 무슨 공부냐 하면서 재삼 정부에서 일하기를 권했으나 나는 끝끝내 고사하고(나는 일생 동안 여러 차례 관직교섭을 받았으나 모두 고사하였는데 이때의 고사가 첫 번째가 된다), 한 가지 부탁만을 하고 나왔다. 부탁이란 친일민족반역자들을 철저히 처벌하여 민족의 정기를 세워달라는 일이었다.
>
> 그때만 해도 우리 정부에 대한 국민들의 야망은 대단했고 또 관존민비사상이 깊이 뿌리박혀 있었기 때문에 장준하 형을 제외한 모든 친지들은 이 총리의 권유대로 정부에 들어가라는 것이었다.[118]

118) 앞의 책, 690쪽

정부수립 초기, 김준엽은 대단한 인맥을 갖고 있었다. 귀국 직후에 이승만을 비롯하여 김구 등 임정요인들도 일일이 찾아 인사를 드렸다. 이승만은 대통령이 되고 이시영은 부통령, 이범석은 국무총리에 국방장관을 겸하고 있었다. 그들로부터 모두 능력과 투쟁경력을 인정받고 있었기에 원하면 정부 어느 곳이나 들어가 큰 역할을 할 수 있는 처지였다. 하지만 그는 초심대로 관직 대신 학자의 길을 걷고자 하여 결코 좌고우면하지 않았다.

평생의 지우 장준하와는 매일 만나다시피하여 시국과 정세, 장래문제를 나누었다. 장준하는 귀국 후 김구의 비서일을 하다가 이범석의 요청으로 1946년 우익단체인 조선민족청년단(족청)에 참여했다가 그만두고 신학공부를 위해 미국유학을 준비 중이었다. 김준엽은 장준하와 함께 또는 혼자서 경교장에 칩거 중인 김구를 찾아갔다.

> 서울에 있는 동안 나는 경교장으로 백범 선생을 여러 차례 방문하였다. 과묵하기는 하나 인정이 많아서 나의 신상에 관해서도 여러 가지로 염려해주었다. 수술이 무사히 끝난 것을 기뻐해주셨고 열심히 연구하여 학자로서 대성하라고 격려해주었다. 또 우리 독립운동을 도와준 중국인들의 은혜를 잊지 말라고 타이르시면서 내 세대에 있어서도 중국과의 친선관계를 잘 유지하라는 말씀이었다.

> 그러면서 여비에 보태 쓰라고 금일봉을 주시는 것이었다. 나는 남하한 가족들의 안정을 위하여 돈을 다 써버린 처지였기 때문에 정말로 고맙게 받았다. 그 돈은 여비에 쓰고도 남는 큰 금액이었기 때문에 나는 장 형과 함께 경주와 부여로 여행하기로 하였다. 장 형이 미국으로 유학을 떠나면 언제 다시 만날 것인지도 모르거니와 우리 조상들이 남긴 문화유적을 찾고 싶었고 또 시골사정도 알아보고 싶었기 때문이다. 우리는 유격대 시절이나 중경으로 가는 장정 6천 리, 그리고 서안에서의 OSS훈련 등을 회상하면서 3박 4일의 여행을 즐겼다.[119]

김준엽이 병 치료를 위해 귀국하여 국내에 머무는 동안 아내와 아들, 처가 쪽 식구들은 여전히 남경에서 살고 있었다. 혼란기여서 서신통신이 여의치 않았다. 따라서 편지를 전하기도 답신을 받기도 어려워 피차간에 소식이 단절되었다.

김준엽은 이역에 남겨둔 가족도 만나고 공부를 계속하고자 1948년 9월 초 인천을 떠나 배를 타고 중국으로 출발하였다. 국내 사정은 비록 반쪽이지만 정부가 수립되고 형제들도 모두 취업하였으므로 어느 정도 안심이 되었다.

정부의 여권을 받아서 출국하였다. 5년 전 망국민으로서 일본군에 들어가 탈출하던 때와는 180도 달라진, 독립국가의 당당한 여

119) 앞과 같음

권을 받아 쥔 그는 감개무량했다. 인천에서 천진까지는 영국 화물선, 천진에서는 비행기로 상해를 거쳐 기차로 남경에 도착하였다. 아내는 4개월 만에 불쑥 나타난 남편을 맞아 놀라고 기쁨을 감추지 않았다. 그 사이 아내와 아기는 많이 여위어 있었다. 그만큼 고생이 많았던 것이다.

# 중국 국·공 내전에서 얻은 교훈

## 독재·부패로 민심 잃은 장개석 정부

중국으로 돌아온 김준엽은 건강이 회복되면서 9월 하순부터 동방어전에 나가 강의를 하고 대학원에도 다시 출석하였다. 그런데 학교의 분위기가 크게 바뀌고 있었다. 중국 대륙이 바야흐로 국부군과 공산군 사이에 사활을 건 내전이 격화되고 있었던 것이다.

흔히 근현대 시기의 중국 내전은 1927~1936년까지를 제1차 국공내전, 1946년부터 1949년까지를 제2차 국공내전으로 불린다. 2차 내전으로 장개석이 패하여 대만으로 밀려가고 모택동의 공산군이 대륙을 장악하였다. 대일전쟁 중 잠정적으로 국공합작 상태이던 국부군과 공산군은 일제가 패망하면서 본격적으로 권력투쟁을 시작했다.

일본이 항복할 시기에는 국부군의 전력이 압도적이었다. 그러나 국민정부는 독재와 부패로 인민들의 신망을 잃었다. 우세한 군사력에도 도처에서 패퇴하였다. 국부군은 미국이 지원한 무기가 속속 공산군에 넘어갈 정도로 부패했다. 그 대신 중국공산당은 해방구를 중심으로 토지개혁을 단행하여 농민들의 환심을 사는 등 인민들로부터 지지를 받았다.

> 같은 국민정부의 부대가 공산군에게 전멸되는 경우가 있더라도 지원하지 않고 전투를 피하자는 것이다. 이것은 대일전쟁에 있어서도 볼 수 있는 현상이었지만 더욱이 공산군의 선전과 모략으로 내전에 있어서는 한층 더 심했던 것이다.
>
> 게다가 각층의 군간부들은 사복을 채우기 위하여 군대의 장비와 부하들의 월급 또는 차량 등을 악용하여 '장사'에 분주했다. 생전 월급도 구경하지 못하고 하루 두 끼의 만두에 배를 주리는 사병들은 문자 그대로 기아생활을 하고 있었다.
>
> 병졸들의 유일한 길은 오로지 그들의 하나밖에 없는 '특권'인 총자루와 칼자루를 들고 무고한 농가를 습격할 수밖에 없었고 심지어는 미국의 원조인 그 총자루와 칼자루, 기타의 무기를 공산군에게 팔아넘겼던 것이다.
>
> 사태가 이 지경에 이르렀으니 국민정부가 승리할 것이라는 전

망은 도저히 할 수 없었고 전도가 대단히 암담하게 보였다.[120]

이 같은 상황에서 교수들의 분위기도 크게 바뀌고 있었다. 전세가 중공군에게 유리하게 전개되면서 국민정부를 지지했던 교수들도 태도가 달라지고 있었다. 공산당의 선전선동과 기회주의적인 지식인의 속성 탓이기도 했지만 본질적으로 국민당정부와 국부군에서 민심이 이반된 현상이다.

초반에는 국민당의 군사적 우위에서 시작했으나 1년이 지난 1947년경에 이르면 전세는 공산당 쪽으로 기울기 시작한다. 국민당 정부는 전쟁에서 승리하고 있는 것처럼 보였지만 내부의 부패, 그리고 생존에 허덕이는 국민들의 고통을 외면함으로써 이미 민심을 잃고 있었다. 국민당 정부의 부패와 물가폭등에 대한 도시 노동자들의 항의시위가 계속되었고 농촌에서는 납세거부 시위가 도처에서 일어나고 있었다.

그러나 공산당이 장악한 해방구에서는 토지개혁이 이루어져 농민들이 자기 땅을 가질 수 있었고 부패한 관리들에게 착취당하는 일은 없었다. 자유주의자들도 공산당 편으로 돌아서고 있었다. 특정지역을 점령하거나 방어하지 않고도 국민당군을 붕괴시키고자 하는 공산당의 계획은 성공하고 있었다.

120) 앞의 책, 697~698쪽

1947년 홍군은 전세가 유리해진 것으로 판단하고 대대적인 반격을 가하기 시작했다. 47년 말 홍군은 하북, 산서, 산동의 대부분을 차지했다. 46년에 국민당군 400만에 대해 100만에 그쳤던 공산당 군대가 200만으로 증가했다.[121]

## 전란 중에 소주·항주 찾아가

김준엽은 사태의 추이를 지켜보면서 귀국을 서두르지 않을 수 없었다. 장개석 정부가 투항하기 전, 중국이 공산화되면 언제 다시 오게 될 지 모른다는 생각에서 몇 곳의 명승지를 둘러보기로 했다. 무모하다면 무모한 일이지만 탐구열이 강한 성격이었기에 가능했던 일이다.

나는 연구생활을 중단하고 귀국해야 할 시기가 가까워진 것으로 판단하고 귀국 전에 소주와 항주를 꼭 답사할 계획을 세웠다. 책은 언제 어디서나 읽을 수 있지만 이 기회에 소주와 항주를 보지 못하면 다시는 볼 기회가 없을 것 같았다. 두 도시는 내가 중국을 연구하는 데 있어서 반드시 옳게 인식해야만 될 곳이었기 때문이다. 나는 11월 초에 주말을 이용하여 4박 5일의 여행길에 나섰다.[122]

121) 안정애·양정현, 《중국사 100장면》, 391~392쪽, 가람기획, 1994.
122) 김준엽, 앞의 책, 698쪽

김준엽은 소주와 항주의 절경과 함께 문학 사적지를 둘러보고 상해를 거쳐 남경으로 돌아왔다. 1948년 12월에 접어들면서 남경시내의 질서도 문란해지고 곳곳에서 약탈이 벌어졌다는 소식이 들렸다.

외국대사관들도 남경을 떠나 광동(廣東)으로 이전하고, 대한민국 정부의 주중대사 신석우도 광동으로 떠났다. 더 이상 남경에 지체할 여유가 없었다.

중경에서부터 사 모아서 애지중지했던 서적의 대부분을 버리고 떠나게 되었다. 피난민들로 기차표를 구하기가 어려웠고 짐을 많이 가지고 갈 수 없었기 때문이다. 그런 와중에서 장인 민필호는 중경에서 가지고 온 임시정부 문서와 주화대표단의 주요문서를 간추려 떠났다.

김준엽 가족과 처가 식구들은 12월 하순에 상해로 가서 국내로 가는 배를 타기로 했으나 배가 없어서 한 달 동안을 기다리게 되었다. 그 사이에 전세는 더욱 국민정부 측에 불리하게 전개되고 곳곳에서 장개석의 하야를 주장하는 소리가 나왔다.

이런 상황에서 국민정부는 1949년 1월 8일 남경정부를 그대로 유지하는 선에서 공산당과 화의교섭을 벌였다. 그러나 모택동은 국민정부에 사실상 투항을 요구하는 8개항의 '평화조건'을 제시했다.

(ㄱ) 전범의 처벌

(ㄴ) 헌법의 폐지

(ㄷ) 중화민국 법률제도의 폐지

(ㄹ) 민주원칙에 의한 국군의 개편

(ㅁ) 관료자본의 몰수

(ㅂ) 토지제도의 개혁

(ㅅ) 매국조약의 폐지

(ㅇ) 정치협상회의를 소집하지만 반동분자들은 참가할 수 없다. 또한 '민주연합 정부'를 조직하여 모든 권력을 접수한다.

국민정부는 1월 17일 중앙정치회의에 이어 19일 열린 행정원에서 공산당과 화의하자는 안건이 통과되고, 20일에는 국민당 중앙정치회의에서 행정원의 결의에 동의하게 되어서 장개석 총통은 하야하기에 이르렀다.

장개석은 하야를 발표하기 전, 대세를 돌이키기 어렵다는 판단으로 아들 장경국에게 정부가 보관하고 있는 황금과 외화, 그리고 국보와 각종 보물을 비밀리에 타이완(대만)으로 운반토록 하였다.

## 상해 총영사의 기막힌 행적

중국의 정세는 긴박하게 전개되었으나 상해는 표면상은 비교적 평온을 유지하였다. 김준엽은 가족의 귀국 여권을 얻고자 총영사관을 찾아갔다. 그런데 실로 황당한 일이 벌어졌다.

상해에 도착한 다음 나는 전 가족의 귀국여권을 얻으려고 우리나라 총영사관으로 신국권 총영사를 찾아갔다. 내게는 4월 병으로 일시 귀국할 때 얻어둔 여권이 있기 때문에 문제 없었으나 다른 식구들은 모두 여권이 없기 때문에 새로 만들어야만 되었다. 그런데 내 식구 셋은 괜찮지만 장인 식구들은 본국에 조회해서 본부(외무부)의 허락을 받아야 한다는 것이다.

그러나 아무리 기다려도 지시가 없다고 하면서 신 총영사는 일을 회피하는 것이었다. 해외에서 수십 년간 목숨을 걸고 독립운동을 한 사람이, 더욱이 시국이 위태로운 이런 때에 제 나라로 돌아가는데 이렇게 힘이 든다는 것은 말이 안 된다. 나는 이 때문에 신국권 총영사와 큰 소리를 지르며 싸움까지 하였으나 소용이 없었다.

알아본즉슨 이 자가 일부러 장인의 귀국을 방해한 것이었다. 그 자는 일본점령기에 상해에 있으면서 친일기업가 손창식(이 자는 일본투항 직후에 국민정부에 의해서 사형언도까지 받았다)의 앞잡이를 하였는데 장인의 귀국으로서 이승만 대통령이 이 사실을 알게 되면 자기가 파면될 것을 두려워했기 때문이었다.

그러다가 정월 초순(1949년)이 되니까 아직도 상해에서 귀국을 기다리는 교포가 많은데도 불구하고 직무를 버리고 본국의 허락도 없이 홍콩으로 도망쳐버린 것이다. 한심한 일이 아닐 수 없다. 독립된 대한민국의 총영사라는 자가 이래도 되는 것인가. 대통령은 어째서 이런 친일파와 겁쟁이를 총영사에 임명하였을까?[123]

김준엽은 분노하였다. 좀처럼 화를 내지 않은 그였지만 총영사 신국권의 행위에는 참기 어려웠다. 하지만 당시의 상황에서는 어찌할 방법이 없었다.

장개석이 하야하고 대륙의 정세가 어느 정도 안정을 회복하면서 김준엽은 1949년 1월 21일 가족과 함께 귀국선을 탔다. 그러나 여권을 발급받지 못한 장인 가족은 대만으로 옮기게 되었다. 거친 파도의 항해 끝에 김준엽이 다시 고국 땅을 밟은 것은 1월 25일이었다. 만 5년간의 중국생활은 마치고 귀국하게 된 김준엽은 만감이 교차하는 심경을 어찌하기 어려웠다. 해방된 조국에서 좋은 조건을 모두 뿌리치고 중국을 연구해야 하겠다는 학구의 일념으로 다시 대륙으로 건너갔다가 동족상잔의 내전을 지켜보면서 쓸쓸하게 귀국선을 타게 된 심사가 편안할 리 없었다.

난생 처음으로 조국을 보게 되는 기대감에 아내는 흥분하고 있는 것 같았고, 세 살이 되는 아들은 처음 타보는 배의 갑판에서 신나게 뛰어다녔다. 5년 전 조국을 떠날 적에는 살아서는 다시는 돌아오지 못할 것으로 각오했다가 이제 처자와 함께 귀국하니 가히 금의환향이라 할 수 있지 않은가!

123) 앞의 책, 706~707쪽

그러나 나는 나 자신을 자꾸만 성찰하였다. 나는 그동안 열심히 살았는가? 내 나이 이제 스물여덟인데 이 시대에 태어난 대한민국의 남아로서 역사에 부끄럽지 않은 일을 했었는가? 한 시간 한 시간이 쌓여진 것이 나의 일생이 될 것인데 매 시간을 나는 헛되이 보낸 일이 없는가? 나는 다지고 또 다졌다. 나는 일생에 대한 정밀한 설계도를 그려놓고 벽돌 한 장 한 장을 옳게 쌓고 있는가? 나는 지나간 날과 앞으로의 생을 곰곰이 생각하면서 각오를 더욱 굳게 하였다.

중국 전문가가 되기 위하여 내 딴에는 있는 노력을 다하였다. 다만 화남(華南) 지역은 곤명을 제외하고는 가보지 못한 것이 유감스럽게 생각되었다. 귀국하면 대학의 강단에 서서 내 나라 학생들을 가르칠 것으로 기대하고 있는데 과연 그런 자리를 쉽게 얻을 수 있을 것인지, 또 내가 중국사나 중국에 대한 지식이 대학교수로서 부족함이 없는가? 학문에는 끝이 없다. 일생을 공부해야만 될 것이다.[124]

## 귀국선에서 조국의 장래를 근심하다

김준엽이 가족과 함께 무사히 귀국할 즈음 중국 인민해방군은 1948년 1월 국민당의 정예부대를 격파하고 북경에 입성하였다. 4월

124) 앞의 책, 708~709쪽

에는 국민당 정부의 수도 남경을 빼앗았다. 국민당 정부는 광동→중경→성도로 전전하다가 이 해 12월 미국의 지원을 받으면서 대만으로 철수했다.

중국 대륙을 장악한 공산당은 1949년 10월 1일 중화인민공화국을 선포하고 수도는 북경, 주석에는 모택동이 선출되었다. 중국공산당은 1921년 7월 21일 13명이 남호의 배 위에서 제1차 전당대회를 연 이래 8만 명이 대장정에 나서 7천5백 명만 살아남는 등의 신고를 겪고 연안에 본거지를 틀고 1, 2차 국공합작, 1, 2차 국공내전 등을 치르면서 창당 28년 만에 중국 대륙을 장악하여 공산주의정권을 수립했다.

한국독립운동에 큰 도움을 주었던 장개석 정부는 1949년 12월 10일 공산당에 패해, 국민당의 50만 군대와 함께 대만으로 밀려났다. 그리고 중국본토에서 이주해온 국민당을 중심으로 중화민국을 수립하였다.

대한민국 정부는 신생 중화인민공화국 대신 중화민국과 국교관계를 유지하다가 1992년 중화인민공화국과 수교하면서 중화민국과는 단교하여 국제 정치의 비정함을 보이게 되었다.

김준엽은 귀국 선상에서 20대 전반기를 보냈던 중국의 사태진전과 장개석 정부가 망하게 된 이유를 곰곰이 살폈다.

> 물론 국민정부 자체의 책임도 크다. 국민당의 일당독재며 부패

하고도 무능했던 점을 생각할 때 국민정부로서는 남을 탓할 자격이 없다. 외교는 내치의 연장이라는 말이 있지 않은가. 국민의 지지를 잃고 어떻게 정권을 유지한다는 말인가.[125]

김준엽은 중국사 연구의 초년 사학도로서 중국공산당 정권이 한반도에 미치게 될 문제를 골똘히 생각하였다.

중국의 장래가 우리나라에 영향을 끼치지 않는다면 나는 중국 사학도로서 선선한 마음으로 중국 현대사의 전개를 흥미롭게 관찰할 수 있을 것이다. 그러나 남북으로 분단되어 공산당 문제에 직면하고 있는 우리의 처지로서 중국문제를 대안(對岸)의 화재시할 수 없는 노릇이다.

우리나라의 장래는 어떻게 될 것인가? 우리의 남북통일은 어떻게 하면 달성할 수 있을까? 그리고 일제 때문에 뒤떨어진 조국을 어떻게 하면 하루빨리 근대국가로 발전시킬 수 있을까? 나는 학원에 있으면서 어떻게 하여야만 우리 민족이 당면한 시대적 사명을 완수하는 데 헌신할 수가 있을까 하고 골똘하였다.[126]

125) 앞의 책, 709쪽
126) 앞의 책, 710쪽

## 장인 모시러 대만으로 떠나

김준엽은 귀국한 지 한 달도 못되어 다시 한국을 떠나게 되었다. 대만에 가 있는 장인과 처가 식구들을 데려오기 위해서였다. 민필호는 사적으로는 장인이지만 여전히 주화대표 단장의 신분이었다.

이범석 총리의 덕으로 여권을 쉽게 얻을 수 있었으나 당시 대만으로 가는 비행기나 선편이 없고 홍콩을 경유해야만 했다. 부산으로 가서 영국 상사 소속의 홍콩행 선박을 이용했다. 1949년 2월 18일이다.

김준엽은 어려서 어머니가 점쟁이에게 아들의 팔자를 물었을 때 말(馬)과 같은 운명이 되어서 일생 집을 떠나 살게 되며 고향을 그리워하게 될 것이라 했던 말을 떠올리며 배를 탔다. 1만 톤급의 큰 배이기에 5일이면 가는데 풍랑으로 늦어져 8일 만에 홍콩에 도착했다.

홍콩에서 처가 식구들의 출입국 비자를 기다리는 동안, 이 기회에 홍콩은 물론 광동지역의 문물을 둘러보기로 했다. 당초 출국할 때부터 생각했던 계획이었다. 대북행 항공편을 예약하고 1주일간은 홍콩, 1주일간은 광동의 여러 사적지와 유적지를 둘러봤다. 역마살과 탐구열의 작용이었다. 그리고 3월 12일 대북행 중국항공사(CAT) 소속 비행기를 탔다.

김준엽이 대만에 도착한 시점은 아직 장개석 정부가 들어오기 전이었다. 그래서 크게 북적이지 않았다. 처가 식구들은 모두 건강하게 지내고 있었다. 상해에서 작별한 지 두 달 만의 상봉이었다.

한 달간 대만에 머무른 동안 박물관을 비롯하여 원주민의 생활, 한족·네덜란드·스페인·영국·일본이 남긴 유적과 잔재를 살펴보았다. 이들 나라들의 지배로 대만은 정체성을 잃고 살아온 비극의 섬이었다.

귀국길은 대만의 기륭항에서 배를 타고 홍콩을 거쳐 4월 26일 아침 인천항에 도착하였다. 장인은 13세에 서울을 떠나 51세가 되어 38년 만에, 장모는 28년 만의 귀국이었다. 처남·처제들은 중국에서 태어났으므로 고국은 초행길이다. 모두 만감이 교차했을 터였다.

> 인천부두에 가족들 여럿이 마중 나왔고 이범석 총리는 비서실장인 육성표를 파견하여 영접해주었다. 물론 이시영 부통령의 비서로 있는 영완 처남도 와 있었다. 대통령의 부르심을 받고 귀국하는 터이라 장인에 대한 예의는 융숭하였고 인천시장도 부두까지 나와서 환영해주었다. 장인·장모는 만족스러운 표정이었다. 그리던 조국 땅에, 해방된 조국 땅에 살아서 발을 디디게 되니 기쁠 것이고 수십 년이나 헤어졌던 일가친척들이나 동포들을 만날 수 있게 되었으니 그 감격 또한 얼마나 컸을까!
>
> 나는 그 전 해에 경험한 바가 있기 때문에 장인의 심리를 이해할 수 있을 것 같았다. 부통령실과 국무총리실에서 마련한 차에

분승하여 우리는 서울로 향하였다.[127]

## 백범 암살, 충격과 실망에 휩싸이다

귀국한 장인 민필호는 임시정부 시절 가장 가까웠던 김구·이시영·조완구·박찬익·이범석·엄항섭 선생을 차례로 방문하여 귀국인사와 중국의 사태를 전하였다. 그런데 임시정부 요인 중 김구·조완구·엄항섭 등은 단독정부 수립 불참으로 재야에 남고, 이시영·이범석·박찬익 등은 정부에 참여하고 있는 형편이어서 민필호는 여간 난감한 처지가 아닐 수 없었다.

1949년 6월 26일 이승만의 핵심 측근들이 모의하고 안두희가 하수인으로 지목되어 김구를 암살하였다. 환국한 지 4년이 못 되고, 이승만 정권이 수립하고 1년이 안 되는 시점이었다. 김준엽이나 장인의 실망과 충격은 이만저만이 아니었다.

> 장인은 날이 갈수록 입장이 곤란하여 국내에서의 공직에는 관심이 희박해가고 있었는데 이러한 때에 발생한 것이 김구 선생 암살사건이었다(6월 26일). 귀국 후에 장인은 한 주일에 한두 번은 꼭 백범 선생을 찾아갔고, 나도 여러 차례 인사갔었는데 내가 마지막으로 백범 선생을 뵌 것은 사건이 나기 사흘 전이었다.

127) 앞의 책, 752쪽

나는 사건의 발생을 도저히 믿을 수가 없었다. 백범 선생은 사전에 여러 군데서 경계하라는 정보가 있었으나 "나를 죽일 사람은 일본인밖에는 없다"고 하시면서 항상 집을 개방하고 계시다가 이 참변을 당한 것이다.

일생을 조국과 동포의 자유해방을 위하여 헌신하시다가 그 동포가 쏘는 총탄에 쓰러지시다니 이 얼마나 우리 민족으로서 개탄스럽고 수치스러운 일인가!

이때에 장인의 창백한 모습은 문자로 형용할 수가 없다. 놀라고 분노하고 슬퍼한 장인은 며칠 동안이나 침식을 멀리하고 있었다. 집안 식구들은 고혈압증이 재발될까 몹시 걱정하였다. 이에 이르러 국내를 떠나고 싶은 장인의 마음은 더욱 굳어지게 된 것이다.[128]

이승만 대통령이 장인 식구들을 경무대로 초청하여 그간의 노고를 치하하고 7월 초에는 주대북(駐台北) 영사로 임명하였다. 대북에는 영사관이 없기 때문에 새로 개관하는 임무를 맡긴 것인데, 독립운동의 역할로 보아 지나치게 낮은 직급이었다. 중경 임시정부시절 김구 주석의 판공실장을 지낸 것 등이 '친백범계'로 보였던 것이 아닌가 싶다.

---

128) 앞의 책

# 4부

# 정치가의 삶보다는 지성인의 양심을

# 진리 탐구와 〈사상계〉 참여

## 29세에 고려대학 교수로 초빙

김준엽은 1949년 9월 학기부터 고려대학교 조교수로 들어갔다. 서울대학과 연세대학에서도 초빙이 있었으나 고려대학을 택하였다. 동양학의 대가인 현상윤 총장과 이상은 교수의 권유에 따른 것이다. 처음에는 중국에서 동방어전 교수를 지낸 경력으로 중국어 교수에 임용되었다가 곧 사학과 교수로 자리 잡았다.

당시 고대 사학과에는 국사 신석호·김정학, 서양사 김성식·김학엽, 동양사 정재각 등 쟁쟁한 교수들이 포진하고 있었다. 비록 20대 초반에 만고풍상을 겪었다고는 하지만 그는 아직 29세의 청년이었다.

나는 고대 교수로 있으면서 대단히 유쾌한 생활을 하였고, 한 번도 얼굴을 붉힌 일이 없으며 문자 그대로 내 뼈가 자란 곳은 고대라는 생각을 하면서 항상 고대에 감사하고 있다. 화목과 단결을 자랑하고 사제지간의 따뜻한 정의(情誼)와 선후배 간의 사랑과 협력을 소중하게 여기는 고대전통의 소산일 것이다.[129]

이렇게 시작된 고대와의 인연은 1951년 5월에 휴직을 하고 대만대학 역사연구소로 떠나 4년간 유학생활을 하다가 1955년 초에 귀국하여 복직하였다. 이후 27년간 고대에서 사학과 교수를 지내게 되고 2년 8개월 동안 총장직을 맡았다.

고대에서 내가 담당한 과목은 중국 최근세사·동서문화교류사·동양사 개설·특강(일본 최근세사·중국 공산당사 등)이었는데, 처음에는 중국어와 세계문화사도 가르친 일이 있다. 나의 전공은 중국 최근세사이며 가장 중점을 둔 것은 중국의 근대화과정이다.

중국과 한국·일본의 근대화 과정을 비교하면서 중국이나 한국이 근대화에서 어찌하여 일본의 근대화보다 뒤떨어지게 되었으며 또한 동양이 서양보다 낙후하게 되었는가 하는 원인을 규명하는 데 초점을 두고 연구하였다.

또한 관심을 둔 것은 나라에서 금기가 되어 있는 공산권에 대

129) 김준엽, 《장정 5》, 33쪽, 나남출판, 2001.

한 연구인데 이것은 우리의 통일문제와 직결되고 있기 때문이었고, 내가 우리의 독립운동사에 관심을 두고 연구한 것은 내 자신이 독립운동에 참가했기 때문이기도 하지만 우리 민족의 정기(精氣)를 앙양함과 동시에, 이북에서 김일성이 자기혼자만이 독립운동을 한 것처럼 선전하기 때문에 이를 시정하기 위해서였다.[130]

김준엽은 아직 조교의 수준이지만, 고대 사학과 교수에 매우 자부심을 갖고, 이를 천직으로 여기면서 이에 대한 사명과 소명의식을 가졌다.

누구나 알다시피 교수는 연구와 교육 그리고 사회봉사의 세 가지 책무를 수행해야만 한다. 우리나라처럼 인재가 부족한 나라일수록 제자 양성의 중요성은 더욱 강조되어야 할 것이다.

교수로서의 성공여부는 학문적 업적과 동시에 제자양성이 그 척도로서 평가되어야 한다고 생각하며, 훌륭한 제자를 많이 배출한 교수일수록 성공한 교수라 할 것이다.

더욱 일제시대에 일본에서 대학생활을 보낸 나로서는 한국인의 교수나 선배의 도움을 받은 일이 없었기 때문에, 제자들의 발전을 위하여 있는 힘을 다하였다.

제자들의 유학이나 취직에 총력을 기울였을 뿐만 아니라, 과

130) 앞의 책, 35~36쪽

(科)를 불문하고 동료 교수들의 해외유학이나 시찰여행에도 적극 협력하였다.[131]

## 대만대학 4년 유학, 중국사 연구

김준엽은 앞에서 소개한 대로 1951년 5월 대만대학의 역사연구소로 유학을 떠났다. 6·25 한국전쟁이 아직 끝나지 않은 시점이었다. 대만대학을 택한 것은 중국연구에 대한 초심과 마침 장인이 타이베이에 총영사를 맡고 있었기 때문이다.

또한 중국의 공산화로 인해 저명한 학자들이 다수 대만으로 이주하여 풍성한 지성의 요람을 이루고 있어서, 지적 호기심이 남달랐던 그에게 손짓을 한 것이다.

대만대학에서도 중국사의 개설뿐만 아니라 중국교수들이 강의하는 단대사(斷代史)·선진사(先秦史)·진한사(秦漢史)위진남북조사(魏晋南北朝史)·수당사(隨唐史)·송사(宋史)·요금원사(遼金元史)·명사(明史)·청사(淸史) 등을 하나도 빠짐없이 모두 청강하였다.

대륙에서 철수한 중앙대학·북경대학 등의 저명한 사학자들이 모두 대만대학에 집결되어 있어서 여간 다행스러운 일이 아니었다. 갑골문(甲骨文)의 대가인 동작보(董作寶) 교수, 한대사 노간(勞

131) 앞의 책, 336쪽

幹) 교수, 요금원사(遼金元史)의 도종오(姚從吾) 교수, 동서문화교류사의 방호(方豪) 교수, 중국경제사의 전한승(全漢昇) 교수 등의 강의는 내가 중앙대학 시절에 들은 재여산(齋如山) 교수의 중국연극론과 마찬가지로 명강의들이었다.[132]

김준엽은 대만대학에 유학하면서 중국학자들이 자기 나라 역사 연구와 이해방식 그리고 일제의 식민사관 극복, 외국학자들의 한국사를 보는 시각 등을 열심히 관찰하였다.

대만대학에서는 남경(南京)의 중앙대학 시절과 마찬가지로 중국의 근대화문제에 대한 사적(史的)인 연구를 하는 동시에 중국학자들이 중국사를 어떻게 이해하고 있는가 등을 열심히 공부하였다. 나는 항상 역사를 연구하는 데는 그 나라 학자들이 자기네 역사를 어떻게 인식하고 있는가를 이해하는 것이 필수적이라는 것을 강조하고 있다.

가령 외국 사람들이 한국사를 연구할 적에 한국학자들의 견해는 도외시하고 일본에서 일본학자들에게서 한국사의 강의를 들을 경우에는 식민지사관의 테두리를 벗어나기가 어려운 법이다.

마찬가지로 나는 일본학자들에게서 중국사를 배웠기 때문에 일본인들의 중국인 멸시의 영향을 받을 수밖에 없었으며 나는 이

132) 앞의 책, 442쪽

를 꼭 극복해야만 된다고 생각하였다. 물론 외국인들의 한국사에 대한 연구 성과나 한국사를 보는 우리는 주의 깊게 관찰해야만 될 것이다.[133]

김준엽이 대만대학에서 가장 인상 깊고 감명 받았던 학자는 중국중앙연구원 원장 호적(胡適) 박사였다. 한국에도 잘 알려진 호적(1891~1962)은 문학혁명가·백화문 운동가로서 미국에 유학하여 실용주의 철학자 존 듀이의 제자가 되었다. 진보성향의 〈신청년〉에 백화문 운동을 제창하고 장개석의 정책을 지지하여 1938년 주미대사, 1942년 행정원 최고 정치고문, 1946년 북경대학장을 지내다가 1948년 말 중공군에 밀려 대만으로 들어왔다. 《중국철학사대강》, 《호적문선》 등이 널리 알려졌다. 전목(錢穆) 교수의 강의도 명강의로 유명했다.

이 시절에 중국중앙연구원의 원장으로 있던 호적(胡適) 박사가 한 학기 동안 대만대학에서 중국사상사를 강의하였기에 나는 좋은 기회로 알고 열심히 청강하였는데 호 박사는 과연 학문도 학문이려니와 인물이나 구재(口才)가 뛰어나서 청강자들을 매료시키는 것이었다. 중앙대학 시절에 유명한 전목(錢穆) 교수의 청대사상사(淸代思想史)를 들은 일이 있는데 그것 역시 명강의가 틀림

133) 앞의 책, 443쪽

> 없었으며, 나는 이분들에게서 많은 것을 배운 것을 여간 다행으로 생각하지 않는다.[134]

## 장준하의 〈사상계〉에 동참

김준엽이 국내외에서 학구에 전념하고 있을 때 장준하는 민족청년단의 중앙훈련소 교무처장, 국민사상연구원 사무국장을 지내다 1952년 9월 잡지 〈사상〉을 펴냈다. 이어서 1953년 4월 월간 〈사상계〉를 발행하여 자유·민주·반독재 투쟁을 전개하고 있었다.

이승만은 1954년 사사오입개헌, 정·부통령선거 부정, 장면 부통령 저격사건 등 폭정을 거듭하여 〈사상계〉는 정론지로서 이에 맞섰다.

김준엽이 귀국하자 장준하는 함께 일할 것을 제안하였다. 중국 망명시절에 〈등불〉과 〈제단〉을 발행했던 동지였다. 〈사상계〉는 이들 '망명잡지'의 정신을 계승한다고 밝히고 있었다. 당시는 대학교수들이 변호사나 신문사 논설위원을 겸임할 수 있어서 고대에 적을 두고 있으면서도 얼마든지 일을 할 수 있었다.

> 그때 김성한 선생이 주간(主幹)을 맡고 있었고(1955년 1월부터 1958년 4월까지), 안병욱 교수가 편집위원으로서 주간을 돕고 있었다. 내가 새로 편집위원으로 추가되자 김성한 선생은 주간으

134) 앞의 책, 44~45쪽

로서 주로 문학부문을 담당하고, 안병욱 교수는 교양부문, 그리고 내가 정치·사회부문을 담당하게 되었다. 그 후 1958년 5월부터 1959년 9월까지 안병욱 교수가 제2대 주간을 맞고, 내가 1959년 10월부터 1961년 1월까지 제3대 주간을 맡았는데 참고로 말하면 그 뒤 1961년 2월부터 1964년 9월까지는 양호민 교수가 제4대 주간, 1964년 10월부터 1967년까지는 지명관 교수가 제5대 주간을 맡았다.[135]

장준하와 김준엽은 '장정 6천 리'를 행군하면서 "못난 조상이 되지 않기 위하여"를 다짐한 대로 장준하는 〈사상계〉를 힘겹게 창간하고, 유학에서 돌아온 김준엽은 이에 기꺼이 참여하였다. 김준엽의 참여는 장준하에게 100만 원군이 되었다.

〈사상계〉의 창간은 날로 더해가는 이승만의 폭정을 비판하고 청년들에게 민주주의 교육을 시키기 위한 사명에서였다. 6·25 동족상잔이 남긴 폐허는 강토와 더불어 국민의 마음에도 그대로 쌓여 있었다.

당시 〈사상계〉 주간이던 김성한은 김준엽의 참여를 다음과 같이 술회했다.

같은 해(1955년) 3월에 대만대학원에 유학 중이던 김준엽 교수

135) 앞의 책, 85쪽

가 돌아왔다. 김 교수는 장 사장과 중국 망명동지였다. 초면이지만 그 명랑한 성품으로 해서 곧 통하게 되고 사내에는 웃음이 돌았다. 〈사상계〉가 일치단결해서 동지적으로 뭉치고 후일 크게 비약할 계기를 만든 것은 김 교수의 귀국이라 하여도 과언이 아니다. 이로부터 모두들 마음이 통하고 밤이면 어울려서 맥주도 마시고 식사도 하면서 〈사상계〉를 근사하게 만들 궁리로 시종했다.

이리하여 많은 월간지와 학보 〈교육문화〉, 〈역사학보〉, 〈진단학보〉, 〈국어국문학〉, 〈동방학지〉, 〈철학〉 가운데 하나에 불과했던 〈사상계〉는 동사(同社)의 지주로 상승하기 시작하여 그해 6월호는 8천 부가 매진되고 그해 12월호는 1만 부가 매진되어 2일 만에 다시 3천 부를 인쇄하여 우리의 기쁨은 말할 수 없었다.[136]

## '학생특집'으로 1만 부 돌파

〈사상계〉는 창간이 되었으나 경영이 쉽지 않았다. 매월 3천 부를 발행하여 절반도 팔리지 않아 재정적으로 어려움이 많았다. 장준하나 김준엽은 회사의 경영과는 거리가 먼 인물이다. 1만 부 정도는 팔려야 적자를 면할 수 있다고 판단하고 '1만 부 고지' 달성을 설정했다. 이를 위해 지혜를 모았다.

136) 김성한, 나와 사상계, 〈사상계 창간 100주년 기념 특대호〉, 1964.

우리가 첫째로 생각한 것은 주요 독자가 어떤 층인가 하는 것을 선정하여 독자가 갈구하는 내용으로 편집해야 된다는 결론을 내렸는데, 우리가 대상으로 잡은 것은 학생층이었다. 이리하여 내가 편집에 참여하여 첫 번째로 출간한 1955년의 4월호는 '학생특집'이었으며, 우리의 생각이 적중하여 4월호는 3천 부가 모두 매진되었다.

둘째로는 필자의 폭을 넓혀야만 된다는 생각을 하였다. 당시 장 사장은 연세대의 백낙준 총장과 가까운 사이였고 또 기독교 신자여서 필자는 주로 연대 교수들이었다. 나는 고려대학 전임이면서 서울대와 연대에 시간강사로 출강하면서 연대 이외에도 고대나 서울대에도 우수한 학자들이 많다는 것을 알게 되어 필자를 넓히는 데 앞장섰다.

그 시절은 참고서도 얻기가 어려웠던 실정이기 때문에 학생들은 자기가 청강하는 교수들의 논설을 대단히 귀중하게 여기고 있어서 필자의 다변화는 내용의 충실화와 동시에 잡지의 판매에도 큰 영향을 주었던 것으로 기억한다.[137]

결과는 성공적이었다. 4월호 이후로 부수가 꾸준히 증가하여 그 해 12월에는 목표로 삼은 1만 부 판매에 성공하여 재정적인 기반을 구축하게 되었다.

137) 김준엽, 앞의 책, 86쪽

김준엽은 〈사상계〉에 참여하면서 일본의 〈명육잡지(明六雜誌)〉와 중국의 〈신청년(新青年)〉잡지를 염두에 두고 있었다. 두 잡지는 일본과 중국의 문명개화와 자유민권운동의 매체 역할을 하였다. 그리고 당시 한국의 정신이 무엇인가를 탐구하면서 잡지에 반영할 다섯 가지 지표를 설정한다.

첫째는 평화적인 남북통일이다. 아무리 통일이 중요하다고 할지라도 전쟁의 방법은 택해서는 안 될 것이다. 6·25사변으로 입은 인명이나 재산피해와 같은 참변을 재연해서는 안 된다. 더욱이 주변 강대국들의 이해가 얽힌 한반도에서는 전쟁을 야기하면 세계대전으로 발전할 가능성이 많으며 우리 민족은 절대로 그런 책임을 져서는 안 된다. 다만 북한의 남침을 막기 위해서는 국방력이 튼튼해야만 한다는 판단을 내렸다.

둘째로는 민권이 확립된 자유민주주의를 실천하여야만 된다. 좌익이든 우익이든 어떠한 독재전제정치도 용납할 수는 없으며, 이승만 대통령과 자유당의 독재정치는 철저히 배격해야만 된다.

셋째로는 경제를 부흥시켜야 한다. 개인이나 나라가 빈곤에서부터 해방되어 자존심을 지킬 수가 있어야만 된다.

넷째로는 일제의 강압으로 단절됐던 전통문화를 옳게 계승 발전시키면서 선진문명을 하루빨리 흡수하여 찬란한 새로운 문화를 창조해야만 된다.

다섯째로는 정의로운 복지사회를 건설해야만 된다. 우리가 평화통일을 하고, 자유민주주의를 수립하고, 경제를 발전시키고, 새로운 문화를 창조하는 것은 무엇 때문인가? 어떤 특정한 개인이나 집단, 계급만이 잘 살기 위해서가 아니라 온 겨레가 다 같이 잘 살기 위해서이며 또한 우리도 세계 인류의 평화나 행복에 기여하기 위해서가 아닌가![138]

## 〈사상계〉의 혼 '5대 지침' 마련

〈사상계〉는 김준엽의 의견을 받아들여 편집회의를 통해 다음과 같은 편집방침을 세웠다. 이 지침은 강제 폐간 때까지 일관되었다. 〈사상계〉의 혼이 담겼다.

1. 민족의 통일문제

우리 민족은 반드시 통일되어야 할 민족이며 통일 없이는 생존할 수 없는 민족이다. 그러므로 우리 민족의 최고의 이상이며 지상의 과제는 통일이다.

2. 민주사상의 함양

우리 민족은 민주적 민족이 되어야 한다. 이 민족의 통일도 생존도 또한 번영도 이 바탕 위에서만 이루어질 수 있다.

138) 앞의 책, 87쪽

3. 경제발전

우리나라는 경제적으로 윤택해져야 하고 온 국민이 다 같이 잘 살 수 있는 복지국가가 되어야 한다.

4. 새로운 문화의 창조

한국을 현대화해야 한다. 동서의 또는 고금의 모든 문화를 받아들여, 그 장단을 가려 우리에게 맞는 문화를 창조해야 한다.

5. 민족적 자존심의 양성

오랫동안 이민족의 지배 아래 있어 온 우리 민족은 그 성정이 비굴할 대로 비굴해졌다.

이것을 거족적으로 청산해야 한다. 그리고 우리 선조들의 자랑스러운 전통을 찾아 그것을 되살리고 결코 우리는 못난 조상이 되지 않기 위하여 이 시대를 명예롭게 살아야 한다.

이런 바탕 위에 민족적 자존심을 키워야 한다.[139]

이 다섯 가지의 방침은 이후 〈사상계〉의 이념이고 지침이 되었다. 민족통일·민주사상· 경제발전·신문화창조·민족자존을 내세우는 편집방침은 교양지의 차원을 넘어, 국정의 지표로서도 합당한 내용이라 할 수 있다. 장준하와 김준엽 등은 1950년대 중반에 이와 같은 비전을 제시하고 있었다.

139) 김삼웅, 《장준하평전》, 342~343쪽, 시대의 창, 2009.

김준엽은 〈사상계〉의 편집위원·주간으로서 열과 성을 다하였다. 고대에서 학생들을 가르치는 열정과 다르지 않았다. 편집위원들은 당대의 양심적인 학자·논객들이어서 호흡이 잘 맞았다. 5·16쿠데타 후에 권부 쪽으로 변신한 사람이 적지 않았으나 당시에는 모두 명망가들이었다.

김준엽과 장준하 사장, 김성한·안병욱 주간이 의논하여 영입한 당시의 논설위원은 다음과 같다. 김기석·김상협·김증한·김영록·김재준·김하태·민석홍·박남수·성창환·신상초·신일철·양호민·엄민영·엄오섭·여석기·오영진·유창순·이동욱·이만갑·이봉순·이상구·이정환·이창열·정병욱·정태섭·조지훈·지명관·최석채·한태연·현승종·황산덕·홍이섭.

## '사상계 전성시대'를 이끌다

김준엽은 1959년 10월부터 1961년 1월까지 제3대 주간을 맡아 〈사상계〉의 기획·편집을 주관하였다. 이 시기가 〈사상계〉의 전성기였다. 주간을 마친 뒤에는 부대표를 맡아 경영에도 참여하였다.

> 아마 〈사상계〉의 전성기는 1960년의 4·19 전일 것이다. 이때 내가 주간을 맡고 있었고, 손세일 씨가 편집부장으로 있었다.
>
> 그때까지 〈사상계〉의 발행부수는 이미 5만 부에 달하고 있었

는데, 4·19 학생혁명이 일어나 동월호(5월호)를 3판까지 발간하여 총 8만 부를 매진하였다. 그만치 〈사상계〉는 지식층 특히 학생들의 절대적 지지를 받고 있었고, 사상계 동인들은 〈사상계〉가 4·19에 지대한 영향을 주었다고 생각하며, 그 당시의 풍조는 〈사상계〉지를 끼고 다녀야만 지식인으로서 인정을 받는 상황이었다.

나는 1961년 1월에 주간을 그만두고 고대 교수와 아시아문제연구소의 일에 전념하기 위하여 〈사상계〉와의 직접적인 관계를 끝마치게 되었다(주간을 그만두고 한동안 〈사상계〉의 부대표역을 맡았다).[140]

김준엽은 〈사상계〉에 관여하면서 중국고전과 중국 관련 여러 편의 논설을 발표했다. 당시 중국문제 전문가는 극소수에 불과하여 그의 논설은 공산주의국가 중국을 이해하는 데 많은 도움을 주었다.

〈사상계〉 1956년 9월호에 '사학자·고려대학교 부교수'의 자격으로 김준엽은 고전해설 〈사기(史記)〉를 썼다. 또 창간 50주년 기념호인 1957년 9월호에는 〈중공국가체제의 성립〉을 발표하여 학계와 언론계의 주목을 받았다. 중국문제 전문가의 면모를 보여주는 논설이었다.

140) 김준엽, 앞의 책, 90쪽

# 4·19혁명과 5·16쿠데타의 격류 속에서

## 아시아문제연구소 창설

김준엽은 고대 교수와 〈사상계〉의 편집위원으로 활동하면서 또 하나의 일을 추진했다. 1957년 6월 17일 독일과 미국 유학에서 돌아온 조기준·김정학 교수와 아시아문제연구소(이후 '아연'으로 표기) 창설을 발기하고 본격적인 연구에 들어갔다. 두 교수로부터 미국과 독일대학의 연구소 실태와, 자신의 대만대학 중앙연구원의 실정을 참고하여 아연을 창설한 것이다.

김준엽은 교육·사회참여·연구의 3대 과업을 열정적으로 수행하였다. 그는 이것을 지식인의 과제라고 인식하고 쉼 없이 노력하여 많은 업적을 남겼다. 아연은 미국 예일대학에 객원교수로 가 있는 이상은 교수를 소장으로 추대하고 실질적인 운영은 김준엽이 맡았다. 그는 1982년 총장취임으로 손을 뗄 때까지 25년간을 아연의 부소장·소장을 맡아 연구와 운영에 심혈을 기울였다.

> 우리 셋은 연구소에서 연구할 대상은 한국을 포함한 아시아 제국 말하자면 우리의 주변국들이 봉착한 문제로 정하였다. 우리 민족이나 아시아 제국의 과거나 현재·미래를 고찰하는 데 있어서 구미나 일본 등 제국주의자들의 시각에서 벗어나 우리 나름대로의 견해를 정립해야만 된다는 신념에서 비롯된 것이다.[141]

하지만 연구소 운영이 쉽지만은 않았다. 한국전쟁 직후여서 개인이나 학교의 경제사정이 어려울 때였다. 김준엽은 모금을 시작했으나 좀체 기금이 걷히지 않았다.

> 다행히 유진오 총장이 연구소에 대한 이해가 있어 고대 본관 2층의 교실 하나와 전화기 1대를 마련해주었고, 또한 학술지로서 〈아시아연구지〉의 간행비를 교비(教費)로 지원해주었다. 도서는 처음에 우리 셋이 각각 30권씩을 제출하여 진열하였고 사동(使童) 하나를 고용하여 그 월급은 우리 셋이서 분담하기로 하였는데, 이상이 '아연' 초창기의 형편이었다.

141) 앞의 책, 57쪽

그 당시 미국 샌프란시스코에서 본부를 둔 아시아재단의 지부가 한국에 와 있었는데(지금도 한국에서 활동) 나는 열심히 쫓아다니다가 3개월 만에 약간의 지원을 받게 되었는데 그 금액은 불과 200달러였다. 대규모의 모금에 성공한 것은 1962년에 포드재단으로부터 28만 5천 달러의 지원(5년간의 한국연구·공산권연구·외교문서 편찬 등)을 받은 일인데 이것이 '아연' 도약의 계기가 된다.[142]

김준엽은 무슨 일을 시작하면 열정을 바쳐 추진한다. 아연의 운영도 그랬다. 힘겨운 노력 끝에 미국의 포드재단과 캐나다의 IDRC, 독일의 아데나워재단 등에서 지원을 받았다. 여러 차례 미국을 방문하여 안면이 있는 교수들을 통해 포드재단으로부터 당시는 거금인 28만 5천 달러를 받을 수 있었다.

이러한 재력의 뒷받침과 국내 학자들의 적극적인 협력을 얻어 '아연'은 국내에서는 물론이고 전 세계적인 연구소로 발전하고 그 명성이 대단하였다. 한국·공산권(북한·중국·소련 등)·일본·동남아에 대한 지역 연구를 추진하여 25년 동안에 《구한국외교문서》 30권을 비롯하여 약 125권에 달하는 연구서적을 간행하였고, 수많은 세미나와 15차에 달하는 국제학술회의를 개최하였고, 또한 도서실의 장서도 12만 권에 달하게 되었고, 독자적인 힘으로 '아

142) 앞과 같음

연' 전용의 건물도 짓게 되었다.[143]

### '아연'을 국제수준의 연구소로 육성

김준엽은 아연을 통해 〈아시아의 근대화문제〉, 〈아시아의 공산주의문제〉, 〈한국의 통일문제〉, 〈한국의 전통과 변천〉, 〈북한·중공·소련의 삼각관계와 한국의 안보〉, 〈한미관계 100년〉, 〈새 태평양시대에서의 일본의 역할〉, 〈소련의 아시아정책〉 등 국제학술회의와 국내학술토론회를 열었다.

아연은 1950년대 척박하기 그지없는 한국의 학술풍토에서 규모있는 국내외의 학술회의를 열고 학문적·외교적 사안들을 적시하고 연구의 수준을 높여나갔다. 세계적인 명성이 따랐고 연구업적이 쌓였다. 김준엽은 아연의 운영 원칙을 설명한다.

> 첫째로 연구소를  하는 목적이 분명해야 한다. 우리는 아시아를 우리의 눈으로 인식해야만 된다는 확신을 가지고 있었다. '아연'에 한국연구실·공산권연구실·일본연구실·동남아연구실 등을 설치하여 지역연구에 중점을 두었는데 공산권연구나 일본연구·동남아연구는 모두 국내에서는 처음 시작한 분야이다.
>
> 둘째로, 연구소의 책임을 맡은 사람은 세계적인 시야를 가져야

143) 앞의 책, 59쪽

만 되고 연구소의 연구 분야에 관한 세계적으로 각 대학이나 연구소의 활동을 잘 알고 있어야만 되고 또한 그 분야에서 세계 각국의 저명한 교수와 친분이 있어야 한다. 동시에 책임자는 연구소 발전에 전력을 기울여야 한다.

셋째로는, 책임자는 모금 능력이 있어야만 된다. 돈 없이는 아무리 훌륭한 생각이 있어도 이를 실현할 수가 없는 법이다. 그러나 모금한다는 것은 결코 쉬운 일이 아니며 많은 시간을 없애야만 될 뿐더러 때로는 비굴감을 느끼고 좌절할 때도 있지만, 이런 것들을 모두 극복하고 추진하는 용기가 필요하다.

넷째로는, 전문인재가 집결하고 서로 협력해야만 된다. 나는 연구 프로젝트를 추진하는 데 있어서 고대 교수로만 국한하지 않고 우수한 교수는 국내의 타 대학은 물론이고 해외에 있는 전문가들도 총동원하였다. 아무리 돈이 있다고 하더라도 우수한 전문인재가 참가하지 않고는 좋은 연구결과를 낼 수가 없는 법이다.[144]

아연은 시간이 갈수록 크게 발전하여 고대 교수로는 민병기·김윤환·신일철·강만길·정규복·최동희·김충렬·윤사순·김창순·김민수·최재석·김하룡·한기식·한배호·임희섭·이효재·홍승직·서남원 교수가 참여했다. 또 미국에서 돌아온 김명원·서상철·김완순·박병

144) 앞의 책, 65~66쪽

철·한승주·이인호·최상룡·서진영·최장집 교수 등이 동참하고, 타 대학의 양호민·이만갑·이홍구·이상우·홍원탁·정종욱·김영모·안병준·안병영·한태동·강인덕·김홍철·최창윤 교수, 그리고 재미학자 이정식·서대숙·김한교·이채진·고병철 교수 등 쟁쟁한 멤버가 아연의 일에 적극 협력하였다. 아연은 명실공히 국내 최대 수준의 연구기관이 되고 국제적으로도 명성을 얻게 되었다.

### 하버드·연경연구소 객원교수

김준엽은 개인적으로는 대단히 단조로운 생활인이다. 운동·낚시·바둑·화투·장기·포커·골프 등 어느 하나도 하지 못하는, 취미가 없는, 그래서 스스로 '무취미가 취미'라 할 만큼 삶이 무미건조하다. "그야말로 무미건조한 사람인데 억지로 나의 취미를 말한다면 여행 이외에 가까운 친구들과 술 한잔을 함께 나누는 것밖에는 없다."[145]

그에게는 여행이 취미라면 취미였다. 하지만 그의 '여행'은 일반적인 관광수준이 아니라 학구적인 것이어서 취미라기보다는 직업적인 것이었다. 일반인들의 해외여행이 쉽지 않았던 1950~1970년대에 그는 자주 해외를 다녀올 수 있었다. 학구적인 것과 더불어 아연의 기금을 마련하기 위한 공무관계 출장이었다.

145) 앞의 책, 67쪽

내가 여행하는 목적은 무슨 탐험이나 개인의 축재를 위한 것이 아니고 기본적으로는 나의 학식을 넓히기 위하여서이다. 나의 전공이 역사학이기 때문에 인류가 남긴 고적을 답사하고 인류의 활동무대인 지리환경을 살핀다는 것은 여간 중요한 일이 아니다. 나는 항상 학생들에게 "역사는 두 발로 공부하는 것"이라고 강조하는데 그것은 인류가 남긴 문헌을 두루 찾아봐야 하는 것 이외에 고적이나 유물 그리고 지리환경을 옳게 인식해야만 된다는 뜻이다.

그러기 때문에 무슨 일이 있어 출국하면 일을 처리한 다음에는 반드시 고적을 찾아다니고 대학이나 연구소·박물관 등을 방문하고 또한 학자들을 만나 지식을 넓히는 데 힘썼다. 좋은 풍경이나 건축물을 구경하는 재미도 있거니와 또한 색다른 음식이나 술 한 잔도 즐긴다.[146]

김준엽의 특징 중의 하나는 끝없는 탐구열이었다. 오락·잡기를 모르는 그는 공부하고 연구하고 탐방하는 것이 일상이 되었다. 젊은 시절 중국과의 인연으로 동양사를 연구한 그에게 서양(서구)에 대한 학문적 관심이 끊이지 않았다.

〈사상계〉 주간을 내려놓은 김준엽은 1958년 미국 하버드대학·연경연구소의 객원교수로 초빙되어 본격적인 서양(미주) 관련 연구를

146) 앞의 책, 68쪽

하게 되었다. 이때에도 '역마살'이 있어서 한 달 동안 하와이·시애틀·샌프란시스코·로스앤젤레스·시카고·나이아가라 등 미국 동부 지역을 거쳐 보스턴의 하버드대학에 이르렀다.

김준엽은 1년여 동안 하버드대학에 체류하는 동안 서부지역의 유명대학을 돌아보았다. 연경연구소에서 연구 활동 못지않게 미국 각지의 대학과 박물관 등을 찾아다니는 것을 중요한 과제로 여겼다.

> 1년 후 귀국 시에는 영국·프랑스·벨기에·독일·스위스·이탈리아·그리스·인도·태국·월남·홍콩·대만 등지를 방문하면서 각국의 대학이나 박물관·고적·명승지를 탐방하면서 여행의 즐거움을 만끽하였다. 백문(百聞)이 불여일견(不如一見)이라는 말을 새삼 느꼈으며, 이때에 찍은 슬라이드를 귀국 후 고대 대강당에서 학생들에게 보여주면서 시야를 넓히고 "역사는 다리로 공부하는 것(답사의 중요성)"을 잊지 말라고 격려해준 일이 있다.
>
> 이때만 해도 해외여행이라는 것은 하늘의 별 따기처럼 어려웠던 시절로 학생들은 물론이고 교수들도 나를 여간 부럽게 생각하지 않았다.[147]

147) 앞의 책, 49쪽

## 학회 만들고 국제교류에 힘쓰다

김준엽은 해외 대학과 연구소에서 만나는 학자들과 학회를 만들어 연대와 교류를 지속하였다. 대만대학에 있을 때는 중국문학 전문가 차주환 교수 등과 '중국학회'를 설립하고, 하버드 연경연구소에서는 역시 객원교수로 와 있는 일본·대만학자들과 '하버드 연경학회'를 결성하였다. 이들 학회는 지금까지 유지되어 학술교류에 이바지하고 있다.

그의 학회 조직에 대한 집념은 이어져서 1979년에는 '공산권연구협의회'(1995년에 한국세계지역연구협의회로 개칭) 그리고 1981년에는 고려대학 내에 '중국학연구회'를 설립하였다. 이들 학회(연구회)들은 하나같이 그 분야에서는 괄목할 만한 성과를 이루었다.

김준엽은 자신이 약골 체질인 데도 불구하고 건강을 유지하고 쉼 없는 연구와 저술, 해외여행을 강행할 수 있었던 요인 세 가지를 들었다.

> 첫째는 규칙생활이라 하겠다. 나는 일생 동안 아침에 일찍 일어나고 세 끼의 식사를 제때에 꼭 하여 점심 후에는 반드시 낮잠을 자고 밤에는 일찍 취침할 뿐더러 숙면한다. 어쩌면 중국 유격대시절에 단련된 것이 원인이 된 것 같기도 하고, 잠을 잘 자는 것도 유격대시절에 중국 농가의 땅바닥에서 침구도 없이 소·돼지와 함께 자고 눈 속이나 공동묘지에서도 잠을 잤던 어려웠던 경

험이 이유가 되지 않는가 생각된다.

둘째로는 나는 성격상 비교적 낙관적이고 '진인사대천명(盡人事待天命)'이라는 신조를 가지고 있기 때문이라고 생각한다. 내가 최선을 다하면 결과는 묻지 않는 성품이다. 그리고 진리와 선과 정의는 반드시 승리한다는 '역사의 신'을 굳게 믿고 사는 것이 마음의 안정을 얻는 데 도움이 된다고 생각한다. 한 가지 덧붙인다면 여행을 즐기면서 얻는 쾌감이 나의 건강에 큰 도움이 된 것으로 안다.

셋째로 나는 아침에 눈을 뜨자마자 물을 한 컵 마시는데 이것이 나의 유일한 "보약"이고 또 건강에 도움이 되는 것으로 생각하고 있다. 내가 신장결석 수술을 받은 다음에 한중 양국의 의사들이 중국 전쟁터에서 물도 제대로 마시지 못하고(그 당시 중국의 수질이 아주 나빴다) 또한 전쟁으로 인한 긴장된 생활이 병의 원인이라고 하면서 날마다 물을 많이 마시고 특히 아침에 눈을 뜨자마자 마시는 것이 효과적이라고 충고해주었다.

나는 그로부터 일생동안 "보약"으로서 아침에 눈을 뜨면 꼭 물을 마시는 것을 시작으로 하루 종일 차(茶)를 많이 마시는 생활습관을 가지고 있다(차 마시는 습관은 중국에서 배운 것). 나는 세계 도처로 여행하면서도 이 물 마시는 습관만은 꼭 지키고 있다.[148]

148) 앞의 책, 72쪽

## 장면 정부의 주일공사 제의 거절

김준엽은 1960년 4월혁명이 일어나자 교수단 데모에 나서는 등 적극적으로 참여하였다. 그가 4월혁명 직전까지 주간을 맡았던 〈사상계〉는 4·19의 이념적·이론적 교양지였고, 사회과학적으로 4월혁명기의 젊은 세대를 '사상계 세대'라고 부를 만큼 〈사상계〉와 4월혁명은 불가분의 관계에 있었다. 그리고 고대는 4·19혁명의 진원지였다.

그가 하버드·연경연구소의 객원교수와 세계 여러 나라의 여행을 마치고 1959년 9월에 귀국했을 때는 이승만 정권이 이듬해의 정·부통령 선거를 앞두고 국내 정국이 소연해진 상태였다. 관권선거 조짐이 나타나고 어용교수들의 '국부 이승만' 지지선언이 줄을 이었다. 김준엽은 교수단 데모에 적극 참여하는 등 일정한 역할을 하였음에도 방대한 저서 중에 4월혁명과 관련한 글을 어디에서도 찾기 어렵다. 같은 〈사상계〉 편집위원이고 고대 교수인 조지훈 등의 활약과 반독재 논설에 비하면 이상할 정도이다.

4월혁명 후 장면 정부가 수립되면서 장준하는 장 총리의 측근 김영선 재무장관의 추천으로 국토건설본부 기획부장으로 활동하였다. 김준엽은 1961년 1월 17일 영국과 독일 정부의 초청으로 유럽과 아연 관계로 미국의 포드재단에 들렀다가 4월 8일 귀국하였다.

그 무렵 김준엽은 김영선 장관으로부터 주일공사를 맡아달라는 청을 받았다. 당시 일본과는 국교관계가 아니어서 대사 자리가 없었다. 김영선과는 〈사상계〉의 편집위원으로 가까웠던 사이이기는 하지만, 주일공사는 독립운동가 출신이 맡아야 한다는 장면 총리의 의중이었다.

김준엽은 단호히 이를 사양했다. 학구에 전념하겠다는 신념에서였다. 주일공사 사양은 이후 역대 정권에서 기회가 있을 때마다 제의해온 '감투'를 모두 사양 또는 거부하는 시초가 되었다.

김준엽은 김영선에게 귀국해서 여기저기서 듣게 된 군인들의 쿠데타 소식을 전하면서 "나에게 벼슬 줄 생각이란 그만두고 쿠데타를 막을 궁리나 하라"고 일렀다. 이에 김영선은 "미국이 있는 이상 쿠데타는 절대로 불가능하다"는 뗣은 소리를 하고 있었다.

## 생애의 오점, 최고회의 의장 고문

1961년 5월 16일 박정희가 주동하는 군사쿠데타가 일어났다. 김준엽은 장준하와 만나 어떻게 해서든지 미국과 우방의 힘을 빌려서라도 조기에 민정이양을 실현해야 한다는 데 뜻을 모았다. 그런데 엉뚱한 일이 벌어졌다. 장도영 최고회의 의장의 고문으로 위촉된 것이다.

> 군사정권은 5월 23일에 이르러 조기준·나익진·최호진·김효록·김준보·김효석·이만갑·김증한·이건호 교수 등 62명에 달하는 학자들을 각 분과위원회의 기획위원으로 추대하고 민병태·성창환·

서돈각·박관숙·이원우·나 등 6명의 교수를 최고회의 의장(장도영 중장) 고문으로 임명하였는데, 대부분의 교수들은 장준하 동지나 나의 의견과 같았을 것이다.[149]

장도영은 박정희 중심의 쿠데타 주동자들에게 업혀서 최고회의 의장에 추대되었다가 7월 3일 실각하고 말았다. 쿠데타 주동자들이 정권탈취에 성공하면서 그를 밀어낸 것이다. 김준엽은 자의인지 타의인지는 알 수 없으나 비록 보름간의 실권 없는 최고회의 의장의 고문이 되었다. 김준엽의 깨끗한 생애에는 한 점의 오점이 아닐 수 없을 것이다. 민주주의 국가에서 군사쿠데타는 반역·반란행위이기 때문이다. 더욱이 5·16은 4·19민주혁명으로 이승만 독재정권을 타도하고 수립한 장면의 합헌정부를 8개월 만에 짓밟은 쿠데타였다.

7월에 이르러 군사정권은 전 세계로 친선사절을 파견하기로 하여 나는 동남아 친선사절단의 일원이 되어 동남아 각국을 순방하게 되었는데, 나는 이를 계기로 의장 고문의 짐을 벗었다.

각국의 지도자들을 순방하여 군사정권이 생긴 경과를 설명하고 질서가 유지되는 대로 군인들은 공약대로 본연의 임무인 군대로 복귀할 것이라고 설명하였는데 내가 기대한 대로 호주·뉴질랜

149) 앞의 책, 94쪽

드·인도 등의 지도자들은 한결같이 민정을 조속히 회복하는 것이 좋을 것이라는 의견을 피력하여 우리는 이를 소상히 본국에 보고하였다. 또한 나는 인도 등 중립국가와의 수교를 강력히 건의하였다.[150]

군사쿠데타로 정권을 탈취한 박정희는 '혁명공약'의 원대복귀 약속을 번복한 채 정권연장의 공작에 나섰다. 중앙정보부가 4대 의혹사건을 일으켜 막대한 정치자금을 마련하고 일체의 정치활동을 금지시킨 가운데 비밀리에 공화당을 사전 조직하였다. 군복을 벗고 민정에 참여하기 위한 술책이었다.

1961년 11월 어느 날 김종필 중정부장이 공화당 사전조직을 하면서 김준엽에게 사무총장직을 맡아달라고 제의했다. 박정희의 의중이 담겼을 터였다. 향후 집권당이 될 정당의 사무총장은 권력지향의 교수들에게는 황소가 고삐째 굴러들어오는 감투였을 것이다. 김준엽이 거절한 공화당 사무총장에는 다른 고대 교수가 임명되었다.

김준엽은 고려할 여지도 없이 이를 거절했다. 그로부터 13년이 지난 1974년 9월 박정희 대통령이 직접 통일원장관을 제의했으나 역시 거절했다. 그에게 권력은 뜬구름 같은 허욕일 뿐이었다.

150) 앞과 같음

# 종횡무진 왕성한 중년기 활동

## 아시아·중국 관련 저술 활동

김준엽의 사유와 활동영역은 대단히 넓었다. 하지만 어디까지나 그의 본업은 교수이다. 교수는 연구하고 가르치고 글 쓰는 일이다. '전공'인 중국근현대사 외에도 다양한 분야에 관심을 갖고 연구하였다.

학자로서 초기에 해당하는 1950~1960년대에 비중 있는 학술논문을 여러 편 썼다. 〈사상계〉 1955년 5월, 6월호의 '국민정부는 이렇게 몰락하였다', 1955년 〈사상계〉 9월호의 발표한 '아시아사회의 후진성에 관한 일 고찰', 1957년 3월호에 '아시아 민족해방운동', 1965년 9월호에 '아시아에 있어서의 근대화문제', 〈아시아학보〉 1958년

1호의 '중공혁명노선의 변천', 〈사상계〉 1957년 9월호에 '중공국가체제의 성립', 1957년 11·12월호에 '중공의 인민지배체제', 〈고대신문〉 1955년 5월 2일에 '중공치하 지식분자의 수난', 1956년 6월 11일에 '중공의 문자개혁운동', 1957년 7월 8일에 '중공의 정풍운동', 〈한국사회과학논집〉 제6집(1967년 4월)에 '중공문화대혁명의 분석', 〈고대신문〉 1974년 4월 30일에 '중공의 비공비림(比孔批林)'운동(여기서 비공비림이란 공자와 임표를 비판한다는 뜻이다) 등을 썼다.

한 편 한 편이 당시 아시아의 정세, 중국과 대만의 실정을 분석하고 연구하는 값진 논설이었다. 중공(中共)이란 표기가 요즘 시대에는 걸맞지 않은 용어이지만 1980년대까지 한국에서는 중국을 중공이라 표기하였다. 참고로 또 다른 중국문제 전문가이던 리영희 교수가 앞장서서 '중국'이라 표기하면서 일반화되고, 1992년 한·중 수교가 이루어지면서 '중국' 표기는 공식화되었다.

김준엽은 1950~1960년대에 발표한 일련의 논설을 모아 1979년 9월 '일조각'에서 《중공과 아시아》라는 단행본을 간행하였다. 이 책에는 일간지에 쓴 〈미·중공관계와 한반도〉, 〈일·중공평화우호조약의 성립이 동북아에 미치는 영향〉, 〈중공의 권력구조와 외교노선〉 등이 함께 묶였다.

김준엽은 서문에서 "이 책에 수록한 글들은 바로 중공에 관계되는 것들인데, 워낙은 중국최근세사를 저술한 다음에 따로 그 속편으로 중국현대사를 엮을 계획이었으나 이번에 이 책을 간행하므로 말미암아 그 생각은 단념하게 되었다"고 밝혔다.

김준엽은 이 시기에 여러 권의 저서와 번역서도 펴냈다. 그동안의 학문적인 결실이었다. 《중국공산당사》는 1958년 사상계사, 《중·소외교사》(번역)는 1958년 중앙문화사, 《중국 안의 소련》(공역)은 1959년 중국학회, 《중국최근세사》는 1963년 사상계사, 《공산정권하의 중국》(번역)은 1963년 사상계사, 《일어버린 대지(大地)》(번역)는 1964년 탐구당, 《한국공산주의운동사 1》(공저)는 1967년 고대출판사, 《소련사》(번역)는 1967년 중앙문화사, 《중공권의 장래》(번역)는 1967년 범문사 등을 통해 속속 간행하였다.

그의 대표 저술로 꼽히는 공저 《한국공산주의운동사》 전 5권에 대해서는 뒤에서 자세히 살펴볼 것이다.

## 인도 네루 수상 방문기

〈사상계〉는 1965년 11월호에 기획특집으로 '내가 만나본 세계지성'을 실었다. 김준엽의 '성자의 인상을 준 네루'를 비롯하여 중국의 문학자 호적, 독일 실존철학자 하이데거, 독일의 반나치 신학자 틸리히, 혁명적 음악가 카잘스, 원자폭탄 제조의 책임자 오펜하이머 등이 각각 전문학자들에 의해 집필되었다.

김준엽은 1961년 7월 정부의 동남아 친선사절단의 일원으로 동남아 각국을 순방할 때 인도에 가서 네루 수상을 만났다. 최덕신(당시 서독대사)과 함께 인도 외무부 직원의 안내로 수상 관저를 방문하였다.

우리가 어떤 조그마한 방에 앉게 된 것은 약속시간의 5분 전이었다. 이국 정서에 가득차고도 화려한 응접실을 예상했던 나의 꿈은 이 방에 들어가는 순간에 완전히 깨져버렸다. 긴 설명을 할 것 없이 그저 서울대학 부속병원의 수술실 앞에 있는 환자대기실 정도의 넓이나 시설을 생각하면 틀림없을 것이다.

앉아서 기다리라는 의자도 아무 모양 없는 나무로 만든 벤치이다. 나는 우리를 잠깐 쉬게 하였다가 다른 건물이나 어데 떨어져 있는 네루의 방으로 데려가려는 것으로 생각하였다. 그러면서 속으로 손님-더욱이 만리타향에서 자기들을 찾아온 '국빈'을 어떻게 이런 초라한 곳으로 인도하는가 하고 다소 불결한 마음을 금할 수 없었다.

그런데 5분 후에 그 방의 안쪽 문을 열고 우리에게 웃는 낯으로 인사하는 네루 수상을 보고 나는 깜짝 놀라지 않을 수가 없었다. 그곳은 틀림없이 외빈대기실이었으며 네루 수상께는 따로 응접실이 없었던 것이다.

나는 사진으로 많이 보았기 때문에 네루의 얼굴에는 그리 관심이 가지를 않았고 오히려 그의 소박한 사무실에 더 많은 시선이

끌렸던 것을 기억한다.[151]

간디와 더불어 대영제국을 물리치고 인도의 독립을 쟁취한 네루는 인도인들에게는 '국부'에 속하는 지도자이다. 전쟁을 치른 지 몇 해가 지나지 않았는데도 허접한 인물들이 지도자라고 집무실과 응접실을 호화롭게 꾸미고 으스대는 한국과는 전혀 다른 모습에 김준엽은 우선 놀랐다.

찌는 듯이 덥건만 방 안에는 에어컨디셔너의 장치도 없거니와 선풍기도 없다. 그렇다고 우리에게 냉커피라도 대접하는가 하면 그런 것은 물론이려니와 냉수 한 잔도 대접하지 않는다. 아니 숫제 심부름하는 사동조차도 없었다. 네루 자신이 입은 옷이란 인도에서 생산되는 흰 무명으로 만든 반양복식의 인도복장이었다. 그에게 사치가 있다면 아침마다 가슴에다 새것으로 바꾸어 단다는 조그만 장미꽃이라 한다.

최덕신 대사가 우리의 요건을 이야기하는 동안 나는 잠시 눈을 감고 생각해보았다. 내 눈앞에 어른거리는 것은 서울 중앙청의 모습이다. 카펫을 깔고 에어컨디셔너를 하고 푹신한 안락의자에 앉아서 커피를 마셔가며 급사들을 부리는 우리나라의 '위대'한 장관·차관·국장 나으리들. 나는 우선 이 소박한 네루 앞에 머리를

151) 〈사상계〉, 1965년 11월호, 183쪽

숙일 수밖에 없었다.[152]

누구보다 청빈한 학자 김준엽의 눈에 보이는 네루 수상의 청빈한 모습은 바로 존경과 흠모의 실존이었다. 그는 귀족 가문 출신으로 독립운동의 영도자이고 영국유학의 인텔리인데도 조금도 교만하거나 권위적이지 않았다.

> 정치가로서 지도자로서 가장 존경받는 인물은 경험 많고 유능한 행정가나 술책가가 아니라 성자적(聖者的)인 성격을 가져야만 하고, '하층계급'에 속하는 민중들의 요구를 선천적으로 체득하고 있고 이것을 실현시킬 줄 아는 순수한 '성자'라야 하는 것이다.
>
> 간디나 네루는 바로 이러한 성자인 것이다. 그렇다고 네루가 정치가로서의 경험이나 행정가로서의 능력이 없다는 말은 결코 아니다.[153]

여기서 김준엽의 '인물론'을 읽게 한다. 군림하는 정치지도자, 교언영색으로 말을 바꾸는 지도자, 옷치장이나 하고 실속이 없는 일에 허세부리는 지도자, '하층'보다 '상층'의 지지를 바라는 반서민형 지도자가 아닌 '네루형' 지도자를 이상형으로 꼽는다.

152) 앞의 책, 184쪽
153) 앞의 책, 185쪽

그는 한·인 두 나라의 국교문제를 의논하는 40분 동안에 이승만 박사에 대하여서는 한 마디도 언급하지 않았다. 그는 UN을 통한 세계평화를 열심히 말하고 있었지마는 우리에게 그의 유명한 중립주의를 '설교' 하지도 않았다. 1965년 봄에 이미 중공군이 서장(티베트)의 민족운동을 진압하고 인도국경으로 중병을 이동하고 있던 시기가 돼서 그랬는지는 몰라도 '중공과의 평화공존문제'에 대한 나의 질문에 대해서는 그는 가벼운 웃음만 짓고는 대답을 회피하는 것이었다.

여러 해를 두고 수많은 나라를 여행하는 동안에 나는 필요 이상으로 많은 인물들을 만난 것으로 안다. 학자는 물론이요 정치가·외교가·예술가·종교가 등을 허다하게 만났지마는 비록 짧은 시간의 면담일망정 아직도 네루의 인상이 가장 선명하게 나의 뇌리에 남아있다. 온 세계 사람들이 모두 우러러보는 인물이라는 선입감도 있겠지만 또한 내가 우리나라에서 바라고 또 바라던 지도자형을 그에게서 발견했던 탓일는지 모른다.[154]

## 다양한 분야 참여, 전문성 보여

김준엽은 정부 요직이나 정당에는 참여를 단호히 사절했으나 국가적인 사안이나 외교·통일분야에는 기꺼이 참여하고 자문역을 맡

154) 앞의 책, 185쪽

았다. 주요 역할을 간추린다.

| | |
|---|---|
| 1961. 10.~12. | 제16차 유엔총회의 한국대표 |
| 1962. 5. | 아시아반공대회 임시총회의 한국대표(서울) |
| 1962. 9.~1963. 3. | 외무부장관 고문 |
| 1962. 10.~12. | 제17차 유엔총회의 한국대표 |
| 1964. 11. | 제10차 아시아반공대회 한국대표(대만) |
| 1966. 7.~1969. 6. | 외무부장관 자문위원 |
| 1970. 6.~1971. 12. | 통일원장관 특별자문위원 |
| 1972. 9.~12. | 남북적십자회담 자문위원 |
| 1974. 11.~12. | 제29차 유엔총회한국대표단 자문위원 |
| 1978. 11.~1980. 6. | 외무부장관 자문위원 |
| 1981~사망 시까지 | 국토통일원 정책자문위원 평화통일 정책회의 상임자문위원 |

김준엽은 여러 학술단체에도 관여하여 많은 역할을 하였다.

| | |
|---|---|
| 1955.~1972. | '중국학회'의 총간사·부회장·회장 |
| 1971.~1973. | 하버드 연경객원교수협회 회장 |
| 1978.~1982. | 고려대학교 사학회 회장 |
| 1979~사망 시까지. | 한국공산권연구협의회 회장·명예회장 |

김준엽은 또 각급 사회단체에도 참여하고 주요 역할을 맡았다.

| | |
|---|---|
| 1963.~1973. | 덕화학원재단이사 |
| 1971.~1981. | 유엔한국협회재단이사 |
| 1971.~1973. | 유네스코 한국위원회 위원 |
| 1976.~1980. | 한국반공연맹이사 |
| 1977.~1982. | 산학협동재단 대외사업지원 심의위원 |
| 1978.~ | 경제인연합회의 자문위원 |
| 1982.~ | 한국지도자 육성장학재단 이사 |
| 1982.~ | 성곡학술문화재단 이사 |
| 1982.~ | 삼성미술문화재단 이사 |
| 1982.~ | 독립기념관건립추진위원회 이사 |
| 1982.~ | 한국연구원 이사 |
| 1982.~ | 인촌기념사업회 이사 |
| 1982.~ | 고려중앙학원 이사 |
| 1983.~ | 한국대학교육협의회 이사 |
| 기타 | 세계자유문화회의 한국지부 발기인 |
| | 광복회 회원. 광복군동지회 회원 |
| | 독립유공자협회 이사 |

## 박정희의 통일원 장관 제의 거절

간략한 경력과 이력에서 보이듯이 김준엽은 박정희와 전두환 집권기간에 비교적 온건한 자세로 학자·학문의 길을 걸으면서 각 방면의 사회활동을 하였다.

박정희 집권 시기 장준하의 치열했던 반독재 노선과는 사뭇 다른 길이었다. 젊은 시절 함께 항일투쟁을 했다고 해서 일생을 동반자로 살아가기는 쉽지 않다. 하지만 두 사람은 방법은 달라도 방향은 바뀌지 않았던 것 같다.

장준하에게는 장준하 나름의 시국관과 원칙이 있었고, 김준엽은 나름의 원칙이 있었다. 김준엽은 박정희 정권에서도 외교·안보분야에 관련해서는 자문위원 등의 역할을 맡아 수행하는 데 망설이지 않았다. 하지만 정권에 참여하는 데는 단호히 선을 그었다.

박정희 정부는 1974년 9월 김준엽에게 통일원장관을 제의하였다. 외무장관·통일원장관 등의 자문위원과 고문을 맡아서 일한 능력이 박정희에게 보고되어서 장관직을 제의했을 것이다.

> 그런데 1974년 9월에 뜻밖에도 정부에서는 나에게 통일원장관을 맡아달라는 것이었다. 당시 김종필 씨가 국무총리였는데 박정희 대통령의 생각이니 기어코 수락하면 좋겠다는 것이었으나 나는 끝끝내 고사하였다.
>
> 관직을 절대로 맡지 않겠다는 원칙도 이미 세우고 있던 터이지

만 동료 교수들이나 학생들을 잡아 가두고 더욱이 나의 동지이자 가장 가까운 친구인 장준하 형에게 갖은 고생을 시키는 군사정권에는 절대로 참가할 수 없는 일이었다.

이 소식을 알게 된 각 언론기관은 일제히 나의 고사를 크게 보도하였다.

다음 날 아침 강의실에 들어가니 학생들이 우레와 같은 박수로 나의 고사를 환영하여주었는데, 이것이 아마 학생들뿐만 아니라 일반 지식인의 군사정권에 대한 반응이었을 것이다.

그동안 군사정권의 고위직에 취임한 몇몇 교수들도 있었으나 그들은 만일 벼슬을 고사하면 본인뿐만 아니라 가족들까지도 피해가 있을 것 같아 부득불 수락했다는 변명을 하였지만, 내 경험에 비추어보면 그런 일은 절대로 없었고, 후에 들은 바에 의하면 박 대통령은 요새도 그렇게 훌륭한 사람이 있는가 하고 도리어 나를 칭찬하였다는 것이었다. 나는 다시 한 번 우리나라 사람들에게 뿌리 깊게 자리 잡은 관존민비사상을 타파하기 전에는 우리의 민주화는 어려울 것이라는 생각을 하였다.[155]

155) 김준엽, 앞의 책, 96~97쪽

# 아, 장준하, 장준하 형이여

## 무장군인의 고대 난입

한국의 1970년대는 암흑과 질곡의 시대였다. 권력욕에 도취한 박정희의 무소불위한 전횡과 폭력이 자행되었다. 1969년 3선개헌으로 민주주의의 '건너서는 안 되는 다리'를 건너고, 1971년 제7대 대통령 선거를 부정·관권으로 치르고, 그것도 양이 차지 않았는지 1972년 10월 17일 유신쿠데타를 감행하여 영구집권 체제를 구축했다.

박정희 유신정권은 1973년 8월 정치적 라이벌인 김대중 전 야당 대통령후보를 도쿄에서 납치해오고, 이념적 라이벌 관계인 장준하 전 〈사상계〉 사장을 경기도 산골짜기에서 의문사로 쓰러뜨렸다. 여기서 '이념적 라이벌 관계'란 단순히 수사가 아니었다.

김준엽과 함께 광복군 출신인 장준하는 기회가 있을 때마다 일본군 출신 박정희의 정체성을 비판했다. 대한민국에서 일본군 장교 다카기 마사오(박정희)는 결코 대통령이 되어서는 안 된다는 주장이었다. 또 '삼성밀수 왕초는 박정희'라고 공개강연을 해서 구속되기도 했다. 그리고 유신체제를 반대하는 맹장이 되었다.

이런 와중에 김준엽이 근무하는 고려대생들은 박정희 독재에 치열하게 저항하고 이로 인해 수난을 겪었다. 1971년 10월 5일 '무장군인 고려대 난입사건'이 벌어졌다.

> 교련반대 시위가 절정을 맞이하자 고려대생 500여 명은 1971년 9월 30일 오전 10시 대강당에서 '교련을 철폐하라'는 등 4개항을 결의하고, 11시 30분쯤 교문을 뛰쳐나가 시위를 벌이다가 학교로 돌아갔다. 고려대생들은 부정부패 분자 3인방으로 이후락·윤필용·박종규 등을 지목하고, 이름자 가운데 한 글자를 O로 표기한 채 교문 옆 게시판에 부착하였다.
>
> 10월 5일 새벽 1시 반경 군 트럭 3대와 지프차 1대에 분승한 수도경비사령부 제5헌병대 소속군인 30여 명이 정문을 넘어 수위실에 들어가 수위를 위협하고, 전화선을 끊은 후 서랍을 뒤져 학생회관 열쇠를 탈취하여 학생회관 4층 휴게실에 머무르고 있던 학생 5명을 불법으로 납치하여 필동 수도정비사 헌병대로 연행하는 사건이 벌어졌다. 고려대생 800여 명은 이에 항거하여 7일 오전

11시 동교 대강당에 모여, 지난 5일 새벽에 일어난 무장 군인들의 학원 내 난입을 규탄하는 시위를 벌였다. 수경사 제5헌병대 소속으로 최 모 소령에 의해 연행된 학생들은 고려대 이념서클 '한맥회' 간부들이었다.[156]

## 박정희 정권, 잇따라 고대생에 사건날조

유신쿠데타 이후 고려대생들의 반유신 투쟁은 치열하게 전개되었다. 중앙정보부는 1973년 5월 24일 고대생들의 학생서클인 '한맥(HN)회'를 용공으로 조작하여 가혹하게 탄압했다.

북한의 지령에 따라 'NH회'라는 지하서클을 조직하고, 정부를 비방하는 〈민우〉지를 제작하여 배포하였다는 것이다. 한맥회는 위수령과 함께 해체됐으나 구성원들은 유신체제의 허구성을 알리기 위해 〈민우〉라는 유인물을 제작하여 처음엔 공단 주변에 뿌렸다. 3월 개학과 동시에 〈민우〉를 학내에도 살포하였다.

현수막 소각과 유인물 배포 사건의 주범을 색출하는 과정에서 중정은 전 한맥회 회장과 재학생 회원들을 검거했다. 유신을 논의·반대하는 자를 처벌하는 긴급조치가 생기기 전이었던 만큼 이들을 엄벌하려면 "학생들이 북괴의 지령을 받았다"는 증거가 필

156) 민주화운동기념사업회, 《한국민주화운동사연표》, 222쪽, 2006.

요했다. 하지만 이들과 북한과의 연결고리를 찾을 수 없었다.

그러던 중 18년 전에 월북한 전과가 있는 김낙중이 고려대 노동문제연구소 사무국장을 하고 있음을 착안한 중정은 거기서 고리를 발견했다. 한맥회 회원들이 방학에 강원 도계탄광으로 현장실습을 가면서 김낙중 노연 사무국장의 조언을 받았던 사실을 알게 된 것이다.

이러한 과정을 거쳐 노연 관계자 2명, 탄광 관계자 1명, 학생 8명(제적생 포함)으로 이뤄진 학원 침투 간첩단이 형성됐다.

3월부터 학생들이 검거됐고, 5월에 김낙중이 끌려갔다. 수사 도중 'NH회'라는 지하조직의 이름도 만들어졌다. 'NH회'라는 조직 이름은 한맥회가 회보 〈한맥〉을 발간하면서 제호 아래 '우리는 휴머니즘과 민족주의를 추구한다"는 모토를 항상 기재했고, 유인물 〈민우〉도 이 모토를 사용한 것을 이용해 중앙정보부가 한맥회 부활을 추구하는 학생들을 옭아매고자 날조한 것이다. 'N'과 'H'는 각각 민족주의(Nationalism)과 휴머니즘(Humanism)의 이니셜이다.[157]

고려대생들의 반유신 투쟁을 박정희 정권은 갖가지 사건을 날조하여 억압했다. 유신체제 초기인 1973년 7월 25일 이번에는 '고려대 검은 10월단 사건'을 조작하여 학생들을 협박했다. 김준엽은 거듭되는 제자들의 고난에 참을 수 없는 분노를 느꼈다.

157) 앞의 책, 242쪽

1973년 4월 국군 보안사령부가 '부활절연합예배사건'을, 5월에는 중앙정보부가 'NH회 학원 간첩단 사건'을 발표하더니, 7월에는 경찰청이 '검은 10월단'이라는 국가 전복 단체를 또 하나 만들어냈다. 피고인들은 1971년 10월 15일 위수령 발동과 함께 그들이 속해 있던 고려대 서클 한사회가 불순 서클로 해체되자, '검은 10월단'이라는 서클을 조작하여 반정부 지하투쟁을 벌이기로 하고, 지난 5월 불온 지하신문 〈야생화〉를 동시에 250부를 고려대 학생회관 등에 뿌린 혐의로 1973년 7월 25일에 구속 기소되었다.

'고려대 〈민우〉지 사건'의 1심 선고 공판이 끝나고 10여 일 후인 1973년 11월 13일에 동 사건을 담당했던 서울 형사지법 합의5부의 심리로 '검은 10월단 사건'의 결심 공판이 열렸다. 피고인들은 최후 진술에서 모두 무죄를 주장하였으나 받아들여지지 않았으며, 중형을 구형 받았다. 하지만 1974년 2월 28일 항소심에서 7명 모두 집행유예가 선고되었다.

'NH회사건'과 함께 학생운동과 관련하여 유례없이 가혹하게 처리된 이 사건은 당시 김상협 고려대 총장과 재학생 2544명이 학생 석방을 요구하는 연명부를 제출하는 사례를 남기기도 했다.[158]

158) 앞의 책, 243쪽

## 장준하 의문사, 통한의 조사

1975년 8월 18일, 장준하가 사망했다. 최근 이장 과정에서 나타난 바로는 머리 뒤쪽에 예리한 망치 같은 것으로 가격되어 함몰된 부분이 유골에서 발견되었다. 정보기관의 소행일 것으로 모두 추론하지만 사인은 아직 명확히 규명되지 않고 있다.

그가 타살된 날은 공교롭게도 김준엽과 30년 전 일본군의 항복을 받고자 광복군의 선발대로 여의도에 도착했던 날이었다. 김준엽과 장준하는 '환국 30주년'을 기념하자고 약속까지 했다. 그런데 돌연 장준하가 불귀의 객이 된 것이다. 사망했다는 급보를 받은 김준엽은 통한의 조사를 썼다. 김준엽의 애끓는 조사는 이어진다.

> 애국으로 일관한 청년의 생
>
> 오늘(18일) 저녁 다시 만나 30년 전 이날의 환국을 기념하는 축배를 들기로 약속했건만, 이제 축배 대신 형의 영전에 분향을 하고 추도사를 쓰게 되니 이 무슨 운명의 장난입니까? 15일 아침 광복 30년을 뜻 있게 지내기 위해 부모님들의 산소를 망우리로 찾고 국립묘지로 발길을 옮겨 형과 제가 독립운동 전선에서 함께 모시던 이범석 장군의 묘소와 무후 선열지묘에 참배, 다시 뜨거운 태양 아래 감개무량하여 백범 선생, 이동녕 선생, 조성환 선생, 차리석 선생 그리고 윤봉길 의사, 이봉창 의사, 백정기 의사의 묘소 앞에서 무릎을 꿇고 그분들의 명복을 빌었건만, 사흘이 지난 후

형과 제가 유명을 달리 하게 되었으니 이 무슨 생(生)의 곡절이란 말입니까? 그날 형과 나는 점심이 마지막의 회식이 될 줄이야 꿈엔들 생각했겠습니까?

일본의 투항을 맞이했던 중국 서안에서의 8·15를 추상했고, 민족의 해방과 살아서 조국의 광복을 보게 된 그날의 기쁨을 되새기면서 우리는 희래등에서 중국 요리와 맥주를 즐기지 않았습니까? 형은 그날도 형에게 술을 가르쳐준 술 선배라 하시면서 나에게 먼저 술을 권하지 않았습니까?

바로 30년 전의 오늘 새벽 5시에 서안 비행장을 떠나 시간 반의 비행 끝에 몽매에도 그리던 여의도 비행장에 착륙하였고, 그날 밤 반 백발의 일본 시브자와 대좌가 무릎을 꿇고 약관의 우리에게 맥주를 권할 때 형은 땅 한구석에서 성경을 읽고 있었지요. 이 승리의 술은, 마시고 설사 죽는 한이 있더라도 마셔야 된다는 나의 말에 형은 고집을 꺾고 난생 처음으로 입에 술을 대시지 않았습니까?

해방 후 해마다 이날을 기념하느라고 8월 18일이 되면 우리는 모여 앉아 그 감격의 날을 추억하는 자리에서 형은 반드시 나에게 '큰절을 하고' 맥주를 주시지 않았습니까?

그 그저께 오후 2시, 저와 헤어질 적에 형은 오늘 저녁에 꼭 만나 여의도 귀환 30년을 기념하고 다시 맥주를 저에게 권하겠다고 약속을 하지 않았습니까? 형이여!

어서 다시 소생하시어 이 못난 술 선배에게 약속한 맥주를 한 잔 달란 말입니다……. 형, 눈물이 앞을 가리어 이 글을 쓸 수가 없군요. 형과 만난 지 만 31년간 세상에 둘도 없는 가까운 친구요 동지요 나의 길잡이였던 형이 불귀의 객이 되었으니 이게 웬 말입니까? 31년 전의 7월. 중국 유격대에서 처음 만나 오늘에 이르기까지 그림자처럼 붙어 다니던 우리가 아닙니까?

강소성(江蘇省)의 불노하(不老河) 강변에서 아침마다 애국가를 부르고, 조국 하늘을 멀리 쳐다보며 요배를 하던 일이 눈에 선합니다. "우리는 그때 이미 전사했을 터인데 30여 년이나 더 살았으니 행운이 아니냐?" 하고 형은 이 슬퍼하는 저를 저승에서 굽어보시며 위로해주시는 겁니까?

6천 리 길을 걸어 중경으로 갈 때, 일본과 싸우다 죽을 뻔하고 중공군과 충돌하여 죽을 뻔하고, 왕정위군, 마적, 심지어 파촉으로 가는 높은 산길에서 호랑이한테 잡혀 먹힐 뻔까지 하고 게다가 호북성 노하구에서 심장병으로 쓰러져 목숨을 빼앗길 뻔까지 하지 않았느냐 하고 형은 저를 말해 주시는 것입니까![159]

형께서 지으신 《돌베개》에서, 해방되던 해 11월 저와 상해에서 작별하고 김구 선생과 함께 귀국하실 때에 '반쪽 몸'을 떼어두고 입국하는 심정이었다고 술회하셨는데, 이제 영영 형이 저승으로 갔으니 저야말로 반쪽 몸밖에 남지 않은 불구자가 되었습니다.

---

159) 함석헌 외, 《그 심지에 다시 불꽃을》, 116~117쪽, 동광, 1980.

하기야 서안에서 우리가 지하공작 훈련을 끝마치고 국내 밀파를 솔선해서 지원했을 때, 형과 나는 조국의 해방을 위해서 몸을 바치기로 굳은 결의를 했었고 살아서 조국의 독립을 보지 못하리라고 생각한 것은 사실입니다. 그러나 형이여! 우리가 그렇게 사랑하고 잘되기를 갈망하던 조국은 아직도 허리가 잘리어 있지 않습니까? 형이 평생 자나 깨나 찾던 조국을 왜 통일시키지 않고 이 세상을 떠났습니까? 아직 적어도 20년은 더 일할 수 있는 나이가 아닙니까?

제가 1955년 3월에 4년간의 대만대학 생활에서 돌아오니까 형은 〈사상계〉를 창간하여 청년들의 지성을 깨우면서 자유민주주의의 사상적 터전을 이 땅에 심어놓느라고 고심하고 있었습니다.

그때도 형은 "안휘성 임천에서 시작하여 중경 시절까지 계속한 〈등불〉잡지, 그리고 서안에 가서 제호를 바꾸어 간행한 〈제단〉잡지… 그 후신으로 〈사상계〉를 만든 것이다"라고 하시면서 이 부족한 아우를 불러다가 일에 참여시켜주었습니다.

1962년 8월! 그때도 8월이었습니다. 형이 그 영광된 '막사이사이상'을 마닐라에서 수상하실 때 마닐라 호텔에서 제가 축배를 권했을 때 얼마나 기뻐하셨습니까? 형의 제단 앞에 제 손으로 형의 《돌베개》와 16년 동안 형이 심혈을 기울여 만든 〈사상계〉를 내놓았습니다.

형은 〈사상계〉의 운영이 뜻대로 되지 않자 정계의 일선에 나섰습니다. 저는 그때 반대했습니다. 형이 하는 일에 제가 반대해본 것은 그것이 아마 처음이었을 것입니다. 형은 애국자요 혁명가요 인격자요 언론인이지, 정치에는 적합하지 않는다고 제가 판단했기 때문입니다.

형은 배금주의를 배격하고 항상 청빈을 자랑으로 삼고 권모술수를 배척하는 위인(爲人)이 아닙니까? 저는 혼탁한 정계가 형에게 맞지 않는다고 고민을 했습니다. 형도 잘 알다시피 또 한 가지 형의 일에 반대한 것이 있습니다. 그 그저께 만났을 때에도 제가 반대하지 않았습니까? 제발 등산을 그만두시라고요.

형의 울적한 마음을 달래면서 형이 그토록 사랑하는 이 강산을 일일이 친히 밟아 보려는 심정을 잘 알면서도 제가 반대한 것은 오직 형의 건강 때문이 아니었습니까. 형의 심장병 그리고 병고를 치르고 난 뒤의 형의 쇠약한 신체, 빈곤에 몰려 자녀들의 교육도 제대로 시키지 못하는 가정환경. 형의 몸은 형 하나만의 몸이 아니라 우리나라의, 겨레의 몸이라는 저의 말을 왜 귀담아 들어주지 않았습니까?

형이 30여 년 간직한 중경임정 시절의 태극기를 수일 전에 이화여대 박물관에 기증하고 흐뭇해하시면서 "이제 살아서 해야 할 일 가운데 하나를 했다"고 하셨는데, 그때 형은 무슨 예감이라도 있어서 그랬던 것입니까? 그리고 철기 장군의 묘소에서, 그렇게 씩씩하고 건강하던 장군이 맥없이 쓰러진 것을 보니 인생은 허무하다고 하신 말씀도 이제 지나고 보니 형께서 무심히 하신 이야기가 아닌 것 같군요…….

형이여, 형! 못난 이 아우는 형의 영전에 엎드려 목메어 울 뿐입니다.

고이 고이 편히 잠드소서. 형![160]

## 생사를 같이했던 동지 장준하를 잃고

김준엽과 장준하의 우정은 관포지교(管鮑之交)가 무색할 지경이었다. 관중이 나중에 포숙아를 회상하면서 "나를 낳아준 분은 부모지만 나를 알아준 이는 포숙아였다"고 했듯이, 김준엽에게 장준하는 그런 벗이었다.

1995년 8월 '장준하 선생 20주기 추모사업회'가 꾸려지고 김준엽은 그 대표를 맡아 각종 사업과 행사를 벌였다. 그중의 하나가 장준하 선생 추모문집 간행위원회가 구성되어 《민족혼·민주혼·자유혼 장준하의 생애와 사상》을 발간하였다. 600쪽이 넘는 추모문집은 장준하와 관계된 많은 인사들의 회고담과 추모 내용이 실렸다.

김준엽은 〈사상계〉의 역대 주간인 안병욱·양호민·지명관과 더불어 좌담회를 갖고 사상계 시절의 각종 일화 비화를 밝히고, 간행사 〈우리가 하나 되어 장 선생을 기리는 뜻〉을 책 머리에 썼다.

160) 앞의 책, 118~121쪽

## 우리가 하나 되어 장 선생 기리는 뜻은

장준하 선생께서 가신 지 스무 해가 되었습니다. 그분이 돌연히 가시고 난 다음, 우리는 해마다 그분을 기리며, 애석하고 아쉬운 마음을 달랠 길이 없었습니다만, 20주기가 되는 올해는, 더욱이 광복 50주년과 맞물려, 아직 할 일도 많은데, 더더욱 그분이 그리워지게 됩니다.

20대였던 젊은 시절, 장 선생을 비롯해서 저나 우리 동지들은, 낯선 중국 땅에서 조국광복을 위해 몸 바치기로 하고, 무서운 훈련을 감수하며 때를 기다렸습니다. 그러다 결전의 순간, 일본의 무조건 투항으로 우리 민족은 해방이 되었습니다. 그러나 우리를 기다리는 조국은, 혼란과 분단의 조국이었습니다.

장 선생이 선택한 길은, 이 혼란 속에서 민주주의를 바로 세우는 것, 그리고 분단된 조국을 하나로 통일하는 것이었습니다. 이를 위해서 그분은, 자신의 개인적인 모든 것을 버리면서, 온몸으로 자신을 불살랐던 것입니다. 투철한 민족자주 정신과 기독교적 순교정신으로 이 나라, 이 민족을 위해 조국의 제단에 자신의 삶을 바쳤던 것입니다.

우리는 그분이 살아 계셨을 때, 그분과 가까이 있었을 때, 보지 못했던 그분의 위대한 얼을, 그분이 가시고 난 다음, 해를 거듭할수록 더욱 또렷하게 깨닫게 되고, 그래서 더욱 우리는 큰 아쉬움을 갖지 않을 수 없게 되는 것입니다.

이번에 평소 그분을 기리던 많은 분들이, 장준하 선생 20주기를 계기로 그분의 삶과 얼을 되새겨 그분의 '참됨'을 정리하고, 나아가 그분의 뜻을 이어가는 진실된 노력을 전개해가야 하겠다는 생각과 마음을 모아, 결의를 다지게 되었습니다.

장준하 선생 20주기를 맞이하여 펴내게 된 '추모문집'은 그 결실의 하나인 것입니다. 이를 기점으로 해서 앞으로 많은 뜻 있는 일들이 이루어질 것으로 확신하고 있습니다.

특히 이번의 '추모문집'은 몇 가지 중요한 의미를 내포하고 있습니다. 그중의 하나는, 금년 5월에 있었던 '장준하 선생 20주기 기념 학술토론회'가 보여주었듯이, 이제 장준하 선생에 대한 총체적인, 그리고 학술적인 조명이 시작되었다고 하는 것입니다. 그것은 그분이 우리의 장준하가 아니라 이제는 '민족의 장준하' 그리고 '역사의 장준하'가 되었다는 것을 의미합니다. 두 번째로 제가 중요하다고 생각하는 의미는, 이제까지는 장준하 선생과 관련하여, 광복군 시절의 동지, 사상계 시절의 동지, 민주화운동 시절의 동지들이 제각기 장 선생을 기리고 추모하였지만, 이번 20주기를 준비하는 과정에서 보여주었듯이, 이제는 모두가 하나 되어 장 선생의 삶과 얼을 기리고 그 뜻을 이어가는 사업을 함께 추진하기로 한 것입니다.

이번의 추모문집은 그런 의미에서 그분을 기리는 우리의 마음의 결정체라 할 수 있을 것입니다. 분단된 조국이 하나가 되어야

하고, 이산된 겨레가 하나로 만나야 하듯이, 그분을 기리는 우리 모두의 마음도 하나일 수밖에 없는 것입니다. 아마도 '우리의 장준하'는 틀림없이 우리의 하나 된 뜻과 마음을 매우 기쁘게 그리고 흐뭇하게 내려다보고 있을 것입니다.

우리 앞에는 아직도 많은 과제가 가로놓여 있습니다. 이때에 그분이 살아 계셨으면 얼마나 좋을까 하는 아쉬움을 갖습니다. 그러나 우리는 그분의 삶, 그분의 얼을 기억한다면, 그리고 마음에 간직하고 실천하려 노력하고 있다면, 결코 용기를 잃어서는 안 될 것입니다. 왜냐하면, 그분의 육신은 가셨지만, 그분의 정신은 우리 속에 생생히 살아 있기 때문입니다. 우리 다 함께, 밝은 사회, 인간다운 삶의 실현을 위해 계속 건투합시다.[161]

161) 《민족혼·민주혼·자유혼》, 30~31쪽, 나남, 1995.

# 5부

# 어두울수록 빛은 더욱 밝고

# 고려대 총장시절

## 고려대학 총장 선임에 다짐하다

박정희의 폭압 통치는 1979년 10월 26일 궁정동 안가에서 끝장이 났다. 그날 박정희는 20대 여성들과 술판을 즐기다가 중앙정보부장의 저격으로 18년 1인 독재를 마감했다. 독재자들의 종말이 대부분 비참하지만, 딸과 같은 여성들을 불러 파티를 하다가 부하의 총탄으로 쓰러진 경우는 초유의 일이었다.

박정희는 자신이 만든 헌법까지 짓밟으면서 유신체제를 만들고 온갖 전횡을 일삼았다. 인혁당 8인의 처형 등 살육을 자행할 때부터 비극적 종말이 예고되었다. 김준엽은 장준하의 의문사를 떠올리며 박정희의 암살사건이 '업보'가 아닌가 생각했을 것이다.

권력의 꿀맛을 즐겨온 박정희의 군부 친위대인 하나회 출신들이 1979년 12월 12일 군권장악에 이어 1980년 봄 광주학살을 자행하면서 5·16쿠데타를 일으켰다. '신군부'라 일컫는 전두환 일당은 주군 박정희가 5·16쿠데타 당시 시행했던 방식을 교본으로 삼아 정권을 탈취하고 공포정치를 실시했다. 대학가는 다시 무장한 군인들에게 포위되고 '학문의 자유'는 박탈당하였다. 언론은 통제되고 대학의 지성은 침묵이 강요되었다.

1982년 6월 11일 김준엽이 아연의 업무로 해외를 다녀왔을 때, 고려대학의 이사로부터 총장 내정 소식을 들었다. 그 이전에도 몇 차례 총장 교체 때면 후임 총장설이 있었기에 크게 놀라거나 당황할 일은 아니었다. 1981년 10월에는 인천 인하대학에서 총장 제의가 있었으나 사절한 적이 있었다. 몇 년 후이면 정년은퇴할 터인데 그때까지 거의 반생을 몸담아온 고려대학을 떠날 수 없다는 애정과, 서울·인천을 내왕하는 데 시간과 정력의 소모를 꺼렸기 때문이었다.

그런데 이번의 경우는 달랐다. 침체 상태에 빠진 고려대학을 중흥시키고 정치폭력에서 제자들을 보호해야 한다는 사명감 그리고 지금까지 베풀어준 대학에 대한 사은 정신이 있었다. 총장직으로 학자로서의 연구업적을 쌓지 못할 것은 1기(4년)만 하고 다시 연구자의 위치로 돌아가겠다는 마음다짐을 잊지 않았다.

김준엽은 역대 고려대학의 경영진과 총장들의 업적과 행적 그리고 외국의 저명 대학의 총장상들을 생각하면서, '고대 총장의 조건'

을 스스로 구상하였다.

고대 총장의 조건

① 진정한 교육자로서의 인격을 갖춰야 하고 대학의 권위를 지키려는 신념과 실천력이 있어야 하며 또 청렴결백해야 한다.

② 미국과는 달라서 우리나라의 총장은 학적(學的) 업적이 많아야 한다. 미국에서는 총장 선임에 경영자로서의 능력에 치중하지만 우리나라는 사정이 다르다. 학문업적이 없어서는 교수들이나 학생 그리고 대외적으로 존경을 받지 못한다.

③ 경륜(vision)이 있어야 한다. 민족이나 국가 그리고 사회가 처해 있는 시대적 상황 및 국제 정세를 옳게 파악하면서 대학의 진로를 결정할 수 있는 경륜이 있어야 한다.

④ 행정능력(경영능력)이 있어야 한다. 인격이나 학문이나 경륜이 훌륭한 교수는 많으나 행정력은 별개의 재능이다. 더욱이 대학의 규모가 커질수록 경영능력이 요구된다. 그리고 총장은 대학을 발전시키기 위하여 과감한 개혁정신이 있어야 하고, 또한 성취욕에 충만한 인물이라야 한다.

⑤ 교수들의 지지를 받아야 하며 대인관계가 원만하지 않으면 총장은 고립되기 마련이고 교수들의 협력을 받을 수가 없을 것이다. 어느 기관이든 대소를 막론하고 기관장 혼자의 힘으로는 큰일을 할 수가 없다.

⑥ 국내외에서의 지명도가 높아야 한다. 총장은 대학의 상징이기 때문에 총장을 보고 그 대학을 평가하는 일이 많다.

⑦ 외국 사정, 특히 외국의 대학 사정을 잘 알아야 한다. 고대의 경우 외국대학과의 유대관계가 약하기 때문에 더욱 이 점을 중시해야 한다. 고대를 국제적인 대학, 세계적인 대학으로 발전시키려면 총장 자신도 외국 사정이나 외국 대학의 실정을 잘 알고 있어야 한다.

⑧ 고대 현황으로 보아서 총장은 모금 능력이 있어야 한다. 재단에서 지원할 능력이 없어서 학생들의 등록금에만 의존하는 형편인데, 이런 상황하에서는 외부로부터의 모금 없이는 대학을 발전시킬 수가 없다. 미국의 경우는 총장의 가장 중요한 업무가 모금하는 일이고 모금능력 여하가 총장평가의 가장 중요한 기준이 된다.

⑨ 미국에서는 30대 총장도 있지만 유교적인 한국에서는 젊은 총장은 아직은 어려울 것이라고 생각한다. 더욱이 선후배관계를 중시하는 고대에서는 연령과 고대 봉직 기간이 중대하며 최소한 15년 이상은 고대에 재직한 교수라야 될 것이다. 고대 밖에서 총장을 영입한다는 것은 고대의 경우는 상상조차 할 수 없는 일이다.

⑩ 총장의 과거경력이 중요하다. 우리나라의 경우 과거에 친일파 노릇을 한 사람이면 어려울 것이며, 특히 민족대학을

자랑하는 고대에서는 이것은 절대로 중시해야 할 요건이다.[162]

## 결코 비굴하지 않겠다

김준엽은 이 같은 조건을 세워놓고 자신을 되돌아보면서, 독립운동가 출신으로서 선열과 동료·제자들에게 부끄럽지 않은 직무를 수행할 것을 다짐하였다. 이사회로부터 7월 10일 제9대 고대총장에 선임되었음을 통보받았다. 1949년 29세의 나이로 고대에 부임한 지 33년 만의 일이다.

총장 제의를 받고 귀가하여 부인과 아들에게 자신의 결의를 알렸다.

첫째로 나는 결코 비굴한 행동을 취하면서까지 총장 자리에 남아 있지는 않을 것이다. 총장 자리에 연연하여 정당치 못한 일도 감수하는 그런 총장 노릇은 결코 하지 않을 터인데, 그것은 고대의 명성을 보아서도 그렇고 내가 살아온 일생의 명예를 보아서도 그래야 되며, 또한 우리나라 대학의 존엄성을 되찾기 위해서도 총장이란 절대로 비굴해서는 안 된다고 강조하였다.

나와 근 40년을 함께 살아왔고 과거에 중국에서 독립운동전선

162) 김준엽, 《장정 3: 나의 대학총장시절》, 25~26쪽, 나남, 1990.

에서 함께 지내온 아내이니만큼, 아내는 대번 이를 이해하고 오히려 나에게 흔들리지 말라고 충고하는 것이었다.

둘째로는 학교에서 나에게 총장 자리를 맡긴 것은 학교를 발전시켜달라는 뜻에서 그런 것이지 결코 내가 학교에 가장 오래 있었다든가 아연(亞硏) 발전에 공이 있었다는 것에 대한 보상이 아니다. 따라서 내가 총장으로서 업적을 내지 못한다든가 또는 업적을 낼 수가 없다고 판단될 경우에는 언제든지 자리에서 물러나겠다고 하였다. 아내와 아들은 내가 무슨 일이든지 맡기만 하면 전심전력을 다하는 것을 잘 알고 있기 때문에 그 점에 관해서는 조금도 걱정하지 않는다고 격려해주었다.[163]

## 대학의 자유와 학문의 존엄성 역설

1982년 9월 3일 김준엽은 고대 제9대 총장으로 취임하였다. 취임사에서 학내문제와 역대 총장들의 행적 등을 설명하고, "고대의 새로운 교풍 속에 다음과 같은 기풍이 조성되기를 바란다"면서 다섯 가지를 제시하였다.

첫째로, 우리 대학은 학문연구와 교육에 있어서 자유와 그 존엄성을 수호하여 신성불가침의 교권을 확립해나가야 하겠습니

163) 앞의 책, 31~32쪽

다. 우리 학내의 모든 문제의 해결에서 우리는 교육적 해결노력의 선행원칙을 고수해야 하겠습니다.

둘째로, 우리 대학은 운영과 행정이 교육과 연구 기능의 지원을 위해 존재해야 한다는 교육·연구의 우선주의를 관철시켜나가야 합니다.

셋째로, 우리 대학은 주체성 있는 국제화 지향의 미래상을 가지고 한편으로 국어교육의 강화에 힘쓰면서 외국어교육의 진흥을 통해 국제사회에 적응할 수 있는 유능한 고대인을 길러내야 하겠습니다. 그리고 정보화시대의 보편언어인 컴퓨터·과학 등 현대적인 교과개발에도 깊은 관심을 돌려야 하겠습니다.

넷째로, 우리 대학은 대학원의 기능을 확충함으로써 세계적인 선진학문연구 수준의 고급인력을 개발하고 창의성과 생산성이 있는 연구업적에 의해 평가받는 고대학풍을 건설하는 데 구심점이 되어야 하겠습니다.

다섯째로, 그러나 무엇보다도 우리 대학은 그 교육기능에 있어서 이론과 실천의 통합, 지성과 도덕적 품격의 조화를 통해 세련된 시민적 교양을 구비한 지도자적 인격과 깔끔한 정사(正邪) 감각을 지닌 선비적 인격을 도야하는 전인교육을 모든 교학의 기본으로 삼아야 할 것입니다.

고대인 여러분.

우리 고대가족은 우리 모두의 영원한 마음의 고향, 고려대학교를 80년대 안에 개방적 국제사회에 적응할 수 있는 경쟁력 있는 대학으로 만들고 그리고 한국, 아시아뿐만 아니라 전 세계에서 그 학문과 교육의 권위를 인정받는 세계명문의 정상을 향해 모두가 뜻과 힘을 합해 매진합시다.[164]

김준엽은 경영인으로서 고대 발전에 크게 기여했다. 적자재정을 흑자로 돌리고 모금을 통해 시설을 확충했는가 하면 학교·재단·교우회의 삼위일체를 이루어냈다. 학생·교직원·교수들의 사기를 높이는 한편 학도호국단을 폐지하고 총학생회를 발족시켰다.

김준엽 총장은 경영인으로서의 책임 못지않게 대학의 자율성을 회복하는 무거운 책임이 주어졌다. 그는 전임자들이 갖지 못한 역사의 책무가 있었다. "흔히 말하는 민족대학으로서의 고대총장은 적어도 친일파 노릇을 하면서 민족에게 해를 끼친 자는 안 될 것이고 관권에 아부하든가 일신상의 영달을 위해서 학교에 불명예를 가져와서는 안 된다는 것이 나의 평소의 생각이었다. 내가 감히 고대총장의 중책을 맡겠다고 나선 것은, 독립운동의 말미에 가담해서 세운 공은 미미하지마는 최소한 친일을 한 일 없고 또 우리 집안에 친일파 노릇을 하면서 동족에게 해를 끼친 일은 절대로 없었기 때문이다."[165]

164) 앞의 책, 72~73쪽
165) 앞의 책, 204쪽

## 비서실에 똬리 튼 기관원들 축출

김준엽은 우선 총장 비서실에 똬리를 틀고 있는 기관원들을 쫓아내기로 했다. 비서실에는 유신시대 이래 보안사·안기부·치안국·성북경찰서·문교부상주연구원(감시원) 등 10여 명이 날마다 하루 종일 버티고 있었다.

취임 다음 날 처장회의를 마치고 나서 비서실장이 회의 내용을 물었다. 총장 업무를 실장이 옳게 파악하려는 뜻으로 알고 상세히 알려주었다. 이튿날도 그랬고 3일째는 마침내 불쾌감이 폭발했다. 좀처럼 화를 내지 않는 그였으나 크게 화를 내지 않을 수 없었다.

> 그러나 세 번째로 즉 그다음 날 처장회의 후에 다시 문의하였을 때에는 나의 불쾌감이 폭발되었다. 나는 정색을 하고(나는 항상 웃는 얼굴로 남을 대하기 때문에 정색한다는 것은 여간해서는 없는 일이다) 노기에 찬 어조로 "왜 묻느냐?" 하고 그 진의를 따졌다. 그랬더니 "기관원들이 매번 회의내용을 묻는다"는 것이다. 이때 나는 화를 벌컥 냈다. 안중무인(眼中無人)으로 횡행하는 기관원들에게 대한 혐오감이 일시에 폭발되었다. "모른다고 하면 될 것 아니냐!" 하고 소리 질렀다. "전 총장 때는 늘 그랬다"는 대답이다. 나는 더욱 화가 났다. "전 총장은 전 총장이고, 나는 나다"고 호통을 쳤다. 나는 재임 기간 중에 교수나 직원들에게 화를 낸 것이 이것

이 처음이자 마지막이었다.[166)]

박정희·전두환 시대 정권유지에 가장 두려운 존재는 대학이었다. 야당은 순치되거나 분열하여 저항력이 취약하고 노동자들도 크게 결집되어있지 않았으며 재야는 분산되어 목소리뿐이었다. 그런데 대학은 달랐다. 실제로 4·19혁명으로 이승만을 쫓아내고 1964년 한일굴욕회담 반대시위 때에는 박정희가 계엄령으로 해산시켜야 할 만큼 무서운 존재였다.

1980년 5월에도 서울역과 광화문에 10만 명에 이르는 학생들이 모여 전두환을 공포에 떨게 했다. 그래서 유신·5공 정권은 대학을 각종 방법과 수단으로 위협·통제하고 총장 비서실까지 공공연히 점거하여 정보를 빼냈다.

그런데 며칠 뒤에 또 한 번 깜짝 놀라고 화가 나는 일이 생겼다. 비서실장의 말이 기관원들에게 돈을 주고 가끔 술을 사줘야 하겠다는 것이다. 그래야만 총장이나 학교가 안전할 것이라 한다. "나는 하루를 총장 노릇을 해도 그렇게 비굴한 태도를 취할 수는 없다"고 딱 잘라 거절하였다. 그리고 "이 돈이 무슨 돈인 줄 아느냐? 이 돈은 가난한 학생들이 낸 등록금이야! 부모님들이 식사도 옳게 못하면서 자식들의 장래를 위해서 보내준 소중한 돈이

166) 앞의 책, 206쪽

란 말이야!"라고 소리쳤다. 앞서 말한 바와 같이 재단에서 이렇다 할 돈을 학교에 지원해준 일이 없다. 나는 학교 적자재정을 옳게 바로 잡으려고 총장실의 경비지출장부를 기록케 하고 자진하여 사무처장의 감독을 받게 했다는 것은 이미 설명하였지마는 내 '안전'을 위해서 기관원들에게 뇌물이나 술을 사줄 수는 없다. 이들은 총장실뿐만 아니라 사무처, 학생처, 교무처를 비롯하여 부속기관까지 찾아다니면서 뇌물을 강요하고 있다는 보고를 받은 바 있다.[167]

어느 직장이나 '관행'을 깨뜨리는 데는 각별한 노력과 자기희생이 따른다. 더욱이 군사독재자들이 '정권안보'를 위해 각급 대학에 파견한 정보요원들을 축출하는 것은 위험한 일이었다. 국회·정당·법원·언론사 등에도 빠짐없이 첩자들을 파견하여 동향을 감시하던 시절이다.

이렇게 되자 총장실에서는 정보나 '국물'이 하나도 생기지가 않았고 따라서 총장 비서실에서 기관원들이 깨끗이 자취를 감추게 된 것이다. 그로부터 한 열흘 쯤 지나니까 들리는 말이 "총장 녀석 며칠이나 살아남는가 보자!" 하면서 "나를 잡아먹기"로 기관원들끼리 합의를 보았다는 것이다.

167) 앞의 책, 208쪽

아니나 다를까 이때부터 계속 나에 관하여 그들은 왜곡보고를 일삼았다. 특히 어떤 처장은 학교가 더 큰 탄압을 받을까 걱정하여 나에게 정책을 바꿀 것을 수차 건의하였으나 나는 굽히지를 않았다. 나 개인이나 고대를 위해서 그렇고, 대학의 존엄을 지키기 위해서나 대학의 자율을 위해서 이것은 절대로 받아들일 수 없다는 것이 나의 신념이었다. 단 하루를 총장 노릇해도 이 방침은 견지해야 된다고 생각했다.

이것이 취임하자마자 첫 번째로 정부와 대립하게 된 전말인데 결국 이 기관원들의 장난이 나의 파면에 적지 않은 영향을 준 것으로 생각한다.[168]

## 정부지시 거부하고 대학총장 권위회복

김준엽은 문교부에서 외국인에게 명예 박사 학위를 주라는 것을 단호히 거부했다. 이 또한 전두환 정권과 척지게 되는 요인이 되었다. 당시나 지금이나 각급 대학(원)에서는 외국인은 물론 내국인, 특히 유력 정치인이나 재계 인물들에게 명예 박사 학위를 나눠주고 유형, 무형의 이권을 얻고자 한다.

누가 봐도 명예롭지 못한 인사들에게 학교당국이 명예 박사 학위를 주는 것은 '상거래'의 짙은 의혹이 깔린다. 최근 일부 대학에

168) 앞과 같음

서는 학생들의 완강한 반대에도 특정 정치인에게 학위를 주어 빈축을 샀다.

> 총장취임 후 수개월(1982년 9월부터 12월까지) 내에 나는 세 번이나 문교부의 명예 박사 학위수여 요구를 거절한 일이 있다. 중동이나 아프리카의 외무장관이나 국회의장 또는 동남아 모국의 군 참모총장에게 학위를 수여하라는 것이었다. 우리나라에 유익하다는 점은 양해를 하나 그런 경우에는 국립대학에서 수여하면 될 것이 아닌가. 전국에 수많은 국립대학이 있는데 하필이면 고대에서 수여하라는 것인가.
>
> 들리는 말에는 가장 중요한 인물급에 해당하는 것은 서울대학에서 주고, 그다음 급은 고대나 연대에서 주고, 다음 클래스를 여타 사립대학에서 주기로 정부에서 방침을 세우고 있다는 것이다. 이렇게 차별을 두는 것조차 불쾌한 일이었다. 아무튼 나는 고대에서 세운 규준에 부합하지 않는 인물에게 학위를 줄 수가 없다고 하여 모두 거절하였다. 그랬더니 그 이후로 내가 사임할 적까지 한 번도 외국인에게 명예 박사를 주라는 지시를 받지 않았다.[169]

김준엽은 대학총장들이 정부와 정계·재계 등의 압력과 '거래'를

169) 앞의 책, 210쪽

뿌리치지 못하고, 특히 문교부(교육부) 관리들에게 굽신대는 비열한 처신을 준엄하게 꾸짖는다.

> 총장이란 사람들이 허리를 굽히고 국장, 과장을 찾아다니면서 굽실굽실 선물이나 주고 술이나 사주면서 학교일을 부탁하는 자세는 타기해야 할 태도라고 생각한다. 총장으로서의 위엄을 자기 스스로가 지키지 않으면 누가 지켜주겠는가!
>
> 총장들이 이런 태도를 취하니까 총장을 우습게 알고 나아가서는 대학을 우습게 알게 되고, 그런 결과로 문교부 직원들이 대학교수 알기를 무슨 시정의 거렁뱅이 정도로 안다는 교수들의 불평이 생기는 것이다. 나는 국장이나 과장을 인간적으로나 또는 계급적으로 깔보아서 하는 이야기가 아니다.
>
> 총장은 총장으로서의 품위를 지켜야만 된다는 것이 나의 소신이다. 총장은 교육자이다. 나라와 민족의 앞날을 위해서 감독관청인 문교부와 교섭하는 데에는 정정당당히 사리를 따져서 일을 추진할 일이지 무슨 뇌물이나 아첨을 하면서 일을 해결하려고 해서는 안 된다고 생각한다.[170]

국립 서울대학 총장이 청와대 비서실장으로 뛰어가는 등 대학총장들의 권력지향성은 민간정부에서도 일어나고, 권력에 입신한 교

170) 앞의 책, 211쪽

수들이 민주주의에 역행하는 어용화의 모습은 오늘날도 쉽게 볼 수 있다. 김준엽은 정보원들의 축출에 이어 '명박'까지 거절하면서 정부와 대척점에 서게 되었다.

## 구속학생·해직교수 복교, 복직시켜

김준엽이 고려대학 총장 취임을 전후하여 고대생들은 타 대학들과 마찬가지로 반정부 시위를 치열하게 전개하였다. 주요 사건을 보면 1982년 5월 1일 학생들은 〈반 파쇼민주투쟁 시국선언문〉을 배포하고 시위를 벌였다. 1983년 6월 18일 재학생 김두황 군이 교내시위로 강제 징집되었다가 3월 8일 의문사를 당했다는 소식을 듣고 시위, 1984년 1월 10일 치안본부 기독교사회문제연구원의 '통일문제에 관한 교과서분석사건'으로 고대 강만길 교수와 한양대 리영희 교수 등 구속, 동년 4월 13일 고대생 및 전국 55개 대학생 학원자율화를 요구하여 시위 및 농성, 고대생들은 학원자율화추진위원회 결성, 동년 5월 4일 고려대에서 서울지역 6개 대학 학원자율화추진위원회 주최로 5000여 명이 참가한 가운데 강제징집사망자 6명에 대한 합동위령제, 5월 17일 고대 등 서울지역 17개 대학생 '광주학살 규탄대회' 개최하고 가두시위, 10월 8일 고려대와 연세대 총학생회 "총학생회 탄압을 중지하라"는 성명서 발표 후 시위, 10월 19일 고대 등 서울지역 7개 대학생 대표들의 참석 후 '부마항쟁 5주년기념 반독재민주화투쟁 실천대회' 개최·시위, 10월 26일 고려대생 1200여 명 폭력정권 퇴진을 요구하며 가두시위, 11월 5일 고대생 등 42개 대학생연합·학생의 날 기념식 및 군사독재 퇴진 궐기대회 개최, 11월 15일 고려대생 1000여 명 민정당사농성 보고회에서 노조탄압 철폐 등을 결의, 11월 20일 고려대생·연세대 등 5개 대학생 1000여 명 시위·"민정당 독재 결사 반대" 등의 구호를 외침, 12월 3일 고려대생 200여 명 상계동에서 시위.[171]

김준엽은 학생시위와 시대상황의 어려움을 걱정하면서 제자들이 한 사람이라도 다치지 않도록 노력하였다. 정부당국으로부터 제적·정학 요구가 있을 때면 이를 단호히 반대하였다.

김준엽이 총장 취임 전에 고려대학에서도 저명한 교수들이 시국사건으로 학교에서 쫓겨났다. 김용준·김윤환·조용범·이문영·강만길·이상신 교수 등 6명이었다. 김준엽도 1975년 해직교수 명단에 올라갔으나 차낙훈 총장의 노력으로 무사하게 된 바 있었다. 그는 해직교수들의 아픔을 누구보다 이해하는 편이었다.

더욱이 해직교수 6명은 김준엽 자신과는 하나같이 절친한 사이였다. 특히 강만길·이상신 두 교수는 사랑하고 아끼는 직제자들이

171) 《한국민주화운동사연표》, 400~426쪽 발췌

다. 이들 해직교수들에게는 학교에서 일정한 금액을 지원하고 있었으나 그것은 한계가 있고 유능한 교수들을 언제까지 방치할 수는 없었다.

> 학교에서 지급하는 연구비나 동료교수들의 지원이란 유한한 것으로서 도저히 생활을 지탱할 수가 없을 뿐만 아니라 언제 학교에 돌아올지 모르는 기약 없는 생활이기 때문에 심적으로 대단히 고통스러운 나날을 보낼 수밖에 없었다.
>
> 나는 그분들이 이런 고통을 당할 만한 일을 했다고는 생각하지 않으며 설사 잘못을 저질렀다 하더라도 내가 총장에 취임할 때는 그들은 이미 2년 반이라는 긴 세월 동안 고생을 하였으니까 이만하면 충분히 '속죄'한 것으로 생각하였다.
>
> 또한 학교로나 사회로서 그런 인재를 그대로 둔다는 것이 여간 큰 손해가 아니라고 생각했다. 더욱이 총장의 기본임무 중의 하나는 교직원과 학생을 지키는 것이라는 신념을 갖고 있기 때문에 이분들을 복직시키는 것이 총장으로서 해야 할 중요한 임무 중의 하나라고 생각하였다.[172]

김준엽이 총장에 취임하기 전 전국에서 86명의 교수가 해직된 상태였다. 1983년 11월 20일 변형윤 교수 등이 중심이 되어 해직교수

172) 김준엽, 앞의 책, 213쪽

협의회를 구성하는 등 사회현안이 되었지만 전두환 정권은 이들의 복직을 허용하지 않았다. 해직교수와 제적학생문제 등을 협의하는 전국 130개 대학(당시) 총학장으로 '전국총학장회의'라는 것이 구성되고 있어서 장관이 바뀌거나 대학시위가 심해질 때에 열리곤 했다. 하지만 자율성을 잃고 어용기구화되고 있었다. 또 대학교육협의회라는 단체가 있었으나 역시 어용기구였다.

> 정부에서 무슨 조치, 예를 들어 학생데모 주동자는 엄벌에 처하는 조치처럼 정부가 앞장서면 국민의 지탄을 받을 성질의 것은 이 협의회에서 건의하는 식으로 하여(〈중앙일보〉, 1984년 5월 21일자 참조할 것) 욕먹을 것은 총장들에게 돌리기 위하여 만든 우스꽝스러운 단체인데, 이 회의에서도 정부지침에 반대의견을 개진하면 역시 반정부로 낙인이 찍히고, 이 회의에 참석하지 않아도 반정부자(反政府者)가 된다(나는 이 회의가 구역질이 나서 여러 번 빠진 일이 있는데 '반정부'의 또 하나의 '실적'을 올린 셈이었다).
>
> 이런 것이 바로 독재체제하에서의 대학총장들의 위치이다. 군사정권하에서는 대학총장은 소대장이고, 학장은 분대장, 교수는 반장, 그리고 학생은 졸병 격이라는 것은 이미 지적한 바와 같다. 이러한 체제하에서 내가 정부시책에 대하여 의견을 발표하고 내 판단으로 타당하지 않은 것을 완강히 거부하였으니 정부에서 나를 나쁘게 생각하고 총장자리에서 내쫓은 것은 당연한 일이 아닐

수 없는데 혹자는 내가 미련하다고 평할는지도 모르겠다.[173]

정부는 내외의 여론이 거세지면서 1983년 여름에 이르러 해직교수 문제에 대한 정책을 바꾸었다. 다가오는 총선 대비용이기도 했다. 해직교수들의 원래 대학으로 복직은 안 되지만 타 대학은 허용한다는 것이다.

김준엽은 문교부와 안기부, 청와대에서 타 대학 교수들을 받아들이라는 압력을 단호히 거부했다. 본교의 해직교수가 제자리로 돌아오는 것이 당연하다는 순리론이었다. 이 같은 사실이 알려지면서 타 대학에서도 김준엽의 의견에 동조하게 되고, 따라서 정부의 정책은 실패로 돌아갔다.

어려운 곡절 끝에 1984년 6월 해직교수들은 원교복직(原校復職)이 허용되었다. 고려대에서도 7월 1일자로 6명의 해직교수를 복직시켜 2학기부터 강의를 할 수 있게 하였다. 하지만 김준엽은 정부의 '눈엣가시'와 같은 존재가 되고, 이제 추방의 날만을 기다려야 했다.

173) 앞의 책, 215~217쪽

# 짓밟힌 상아탑 – 고대총장에서 쫓겨나다

## 계속되는 정부와의 마찰

독재정권의 패악 중 가장 심각한 것 중의 하나는 지식인을 타락시키는 일이다. 전천후성 지식인이나 해바라기·기회주의적 지식인 그룹은 논외로 치더라도 제법 양식을 가진 지식인들까지 권력이 휘두르는 칼끝이나 감투에 쉽게 굴복하고 어용화된다.

이승만 시대의 '국부족'과 '만송족', 박정희 시대의 '유신족', 전두환 시대의 '땡족', 이명박 시대와 박근혜 시대의 '뉴라이트족'에 이르기까지 어용지식인들의 패악은 국민의 이성을 마취시키고 분별력을 마비시킨다. 근래의 역사교과서 국정화 전환을 둘러싸고 드러났던 뉴라이트 계열의 지식인들과 수구족벌 언론인들의 행태에서도 여지없이 잘 드러났다. 온 국민의 반대를 무릅쓰고 강행하던 국정교과서는 혈세만 낭비하고 결국 폐기되고 말았다. 그렇다고 참여했던 어떤 학자나 지식인의 '참회'도 '양심선언'도 보이지 않는다.

김준엽의 고대총장 재임기는 한국지성계의 타락상이 절정을 이루던 시기였다. 이미 유신시대에 순치된 대학교수와 총장들 가운데는 '지식'이나 '지성'을 말하기 어려울 정도로 타락하고 비굴해진 인물이 많았다. 언제나 그렇듯이 그들이 주류가 되고 작은 권력자 노릇을 하였다. 중앙의 정치권력이 바뀌면 또 그들의 앞잡이가 되는 전천후성이 많았다.

언제부터인지 한국사회는 소수의 저항자와 비판그룹은 추방되거나 한직으로 내몰리고, 침묵하는 다수는 기회주의적 속성으로 보신에만 연연했다. 그리고 기회주의자들이 정통노릇을 해왔다. 이런 상황에서 김준엽은 소신껏 말하고 신념에 따라 행동했다. 20대부터 지켜온 지행합일(知行合一)의 양명학적 처신이었다.

민주주의 제도는 자율성과 다원성을 본질로 하는데, 특히 진리탐구와 정의의 가치를 목표로 하는 대학에서 자율성을 부정한다면 난민수용소와 크게 다를 바 없을 것이다. 유신·5공 시대에 대학은 철저하게 통제되었고 청와대나 문교부 관리들이 대학총장들을 오라 가라 할 만큼 대학의 지성은 비굴해지고 권력은 오만무례했다.

김준엽은 문교부에서 꾸민 서울시내 5개 대학(고대·연대·서울대·이대·성대) 총장들의 KBS TV 프로그램에 출연하여 문교부 지침이 아닌 대학의 자율성이 보장돼야 한다는 소신 발언을 거침없이 하였다. 정부가 바라는 대로 학생들의 데모는 부당하다고 발언해야 하는 '지침'을 어긴 것이다.

아무튼 4일(일) 오전 9시에 5개 대학 총장들은 KBS에서 만나 10시 반부터 12시까지 정신문화연구원의 김형효 교수(전 성대 교수, 뒤에 민정당 국회의원이 됨)의 사회로 토론회가 진행되었는데, 여기서 나는 나의 평소의 생각을 아무 거리낌 없이 발언하였던 것이다. 그러나 여기서 발언한 것 때문에 나는 당국으로부터 "그놈은 어떤 국적을 가진 놈인가!" 하는 비난을 듣게 되고 한층 더 정부의 미움을 받게 되었다.

나는 틀림없이 대한민국 사람이요, 자랑스러운 한민족의 일원이다. 내가 이 토론에서 가장 당국의 미움을 산 대목은 "수적으로도 적거니와 신체적으로 나약한 총장이나 교수들로서는 데모를 도저히 막을 수 없다"고 발언한 점이다.

데모를 싫어하고 막으려고 갖은 노력을 하지만 학생들의 데모 이슈의 대부분이 교외문제이기 때문에 막을 수 없는 것이 현 실정이다. 나는 사실 그대로를 말한 것뿐이다. "국적이 어디냐?" 하고 비난할 때에 이미 정부는 나를 학원에서 축출하고 싶었을 것이다. 그러나 내용이야 어떻든 '자율' 운운하면서 나를 어떻게 이

시기에 파면시킬 수가 있었겠는가![174]

## 학도호국단 폐지와 총학생회 부활

김준엽은 정부와 문교부의 부당한 지시는 결단코 수용하지 않았다.

박정희는 일제말기 학생동원용으로 만들었던 학도호국단을 학원통제의 수단으로 '학도호국단 설치령'을 제정하고 전국 각 대학에 학도호국단을 조직했다. 명분은 "배우면서 나라를 지키는 호국학도"를 내세웠으나 어디까지나 유신체제를 비판하는 학생운동을 통제하려는 술책이었다.

박정희가 암살당한 후 대학에서는 학도호국단이 폐지되고 총학생회가 부활되었다. 그러던 것이 전두환 정권에서 다시 학도호국단으로 되돌렸다. 목적은 똑같았다. 대학가의 이슈 중 하나는 총학생회의 부활이었다. 1984년 신학기부터 고대생들도 이 문제를 총장에게 제의하고 데모의 이슈로 삼았다.

> 나는 대학 밖의 이슈에 대해서는 학교로서 어떻게 손을 쓸 수가 없지만 학원 내의 문제는 마땅히 대학에서 해결해야만 된다고 믿고 있다. 말하자면 학생들의 자치기구인 학도호국단 문제는 주

174) 앞의 책, 237쪽

로 대학 내의 문제이다. 따라서 이 문제를 나는 곰곰이 생각하였고 또 학생들의 존경을 받고 있는 서진영 학생처장을 비롯한 여러 처장들이나 전에 학생처장을 맡아본 경험이 있는 몇몇 교무위원과도 의논한 결과 학생들의 희망대로 '총학생회'로 개편하는 것이 좋겠다는 나의 의견에 모두 찬성하였다.

나는 내심으로 학생들의 자치기구인 총학생회를 조직한 다음에는 평교수들로서 구성되는 교수협의회를 만들어야 하겠다고 마음먹고 있었던 터이다. 나라 전체의 민주주의를 달성하는 데는 여러 가지 길이 있겠으나 우선 주변부터 민주화해야 한다는 것이 나의 지론이었으며 또 나는 총장에 취임한 후 교무회의의 운영도 그런 생각으로 진행하였더니 너무 민주적이라는 말을 듣기도 했었다.[175]

총학생회 부활이나 교수협의회 조직은 정부가 가장 두려워하는 그래서 민감한 사안이었다. 독재정권은 비판세력의 조직과 연대를 한사코 막아왔다. '분열시켜 지배'하려는 것은 고금의 독재자가 다르지 않았다. 김준엽은 이 문제를 대학총장회의나 문교부 당국에 제기하고 순리적인 방법으로 해결하고자 노력하였다.

하지만 '불통정권'이나 '어용화'되다시피 한 타 대학의 총장들이 이를 수용할 리 없었다. 오히려 정부의 탄압만 가중되고 '어용'들의

175) 앞의 책, 238쪽

왕따가 심해졌다. 그러던 1983년 가을 고대생 400여 명이 "노동탄압 중지", "일본 망언 각료 방한반대" 등의 구호를 외치면서 교문 밖 100미터까지 가두시위를 벌였다. 경찰이 출동하여 최루탄을 발사하자 학생들이 보도블록을 깨 던지는 공방이 이루어졌다. 이런 와중에 성북경찰서 경비과장의 승용차가 소각되었다. 진상은 미스터리였다. 이 사건은 독재정권과 족벌신문에는 학생운동을 매도하는 좋은 먹잇감이 되었다.

정부는 서울대와 연대에서는 학생회 부활을 적극적으로 저지하는 데 김준엽은 저지하기는커녕 오히려 방관·조장하고 있다면서 문교부 장관 권이혁의 이름으로 계고장을 보냈다. 학생문제로 받은 두 번째 계고장이었다. 김준엽은 계고장을 받기 전에 총장실에 있는 사물을 정리했다. 이미 마음속으로 퇴임을 결정한 것이다.

> 나는 앞서 말한 대로 이때 파면당할 각오를 단단히 하고 있었기 때문에 10월 1일에는 총장실에 있는 내 물건들을 모두 깨끗이 치우기까지 하였다. 파면당한 다음에 비실비실 물건을 챙기는 모습을 남에게 보여주기가 싫어서였으며, 동시에 나의 각오를 굳게 하기 위해서였다. 총장이라는 자리에 연연해서 나는 비굴한 행동을 취할 수가 없다. 자리를 지키기 위해서 내가 찬성하는 총학생회를 부활시켰다고 해서 학생회 간부들을 처벌할 수는 없으며 그로 인해 파면을 당해도 좋다는 나의 결의였다. 물건의 일부를 '아

연'에 그냥 두고 온 내 연구실로 옮기고 나머지는 집으로 가져왔다.[176]

## 학생제적은 총장이 할 일이 아니다

전두환 정권시기 그래도 대학생들의 의기는 살아 있었다. 1984년 초부터 전국 각 대학에서 학원자율화·광주학살진상규명·민주화 등을 요구하며 산발적으로 또는 연대하여 데모를 벌였다. 가두진출도 잦았고, 게릴라 전법으로 시내 요소에 전단을 살포하여 시민들의 궐기를 호소하였다.

1985년 6월 29일 새벽, 정부는 고대를 비롯하여 서울대·연대·서강대·성대·외대·동대·부산대·전남대 등 9개 대학에 경찰을 진입시켜 학생대표 65명을 검거했다. 대학에서 경찰이 철수한 지 10개월도 채 지나지 않은 시점이었다. 정부는 대학총장들에게 통보도 하지 않고 무장경찰을 다시 투입한 것이다.

이 같은 상황에서 정부는 쉽게 김준엽을 해임시키지 못하였다. 그것은 타는 불길에 휘발유를 끼얹는 자해행위라는 걸 알기 때문이었다.

정부는 1984년 11월 14일 고대·연대·성대·서울대생 264명이 학원자율화 등을 요구하며  집권당인 민정당 중앙당사에 진입하여 농

176) 앞의 책, 248쪽

성 중인 것을 이튿날 새벽 경찰을 진입시켜 전원 구속하였다. 그리고 소속대학 총장의 사과와 학생들의 제적을 요구했다. 김준엽은 도의적 입장에서 민정당 대표에게 사과는 가능하지만 학생들의 제적은 "법원의 판결이 난 뒤에 학칙에 따라 조치하겠다"는 소신을 분명히 하였다. 이제까지 지켜온 원칙이었다.

정부가 요구한 대학별 처벌 학생은 고대생 34명, 연대생 37명, 성대생 95명 등이었다. 문교부는 해당학교 총장들을 불러놓고 다음과 같이 엄포를 놓았다. ①총장의 직권으로 제적시키라. ②비상시국이니 비상방법을 쓰라. ③제적처분하지 않은 총장은 반정부로 간주하겠다.

김준엽은 대노했다. 아직 법원의 판결이 나지도 않았는데 유망한 대학생 111명을 무더기로 제적시키라는 지시를 대학총장직을 걸고 막아야 하겠다고 결심한다. 이에 4개 대학 총장과 문교장관의 모임에서 소신을 분명히 한다.

> 나의 첫마디는 큰 소리로 "나는 제적 못 시키겠다"고 하고, 첫째로 "당신들도 (문교부측) 잘 알다시피 고대학칙에는 총장에게 그런 권한이 없다(문교부에서 학칙도 획일화하였기 때문에 다른 대학도 동일할 것이다). 무기정학 이하의 경우는 해당 학생이 소속하는 단과대학의 학장이 처벌하게 되어 있는데 그것도 학장이 단독으로 하는 것이 아니라 소속대학의 교수회의를 열어서 결정한다.

그리고 퇴학(학교에서 쫓겨났다가도 다시 복교할 수 있다)과 제적(학교에서 일단 쫓겨나면 복교할 수 없다)의 경우는 해당 학생이 소속하는 단과대학의 학장이 소정의 절차를 밟은 뒤에 총장에게 제의하면 총장이 교무회의 의결을 거쳐서 결정하게 되어 있다. 우리 학칙에는 이런 경로를 밟지 않고 총장이 마음대로 제적할 수 있는 권한이 없으니 첫 번째 지시는 따를 수가 없다."

둘째로, "비상시국 운운하는데 지금이 왜 비상시국인지를 해명하라"고 따졌다. "위수령이 내렸는가, 계엄령이 선포되었는가! 이북에서 남침을 하고 있느냐, 국내에 무슨 반란이 일어났는가? 지금이 왜 비상시국이냐! 나에게 납득할 만한 설명을 해주면 비상수단을 쓰겠다"고 했다.

셋째로, 내일 아침 9시 반까지 제적처분을 하지 않으면 반정부로 보겠다고 했는데 "제적이 되든, 퇴학이 되든, 나는 경찰조사와 검찰조사가 끝난 후 정식으로 재판을 받은 뒤에 그 판결을 토대로 우리 학칙에 비추어 적절히 처벌한다고 누차 천명한 바가 있는데, 내가 이런 법적 절차를 밟아서 일하겠다는 것이 반정부라면 우리 정부는 무슨 정부이냐!" 하고 고함을 질렀다. 나는 두 번 되풀이해서 "내가 법적 절차를 밟겠다는 것이 반정부이면 우리 정부는 무슨 정부냐" 하고 질문했다.[177]

177) 앞의 책, 259쪽

## 야비한 뒷조사, 학생들의 분노

도도한 강물의 흐름도 돌멩이 하나, 나뭇잎 하나가 물길을 바꾸게 할 수도 있듯이, 전두환 정권의 광적인 학원탄압이 김준엽의 의연한 태도와 당당한 논변, 그리고 정부가 총선을 앞두고 여론을 의식하여 물꼬를 돌리지 않을 수 없었다.

학생들을 집단으로 제적시키는 데 하수인 역할을 한 문교부 장관과 청와대 교육수석은 김준엽이 잘 아는 대학교수 출신들이었다. 교수·언론인 출신들이 감투를 쓰면 관료 출신들보다 더 반이성적이 되는 것은 그때나 지금이 다르지 않았다.

대학문제가 정부와 문교부의 지시대로 처리가 되지 않으면서 김준엽에 대한 권력의 증오심은 날로 더해갔다. 이제 그를 추방하는 데는 수단방법을 가리지 않았다. 금전문제·여성관계·판공비 내역 등을 샅샅이 뒤지고, 전화 도청으로 사생활까지 감시했다. 그리고 문교부에서 감사반을 파견하여 학사문제를 뒤졌다. 마침내 교직원 자녀 특례입학사건을 문제로 삼았다. 타 대학들에서도 있어온 오랜 관례였다.

김준엽은 결코 자리에 연연하지 않았다. 한때는 스스로 사퇴하는 길보다 파면을 택해 전두환 정권의 횡포를 사회에 알리고자 했으나 이를 접기로 하였다. 그동안 정들었던 대학에 보복조처가 따를까 해서였다. 하지만 욕된 나날을 더 이상 지연시킬 이유가 없었다.

이사회에 사퇴서를 제출하고 고별식은 졸업식 날 하기로 하였다. 번거로움을 피하기 위해서였다. 1985년 2월 25일 오전 대학운동장에서 졸업식과 퇴임식이 동시에 거행되었다. 총장재임 2년 8개월, 고대 부임 33년 만이다.

나는 만감이 교차하였지만 침착한 마음으로 식전에 임하였다. 교기(校旗)를 앞세우고 나와 이사장, 교무위원, 내빈의 순으로 줄을 지어 운동장으로 내려가는데 학생들은 도처에서 웅성거리기 시작하고 여러 학생들이 나에게 "총장님 기운 내세요", "총장님의 뒤를 따르겠습니다", "총장님 만세"라고 외쳤으며 여러 학생들이,

"총장사퇴 결사반대! 학원자율 침탈 즉각 중지하라!"

"10만 고대인의 피끓는 의지로 대학의 관제화를 분쇄하자!"

"고대인(高大人)의 손으로 고대정신 수호하자!"

"사학에의 관권개입 즉각 중지하라!"

"굴욕적인 총장사퇴 결사반대!"

"문교부 너 학원을 도구화하려는가?"

"80년 고대전통을 말살하려는 문교부의 간교한 기도를 말살하자!"

등의 피켓을 들고 내 뒤를 따르더니 식이 시작되자 피켓을 든 학생들이 의자에 앉아 있는 졸업생들 앞의 차가운 땅바닥에 열을 지어 주저앉았다.

나는 이 광경을 보고 눈물이 나도록 감격했고 또한 교수로서,

총장으로서의 보람을 느꼈으며 저 귀엽고 소중한 학생들을 탄압 하는 정부에 대한 혐오감이 더욱 북받쳐 올라왔다.[178]

## 누구도 역사심판 모면할 수 없다

김준엽은 졸업식사(퇴임사)를 쓰는 데 많은 신경을 썼다. 크게 흥분하고 있는 재학생들을 동요시키지 않으면서 하고 싶은 말을 하고자 하였다. 퇴임사 요지는 다음과 같다.

"암흑 속에서도 절망하지 않고 광복의 빛을 가슴속에 간직할 줄 알고, 타율의 무거운 도전 속에서도 자율을 위한 온갖 노력을 포기하지 않은 강인한 고대정신은 민족국가의 장래와 새역사 창조를 위해 깊이 보존되어야 할 것입니다."

"모든 존재에는 그 형체와 영혼이 있습니다. 구한말 박은식 선생은 나라의 형체가 없어지더라도 그 국혼만 온전하게 보존한다면 장차 광복의 날을 기약할 수 있다고 역설했습니다. 우리 대학은 어떤 어려움과 역경에 처하더라도 민족수난의 환난 속에서도 고이 보존해온 고려대학교의 교혼(校魂)인 고대혼(高大魂)을 잘 지켜서 민족사학의 개성과 전통을 80주년 이후에도 다음 세기의 새

178) 앞의 책, 296쪽

역사를 향해 발전적으로 보수해나가야 할 것입니다."

"대학은 민족장래의 믿음직한 발전을 위한 도약대이지 현실정치의 거점이 되어서는 안 되며, 어느 누구도 어떤 이유로도 학원을 정치의 수단으로 삼는 일이 있어서는 안 되는 엄연한 교권(校權)의 주체입니다."

"우리 고대인의 특징은 지식과 인간성이 균형 있게 조화를 이룬 전인적 인간이며 따뜻한 인간성과 인정으로 이웃을 사랑할 줄 아는 풍부한 인간상의 표본입니다. '눌린 것을 쳐들고 굽은 것 펴기에 이 힘과 이 생명을 쓰겠다'는 구교가(舊校歌)의 첫 귀절과 같이, 진실과 정의를 실현하는 정의의 인간이 고대인입니다."

"현대는 신(神)도 예언자도 없는 시대라고 합니다. 신이 없다고 해서 무엇이든지 허용되는 시대일 수는 없습니다. 하나의 문명이 성립되고 성장하기 위해서는 거기에 문명의 원리가 되는 신성한 가치가 있게 마련입니다. 한평생 역사학을 공부해온 본인으로서 확신하는 바는 세계사의 전개과정을 통해 진리와 정의와 선(善)을 마침내는 실현해가는 역사의 신(神)이 존재한다는 것입니다. 우리는 어느 누구도 과거에나 현재에나 미래에도 역사적 현실을 벗어날 수 없습니다. 어느 누구도 역사의 심판은 모면할 수 없습니다."[179]

## 퇴임식장에 뿌려진 전단

김준엽이 퇴임하는 날 고려대학은 퇴임에 반대하는 학생들의 열기로 가득 찼다. 퇴임식장에서 졸업생 대표는 학교당국에서 마련한 의례적인 답사 말미에 "정부의 압력에 의해 행해지는 굴욕적인 총장사퇴 처사는 결코 받아들일 수 없다"고 선언하면서 분위기가 고조되어, 학생들은 김준엽의 광복군 시절을 돌이키는 '광복군가'를 합창하고 총학생회가 준비한 〈김준엽 총장의 강제사퇴에 전 고대생은 분노한다〉는 전단을 배포했다.

전단의 주요 내용을 발췌한다.

> 민주의 횃불이요 민족의 보람인 우리 고대를 사랑하는 고대가족 여러분! 이 땅에 민주의 불꽃을 밝히고자 몸 바쳐 투쟁해온 고대인(高大人)들이여!
>
> 민족사학으로서 80년의 전통과 명예를 자랑해온 우리 고려대학교가 외부의 압력에 의한 굴욕적인 총장사퇴라는 씻지 못할 위기에 처해 있습니다.
>
> 모두가 기뻐하고 축하해야 할 이 졸업식 날에 우리의 스승이고

179) 앞의 책, 296~297쪽

고대를 대표하시던 김준엽 총장님은 졸업축사를 끝으로 마음의 고향 안암동산을 떠나시도록 강요받고 있습니다.

일제하 민족 암흑기에 독립투사로서 돌베개를 베시며 중국 벌판에서 항일구국 투쟁에 청춘을 불사르고, 고대에 몸담으신 이후에도 오직 진리와 정의를 구현하기 위해 이 땅의 참 지성을 대변해오신 총장님께서 정부의 허구적 자율화를 참된 자율화로 만드는 데 앞장섰다는 이유 하나만으로 현 정권에 의하여 사퇴를 강요받게 된 것입니다.

지난 재임기간 동안 이 땅의 진정한 민주화를 바라시며 그릇된 정부의 학원정책과 기만적인 자율화에 굴하지 않으시던 총장님은 해직 교수님들의 원적대학 복교와 총학생회 부활 주장, 민정당사 농성 학우들을 포함한 민주화 시위에 관련된 학우들에 대한 징계거부, 법과대학 시험거부 학우에 대한 재시험 실시 등 일신의 희생을 각오하고 교육자적 양심을 지키고 학원의 자율을 지원하기 위해 고군분투해오셨습니다.

그러나 교직원 자녀 특혜입학사건은 사실상 각 대학마다 어느 정도 용인되어 오던 관례이며 고대만의 문제는 아니었으며 또한 당시 책임자였던 교무처장의 사임으로 마무리되었으며 이미 입학한 학생들에 대하여 퇴학처분을 내리지 않았던 것은 목숨마저 끊으려 했던 제자를 사랑하는 스승의 따뜻한 마음이었습니다.

의대 시험지 유출사건은 졸업정원제라는 제도적 모순에서 터져 나왔던 현상적 문제였으며 그렇기에 여러 번에 걸쳐 의대 내에서 제도수정의 움직임이 있었고, 관련된 학생들은 이미 응분의 처벌을 받았습니다. 더욱이 이 모든 것은 이미 1년 전 이상의 일이었습니다.

이러한 형식적이고 이미 처리된 문제를 내세워 총장님을 사퇴시키려는 현 정권의 간악한 술수는 무엇을 의미하는가? 그것은, 반제(反帝) 민족해방투쟁과 반독재 민주화투쟁의 선봉에 서온 우리 고대의 빛나는 전통과 정기를 사멸시키려는 의도이며 또한 사학의 관제화를 통해 민주화운동의 큰 줄기를 이끌어오던 대학의 눈과 귀와 입을 틀어막겠다는 음흉한 학원탄압을 의미하는 것입니다.

그러기에 우리 고대인은 결코 물러설 수 없습니다. 우리의 총장님은 우리가 지켜야 합니다.

우리의 학원은 우리가 수호해야 합니다.

만일 이번 사태를 고대가족이 방관만 한다면 고대 80년 역사상 씻지 못할 오점을 남기게 되는 것이며 학원의 자율과 이 땅의 민주화를 위해 피 흘리며 쓰러져간 민주영령과 지금도 차디찬 유치장에서 신음하고 있는 민주학우의 피 맺힌 뜻을 저버리게 될 것입니다.

학우여!

대학은 역사 앞에 진실해야 합니다. 모든 가식적 허위 앞에서도 진리를 숨길 수는 없습니다. 그러나 우리의 현실은 압제 속에서 굴절된 진리만이 뚜렷한 모습으로 위치하고자 합니다.

학우여! 지난 1년간 우리의 민주의지를 지켜주시고 그 모든 압제를 부딪치면서도 쓰러지지 않으신 총장님이 간악한 저들의 음모에 의해 희생되어질 위기에 처해 있습니다. 더 이상 우리의 민주의지(民主意志)를 방치한 채 개인적 고뇌와 환상 속에 안주할 수 없습니다.

학우여, 80년 역사 속의 고대정신이, 민주를 향한 열정과 확신이 구석에 처박혀 폐기되어서는 안되겠습니다. 모두가 뜨거운 가슴들로 들고 일어서 우리 앞의 가시들을 철저하게 무너뜨립시다. 불같은 우리의 확신을 민주의지로, 그리하여 모든 압제에 과감히 뚫고 일어서는 고대의지들을 확인합시다.

교수님들!

진리가 존재하지 않는 곳에서 그 모든 허구적인 진리에 대한 강의는 무의미합니다. 이번 총장님 사퇴는 결코 총장님 개인에 국한된 문제일 수 없습니다. 이것은 민주적인 교육이념을 실현하고자 하는 모든 교수님들의 문제이며 교수님들의 진리에 대한 소신을 탄압하는 행위입니다.

저희는 1960년 4월혁명 당시 민주와 사랑하는 제자 앞에 과감히 나서시던 교수님들을 기억하고 있습니다. 이제 저희는 교수님들께 부디 제자들 앞에 자랑스럽고 떳떳한 스승님으로 남아주시

길 호소합니다. 3월 2일까지 이 문제에 대한 전체 교수회의를 열어주실 것을 부탁드립니다.[180]

## 고려대 교수들의 퇴임반대결의

퇴임식을 마친 이튿날 김준엽은 모처럼 아내와 함께 제주도 여행을 떠났다. 지칠 대로 지친 심신을 추스르고 학생들의 동요에 의혹을 사지 않기 위해서였다. 추사 김정희의 유적비 앞에서 정적들에 쫓겨 제주도에 유배된 그를 생각하였다. 그리고 20대에는 국권을 찾으려고 싸웠고, 60대에는 교권과 민권을 회복하려고 싸우다 밀려나 추사의 유적비 앞에 선 자신의 처지가 추사와 오버랩됨을 느꼈다. 가는 곳마다 검은 미행자가 따라 붙어서 제주도 여행도 자유스럽지 못했다.

한편 교내 사정은 갈수록 분위기가 격화되었다. 학생들의 총장사퇴 반대 시위는 수그러들기는커녕 참여 학생수가 계속 늘어나고 문과대학과 정경대학 교수들이 중심이 되어 총장사퇴 반대 서명운동이 전개되었다.

정경대학 교수 16명은 교수간담회를 갖고 "총장이 본의 아니게 당국에 의하여 사임하게 된 사태"와 관련 이를 비판하는 결의문을 채택하였다. 문과대학 교수 30여 명도 비슷한 결의문을 발표했다.

180) 앞의 책, 312~313쪽

결의문

우리 고려대학교 정경대학 교수들은 고려대학교 총장이 본의 아니게 당국에 의하여 사임하게 된 사태를 중시한다.

학원의 자율화를 표방하고 있는 당국 스스로가 이러한 조치를 취한 것을 우리는 이해할 수 없다. 민족의 자존과 민권의 소생을 향한 80년의 역사를 통하여 자유·정의·진리를 교육이념으로 삼아온 고려대학교 정경대학 교수들은 당국의 이번 조치가 대학의 자주적 발전과 민주화의 진로에 중대한 위협이 되고 있음을 통감하고 이에 다 같이 그 뜻을 밝히는 바이다.

1985년 3월

고려대학교 정경대학 교수간담회

| | | |
|---|---|---|
| 김경근 | 이호재 | 원우현 |
| 백완기 | 장인식 | 이재창 |
| 오택섭 | 윤 용 | 이문영 |
| 홍기선 | 유한성 | 최장집 |
| 최상용 | 송종래 | 허명회 |
| 김기영[181] | | |

이와 더불어 김준엽 총장의 강제퇴임을 반대하는 학생들의 시위

181) 앞의 책, 312~313쪽

와 결의문 채택이 각 단과대학별로 이루어지고 수업을 거부하는 사태까지 일어났다. 그런 중에 재단 이사회는 3월 8일 김준엽의 사퇴서를 수리하고 후임 총장에 이준범 경영대학장을 선임했다. 학생들은 재단 이사회가 학생·교수들의 정당한 요구조건을 무시한 채 후임을 선임한 데 더욱 분노하였다.

## 참된 스승의 길을 가다

고려대학 총학생회는 4월 8일 〈민주적인 스승과 제자가 뜨겁게 어울리는 고대의 부활을 염원하며 우리는 민주적인 스승만을 우리의 참된 스승으로 인정한다!〉는 성명서를 발표했다. 서문과 첫째 부문을 소개한다.

> 우리의 학원을 수호하고 도탄에 빠진 조국의 장래를 위해 이상과 정열을 불태워온 고대 학우 동지여!
>
> 타는 진달래가 우리의 가슴에도 다시 뜨겁게 피어나는 이 4월에 우리는 다시 한 번 향그러운 흙가슴만 남고 그 모든 껍데기와 쇠붙이는 이 땅에서 영원히 물러가길 염원한다. 껍데기뿐인 학원의 자율과 허위의식으로 가득 찬 지식인의 감상주의는 지금도 독재정권에 의해 주어지는 모든 제도적, 물리적 폭력으로 가득한 학원침탈에 기인함을 우리는 지난 3월 고대 하늘에 드리운 먹구

름과 폭풍우 속에서 똑똑히 보았다.

우리의 스승 김준엽 총장님 강제사퇴 반대투쟁은 역사와 민족 앞에 진실하려는 위대한 민족고대 정신의 수호, 발휘 투쟁으로써 짓밟힌 대학의 존엄과 자율을 회복하기 위한 전 고대 가족의 대동단결한 진정한 연대였고, 통일이었다.

그러나 3월의 지난한 투쟁도 구체적 학원민주와의 정착에는 커다란 도움이 되지 못하였고, 결국은 진정한 학원민주화는 온갖 모순이 점철된 현 독재정권과의 한 치의 양보도 없는 치열한 전면 대결 없이는 불가능하다는 것을 인식하고, 신념으로 내재하는 한 과정으로서만의 의미를 지니게 되었다.

이에, 우리 2만 고대 학우는 결코 멈출 수 없는 정의와 자유의 성전(聖戰)을 지속적으로 전개할 것을 굳게 다짐하며, 우리의 입장을 다시 한 번 천명하려 한다.

첫째로, 대학의 존엄과 자율은 반드시 보장되고 지켜져야 한다. 우리는 대학의 참된 자율과 존엄을 지키려다 강제 사퇴당한 김준엽 총장님을 우리의 참된 스승으로 인정한다. 학원 자율과 존엄을, 민족고대의 정기를 지키기 위한 치열한 실천과정을 제자 앞에 떳떳이 보이는 스승만이 참된 스승으로서 우리에게 존재할 수 있다.

결단코 교수님이라는, 총장님이라는 권위적인 이름과 전 고대인의 축제가 되지 못하는 취임식 속에서 우리의 참된 존경은 주어질 수 없는 것이다. 우리는 이 땅의 제도적 현실 속에서 번뇌하고 계시는 수많은 우리의 스승님들에게 애정 어린 비판의 안목을 결코 잃지 않을 것이다.

그것은 이 땅의 지식인으로서 제도적 폭력이 강하면 강할수록 더욱더 치열한 저항과 실천의 정신을 간직해야 하기 때문이며 민주학원의 건설을 위해 학생과 함께하는 참된 스승을 갈망하여 앞으로 이준범 교수님뿐만 아니라 전체 교수님들의 용기 있고 실천력 있는 민주적 자세를 강력히 요청한다.[182]

## 〈고대신문〉의 김 총장 업적 평가

어떤 기관을 막론하고 기관장의 재임기에는 올바른 평가를 받기 어렵다. 구성원들이 눈치를 살피느라 아첨하는 사람이 많고 또 후임자와 대비해야 평가가 정확할 수 있기 때문이다. 위로는 대통령부터 아래로는 대소기관이나 사설단체도 마찬가지이다.

김준엽의 강제퇴임을 아쉽게 여기는 학생 교수들이 많았다. 4년 임기 중 2년 8개월의 재임기간은 너무 짧았으나 그는 너무 많은 일을 하였다. 침체돼 있던 고려대학의 학풍을 되살리고, 자율성을 회복하고자 포악한 권력과 맞섰다. 그래서 〈고대신문〉과 〈고대교우회보〉가 업적과 평가를 아끼지 않았다. 먼저 〈고대신문〉이다.

182) 〈고대신문〉, 1985년 3월 18일

"중대한 결정 앞에 섰을 때나 난관에 부닥쳤을 때 항상 원점에 돌아가 다시 생각할 줄 알고 역사 앞에 부끄러움이 없는 결단을 할 줄 아는 인생의 슬기를 가져주기를" 당부하며 김준엽 제9대 총장은 지난 25일 제78회 학위수여식을 마지막으로 '총장사퇴 결사반대'를 외치는 학생들을 뒤로하며 36년 동안 몸담아온 안암동산을 떠났다.

지난 82년 7월 제9대 총장에 선임된 김 전 총장은 '학원 자율화'의 구체화, '해직교수 원적복직'이라는 외적인 문제와 학교행정 체제의 개편, 시설 확충에 따르는 재정의 확보라는 내적인 문제 해결을 위해 2년 8개월의 기간을 결코 짧지 않게 보냈다.

1949년 고대가족이 된 이래로 2차(1차는 해방직후, 2차는 제3공화국 때)에 걸친 정계진출의 제의를 뿌리치고 아세아문제연구소 소장으로서 공산권 연구에 탁월한 역량을 발휘, 본 연구소 발전에 괄목할 만한 공헌이 인정돼 9대 총장에 선임됐다. 김 전 총장은 취임식사에서 '대학원·대학'에로의 기능 확충을 기하는 한편, 외국어 교육진흥을 통한 대학의 국제화 및 과학고대의 기치를 내걸었다.

하지만 무엇보다도 당면한 문제는 팽창하는 고대가족 수용을 위한 행정제도의 개편과 시설 확충이었다. 이의 해결을 위해 83년에는 행정기구를 5개처와 12개과로 편제, 부수적 업무수행과 업무분담의 전문화를 기하는 방향으로 개편했으며, 83년 9월에

과학도서관을 개관, 과학고대의 지위를 명실상부 하는 한편 혜화병원·구로병원·여주병원·반월병원의 개원으로 의과대학 발전의 초석을 다졌다.

특히 김 전 총장은 활발한 섭외활동으로 법과대학·정경대학 건물을 지난 84년 5월과 6월에 개관, 각 단대별 건물의 꿈을 달성, 시설 부족을 해결하는 데 공헌했다. 또한 82년 2월, 경찰병력이 학원에서 철수함에 따라 총학생회 부활, 민정당사 농성사건, 시험거부 등 학생운동이 격렬해짐에 따라 정부는 학생시위에 강경대처 및 학생 중처벌 등을 계속 종용해왔고 이런 가운데 김 전 총장은 진정한 스승의 입장에 서서, 학생들을 보호하고 대변하는 등 교육자적 자세를 지속적으로 견지, 진정한 학원자율의 달성을 위해 헌신해왔다.

김 전 총장은 일제 학병에서 탈출, 중경 임시정부에서 독립운동을 하면서 생애 중에 핵심이 되는 부분을 보냈다. 그런 젊은 시절의 추억이 김 전 총장과 학생과의 깊은 유대감을 형성시켜주었으며, 어떤 외부압력에도 굴하지 않는 정신적 지주가 되었던 것으로 여겨진다.[183]

183) 〈고대신문〉, 1985년 3월 18일

## '고대교우들'의 김준엽 평가

다음은 〈고대교우회보〉의 공적 평가이다.

김준엽 총장의 재임기간은 2년 8개월, 4년 임기를 채우지 못했을 뿐 아니라 역대 총장 중에서도 단기였음이 틀림없다. 그러나 학내외적으로 가장 어려웠던 시기에 고려대학교 총장으로서 김 총장은 사명감을 가지고 역사 앞에 부끄럼 없는 길을 걸었다고 역사는 기록할 것임이 틀림없다. 김준엽 총장의 본의 아닌 사임으로 모교는 또 다른 어려움과 진통을 겪고 있는 것은 사실이지만 '사임의 길'을 택한 김 총장의 자세는 민족지성을 길러내는 지도자적 양식의 귀감을 보여준 것이었다.

80년대 초 모교가 '침체'라는 말을 많이 들어오던 시기에 제9대 총장에 취임한 김 총장은 "사립대학 발전의 요체는 재단·학교·교우가 3위1체가 되어야 한다"는 확고한 신념을 가지고 고대중흥을 위해 동분서주해 왔다. 시간이 허락하는 한 교우모임에 반드시 참석하여 모교발전을 위해 졸업생들의 협조를 구했고, 유력 기업인들을 찾아가 때로는 구걸(?)하다시피 하면서 재정 지원을 애소했다.

그런 과정 속에서 모교는 '침체'의 탈을 벗고 '중흥'을 향한 사기진작이 이뤄져 시설확충 면에서 획기적인 결실을 보았다. 김 총장 재임기간 동안 시설 면에서 과학도서관 준공, 구로병원 준공, 여주병원 준공, 법학관 준공, 정경관 준공, 반월병원 완공, 조치원 캠퍼스 강당 겸 체육관 건설, 조치원 제5 교육동 건설, 체육생활관 건설, 이공대 교사 전면보수, 낙산연수원 착공 등이 계속되었다. 특히 연건평 2만3천여 평에 달하는 이러한 시설 확충이 교비 의존 아닌 외부의 협조를 받아 성사시킨 것이 학교재정의 정상화를 가져오는 데 결정적 기여를 했다.

김 총장은 재임 중 학문 진작을 위해 대학원 교육에 충실을 기하고, 국학·동양학의 폭넓은 기반을 다졌으며, '과학 고대'의 슬로건을 내걸고 산업화에 따르는 대학교육의 기본방향을 제시하는 한편 외국어 교육강화, 외국 명문대학과의 유대강화, 전임교수를 400명 선에서 600명 선으로 늘리고 도서관의 확충 등 교육의 내실을 기하는 데도 공헌했다.

또한 김준엽 총장 재임기간 중 이공대 뒷편 11만 평의 녹지대 해제, 본부와 애기능 캠퍼스를 연결하는 새 도로의 개통, 송추에 잔디운동장 조성 추진, 의과대학·병원의 안암동 이전신축 계획 확정(현재 설계 중), 학교앞 제기동 재개발추진 등이 계속 이어졌다. 교내 행정의 혁신으로는 기구를 개편하고 의료원제도의 도입, 홍보활동강화, 부채를 청산한 학교재정의 정상화, 신입생들의 질 향상 등에서도 괄목할 만한 성과가 이뤄지기도 했다.

짧은 기간 동안이나마 모교발전에 기여한 김 총장의 이러한 공로는 80년 고대사에 '중흥의 전기를 마련한 총장'으로 평가될 것이다. 또한 김준엽 총장은 교내적으로 남긴 업적 못지않게, 더욱 큰 업적이라면 민족사학을 이끌어가면서 학원자율화와 교육자로서 제자를 진심으로 아끼는 스승으로서의 자세일 것이다.

김 총장이 사석에서 가끔 이야기하듯이 "나는 나 자신을 위해서는 고개를 숙인 일은 없으나 제자를 위해서라면 타협도 하고 물러서기도 해왔다"는 자세나, "고대 총장이라는 자리를 내 일생의 최고의 영예로 알고……"가 대변해주듯 36년을 모교에 봉직해오면서 어느 누구에 뒤지지 않은 철저한 고대인으로서 "고대정신에 손상을 주는 일에는 타협할 수 없다"는 신념으로 일관해왔다.

지난 2월 25일 제78회 졸업식을 마치고 '총장사퇴 결사반대'를 외치며 뒤따르는 제자들과 함께 입을 굳게 다물고 마지막으로 총장실로 향하던 김 총장의 심중은 "다소 어려워지더라도…… 고대 총장이 갈 길은 불의에 굴복하지 않는 고대인 정신에 따르는 것" 그 이상도 그 이하도 아니었다. 김 총장의 사퇴 원인이 언젠가는 소상히 밝혀지겠지만 어려운 상황에서 내린 '사임'이라는 그 결단은 "앞으로 고대는 더더욱 발전해야 하고, 면면히 지켜온 고대인의 자랑스러운 전통에 부합되는 자세였다는 것"에 김 총장은 만족을 하고 안암의 언덕을 떠난 것이다.[184]

184) 〈고대교우회보〉, 1985년 4월 5일

# 유유자적함 속 저술활동

## 연구실 방 한 칸 얻지 못해도

김준엽은 대단히 사려 깊은 사람이다. 그 '사려'가 합리성이라 해도 무방할 것이다. 학교 당국이나 문교부에서는 그가 해외에라도 나가 있었으면 했지만, 아무리 총장이라도 정년이 남아 있으면 외국의 대학처럼 평교수로 되돌아가는 선례를 세워야 한다는 생각이었다.

그래서 4월 1일부터 총장 취임으로 떠났던 아연의 연구실로 출근했다. 하지만 학교에 나가는 것이 후임 총장이 불편해하거나 교수·학생들에게 다시 소요의 계기가 될 것을 염려하여 당분간 해외로 나가기로 마음을 바꿨다. 이른바 자의반 타의반의 외유였다.

경제적인 여유가 없어서 아내와 동행하지 못하고 혼자 떠났다.

김준엽은 이를 일종의 '망명 여행'이라 불렀다. 일본·호놀룰루·샌프란시스코·뉴욕·워싱턴·로스앤젤레스를 거쳐 대북(台北)에 도착했다.

대북에서는 마침 대만의 한국학회 주최로 한중관계사 2차 국제학술회의가 열리고 있어서 그 회의에 참가하였다. 각지를 여행할 때마다 고대 교우들이 찾아와 여러 가지 편의를 봐주고 위로와 격려를 하여 큰 위안을 받을 수 있었다. 전혀 연락을 하지 않았는데도 용케들 알고 찾아왔다.

해외에서 만난 교우들은 한결같이 자신이 강제로 퇴임하게 된 사유를 잘 알고 있었고, 국내 독재정치의 실정도 훤히 꿰고 있었다. 더불어 김준엽의 용기 있는 행동에 격려를 아끼지 않았다. '망명 여행객'에게는 큰 위안이고 용기가 되었다. 특히 로스앤젤레스를 떠날 때는 남가주교우회 일동 명의로 기념패를 주었다.

40여 일의 여행을 마치고 5월 25일 대북에서 서울로 돌아오는 비행기 속에서 여행 중에 구상한 향후의 진로와 과제를 정리하였다.

첫째는, 조국의 민주화를 위하여 8월 말의 교수 은퇴와 동시에 공개적으로 전두환 독재정권 타도에 힘을 기울인다.

둘째는, 땅에 떨어진 민족정기를 고양하는 일을 전개한다.

셋째는, 둘째 항목과 연결되는 일이기도 한 나의 〈광복군시절〉

에 관한 회고록을 쓴다. 또 계속하여 나의 일생에 관한 회고록, 그 중에서도 〈나의 고대총장시절〉에 관한 것부터 먼저 집필한다(이것은 조국의 민주화 문제와 깊은 관련이 있다고 생각하기 때문이다).

넷째로는, 좀 시간적 여유를 가지면서 일생 돌보지 못한 가정생활에 충실한다.

다섯째로는, 일생 지켜온 나의 신조 학자·교육자로서 조국에 이바지할 것이며 결코 정계나 관계에는 뛰어들지 않는다는 인생지침을 견지하며, 못난 조상이 되지 않도록 계속 노력한다.

귀국한 김준엽은 아연 사무실로 출근하여 정년까지 간간이 수업도 하고 연구활동을 계속하려 했으나 걸림돌이 많았다. 학교에 나오는 것을 못마땅해하는 학교당국과 재단의 냉대가 심해지고, 9월부터는 그동안 사용해온 연구실을 비워줄 것을 통보했다.

아연은 김준엽이 발족하여 세계적인 연구소로 성장하고, 총장 재임기간 모금 활동을 통해 10동 2만3천 평의 건물을 지어줬는데 방 한 칸을 이용하는 것도 거부당한 것이다.

교우들이나 학생들의 뜻과는 달리 신임 총장 측과 재단의 처사이지만 염량세태의 인심과, 권력의 눈치를 보느라 최소한의 인정조차 저버리는 기회주의적 속성에 크게 속이 상했다. 연구실에 있던 서책을 집으로 옮기고 9월 초에 정년 교수들의 은퇴식이 있다는 연락을 받았으나 참석하지 않았다.

이렇게 하여 나는 고대에서 두 번 쫓겨나게 되었다. 정말로 1985년은 나에게는 위년(危年)이었음이 틀림없었다.

이로부터 나는 강의는커녕 학교 내에 들어가지도 못하게 되었다. 고대의 규정에는 정년까지 20년간 근속하게 되면 자동적으로 명예교수를 주게 되어 있는데, 나는 만 36년간 근속하고 총장까지 지냈는데도 나에게만은 명예교수도 주지 않았다.

이렇게 고대에서 나에게 문을 닫은 다음부터 나는 집에 칩거하여 회고록의 집필에 몰두하게 되었는데, 나는 집필의 순서를 바꾸어 〈고대총장시절〉부터 먼저 착수하기로 하였다. 전두환 독재정치에 대한 분노가 사라지기 전에 그들의 대학 강압 실상을 소상히 기록하여 역사심판의 자료로 만들고 싶었고 또 기억이 가장 생생한 것부터 먼저 쓰는 것이 타당할 것으로 생각했기 때문이다(이리하여 나의 회고록 《장정 3: 나의 대학총장시절》은 1985년 9월부터 12월까지의 4개월 동안에 완성한 것이다).

다만 이의 발간을 1990년까지 미룬 것은 간행할 수 있는 국내정세의 변화를 기다리기 위해서이고 또한 있었던 사실에 관한 나의 솔직한 집필내용을 그대로 발표하면 여러 사람이 다칠 것 같아 이런 부분을 수정해 마음이나 시간의 여유를 갖기 위해서였다.[185)]

185) 앞의 책, 43쪽

## 자유분방한 생활, 연구·저술에 몰두

김준엽은 이제 완전히 자유인이 되었다. 어디에도 얽매인 삶이 아닌 그야말로 자유분방한 생활이었다. 여러 대학에서 출강과 연구소 제공 등 제안이 있었으나 총장을 지낸 고대와의 인연을 생각하고 이를 접었다.

그 대신 저술 활동에 전념하였다. 자서전을 쓰기로 하고, 고대총장 시절을 먼저 집필하기로 결정, 자료 준비를 서둘렀다. 순서대로라면 광복군 시절이 먼저지만 기억이 생생할 때 쓰기로 한 것이다.

새벽 4시에 일어나 정오까지 8시간 동안 회고록을 쓰고, 오후에는 방문객을 맞거나 뒷산(성균관대 뒤)에 올랐다. 그리고 한 달에 한 번씩 지방 여행을 다녔다. 주로 사찰이나 고적을 찾았다. 생활비는 교육연금과 부부가 받는 독립유공자 연금으로 충당할 수 있었고 자동차는 사업을 하는 아들이 마련해줘서 체면치레는 하게 되었다. 1980년 부부는 독립유공자로 서훈이 되고 매월 독립유공자 연금을 받았다.

이 시기 한 언론은 김준엽과 인터뷰 내용을 다음과 같이 정리했다.

> 대학자율화가 사회발전의 열쇠
>
> "나이가 들어간다는 느낌이 들어 서운할 뿐 나름대로 최선을 다한 생활이었기에 후회는 없습니다."
>
> 서울 종로구 명륜동 2가 10의13 아담한 2층 벽돌집 응접실에서

만난 김 전 총장은 정년퇴임의 소감을 담담하게 밝혔다.

지난 1982년의 전임 김상협 총장의 총리입각으로 고려대 제9대 총장으로 취임했던 김 전 총장은 지난 2월 25일 임기를 1년 5개월이나 남겨놓고 돌연 사임한 뒤부터 굳게 입을 다문 채 외부와의 접촉을 일체 피해왔다. 아직도 사임 당시의 얘기는 "이다음에 하자"고 극력 피하는 김 전 총장은 "아무튼 그 당시 '총장 더 해주시오'하는 학생들의 요구는 우리 대학교육 사상 처음이었다"며 밝게 웃었다.

1920년 평북 강계의 부농에서 태어나 신의주고보를 거쳐 일본 경응대 동양사학과 재학 당시 학병에 징집되자 동료인 고 장준하 씨와 함께 탈출, 중국유격대원과 미 OSS대원 등으로 활약한 뒤, 1944년 3월부터 광복군 소령으로 이범석 장군의 부관으로 항일투쟁을 벌였다.

1946년 남경의 중국 국립동방어 전문학교의 강사로 처음 교단에 서면서 중국 국립중앙대 대학원에서 중국사를 공부했고 국공내전으로 귀국한 직후인 1949년 9월 1일부터 고려대 조교수로 출발, 정확히 36년 동안 봉직해왔다. 귀국할 때 백범이 같이 일하자고 한 간곡한 부탁을 뿌리치고 학자의 길을 걸었던 것을 평생에 가장 잘한 결정으로 꼽는다. 그만큼 '철저한 교육자'임을 자부한다.

1957년에 고려대 '아세아문제연구소'의 창설 멤버로 참가했던 김 전 총장은 그 후 '아연'을 세계적인 '아시아·공산권 문제연구소'로 키워왔고, 총장 재임 시에는 학교시설을 확충하는 데 진력, 고려대 발전의 가장 큰 공로자 중의 한 사람으로 인정받고 있다.

"대학은 자유·평등·박애 등 인류의 이상을 추구하는 곳입니다. 적어도 대학에서만은 학문이 완전히 자유롭게 연구되어야 합니다"라고 원칙론을 펴는 그는 "이를 위해서 대학의 자율화는 필수적인 것이며 자율화 없이 학문의 발전, 나아가 사회의 발전은 없다"고 강조한다.

1982년의 총장 취임식사에서 대학의 대중화·거대화에 따른 교육기능의 부실화를 염려했던 김 전 총장은 "대학은 연구소와 국가의 정책제공기관이 아니다"라며, "학생들과의 밀착된 대화를 통해 인격도야 등 인간교육이 연구기능 이상으로 중요한 대학의 기능"이라고 역설한다. 이를 위해 총장 취임 후 교수들의 바쁜 시간을 쪼개 1주일에 두 차례씩 의무적으로 학생면담 시간을 설정했었다.

요즈음의 학원문제가 기본적으로 학생들의 속성을 이해하지 못하는 데서 빚어진다고 풀이하는 그는 "학생들이 현실에 안주, 비판기능이 결여되면 민족의 발전이 있을 수 있겠느냐"며 반문한다.

"생전 처음 한가한 시간을 가져본다"며 즐거워하는 그는 퇴임 후에도 아연에 나가 임시정부와 광복군 관계 논문을 준비, 2년쯤 후에 발표할 계획이다. 고대 건학정신이 밴 '골수 고대인'으로 알려져온 그는 “진리와 정의를 실현해가는 역사의 신은 존재하며, 어느 누구도 역사의 심판을 모면할 수 없을 만큼 역사에 부끄럼 없는 결단을 할 줄 아는 슬기를 지니기 바란다”는 지난 2월의 졸업식사를 다시 후학들에게 남기고 싶다고 했다.[186]

## ‘역사의 감계(鑑戒)’가 일으킨 파장

군사독재의 폭압성은 그칠 줄을 몰랐다. 1985년 8월 7일 학생운동을 원천적으로 봉쇄하고자 학원안정법 시안을 공개했다. 야당과 재야, 학생들의 격렬한 반대로 유보되었으나 전두환 정권의 폭압통치는 지속되었다. 학생들의 저항도 갈수록 강화되었다.

1986년 4월 28일 서울대생 김세진·이재호가 분신자살하고, 7월 2일 부천경찰서에서 자행한 여대생 성고문사건이 폭로되었다. 10월 28일에는 전국 26개 대학생 2000여 명이 건국대에서 4일간 철야농성을 하고 정부는 1300여 명을 구속하여 세계학생운동사에 최고기록을 세웠다. 전두환 정권이 최후의 발악을 하고 있었다.

김준엽은 〈한국일보〉가 1986년 1월 1일 신년호에 실을 글을 써 달라는 청탁을 받고 〈역사의 감계(鑑戒)〉라는 사론을 써서 사회적으로 큰 파장을 불러왔다. 역사 교과서를 국정으로 돌리고 반역사적 정책, 인권탄압, 민주퇴행을 서슴지 않던 권력자와 여기에 부화

186) 〈한국일보〉, 1985년 8월 21일

뇌동했던 어용지식인·언론인들에게 이제라도 읽히고 싶은 내용이다. 40쪽 안팎의 내용 중 '시의성' 있는 일부를 발췌한다.

발분의 비판의식이 역사의식을 형성하며 인간을 역사의 바른 길로 인도하는 등불이 된다. 《사기》에는 수많은 권세가들의 흥망성쇠가 있고, 그리고 모두 역사의 무덤 속으로 사라지고 남은 것은 역사의 거울에 비친 역사적 평가뿐임을 깨닫게 된다.

그러나 역사를 잊고 역사를 두려워하지 않고 살 때 그런 생활은 눈앞의 부귀영화에만 눈이 어둡고 권세와 치부에 맹목이 된 반(反) 역사적 삶이 아닐 수 없다. 역사 앞에서 인간들은 아무것도 감추지 못한다. 실로 역사 앞에서는 완전범죄는 없다. 사람들의 눈을 피해 저질러졌던 비행과 사리사욕을 채우려고 감행된 음모도 모두 음폐의 옷을 벗게 되고 사필귀정의 심판을 받게 된다.

예로부터 우리 민족은 훌륭한 역사기록을 남겼다. 《삼국유사》, 《삼국사기》, 《고려사》는 물론이요, 25대 472년간의 역사를 기록한 《조선왕조실록》은 실로 역사의 진실을 영원히 남기려던 사관들의 투철한 역사의식의 결정이다. 왕조사가 끝난 후 우리는 이런 정사(正史)의 편찬을 대신해서 근대적인 신문을 간행했다.

그 점에서 오늘의 신문들은 현대사의 《실록》이며 기자들이 매일 매일의 역사를 기록으로 남기는 것이 된다. 이제 우리는 신문을 통해 산 역사를 읽고 역사의 심판을 받는다. 그 옛날 목숨을 바쳐 진실을 기록에 남기려고 했던 사관(史官)들의 피 어린 역사의식을 가지고, 오늘의 언론은 두고두고 부끄러움이 없는 역사기록을 남기며 역사의 심판자라는 시대적 양심을 견지해야 할 것이다.

역사는 부지런한 교사 같아서 앞서 받은 숙제를 완성하기도 전에 새 숙제를 내주는 냉엄한 데가 있다. 역사 속에서 각 민족은 생존을 위한 가열한 경쟁을 하고 있으며 자립과 독립의 외로운 탈투(奪鬪)를 경주하지 않고는 이 경쟁을 이겨낼 수 없다.

우리는 해방 후 새 조국을 건설하면서 갖가지 악유산(惡遺産)을 극복하지 않으면 안 되었다. 그 첫째는, 일제 35년간의 역사적 잔재를 청산하는 일이었다. 지난날 한 왕대(王代)가 끝나면 곧 전대의 역사편찬에 착수했다. 그러나 우리는 일제 35년의 피침사(被侵史)를 역사의 심판대에 올려놓고 평정(評定)을 내는 정신사적 과제를 지연시켜온 것이다.

새 나라 건설의 정신적 기초를 세우는 데 있어서 독립운동으로부터 그 정통성을 찾는 역사의식이 박약했던 탓으로 반민족적 행위에 대한 도덕적 평가를 통해 민족적 양심을 되살리고 민족의 정기를 되찾는 매우 중대한 과업을 소홀히 다루었다.

그 결과 정치 면에서는 후안무치한 친일 민족반역자들이 권좌에 올라앉는가 하면 떳떳치 못한 방법으로 정권을 장악하고 또 그 권세를 연장시키기 위하여 온갖 만행을 저지른 인간들도 나타났던 것이다. 경제개발시기에 경쟁행위에서 윤리규범이 서지 못하고 돈이 제일이며 치부가 만사를 형통케 한다는 반윤리적 황금만능주의를 만연시킨 것이다.

왕조시대에는 그 나름대로 선비의 정사(正邪) 감각을 가진 양반층이 가치규범의 모체를 이루었다. 그러나 해방 후 40년 동안 불행하게도 우리 사회의 윤리규범의 모체가 되는 지도층의 모럴을 찾아보기 힘들게 된 것이다. 우리는 아무리 이상적인 유토피아를 희구해도 현실사회에서 완전한 평권(平權) 사회를 만들 수는 없다는 것을 누구나 잘 알고 있다. 그러나 항상 문제가 되는 것은 완전평등이 아니라 '공정(公正)으로서의 정의'의 실현인 것이다.

정의감각에 거슬리는 일이 많이 일어날수록 그 사회는 불안하고 젊은이와 소외계층에서 비판의 소리가 일어나는 법이다.

역사가 주는 교훈은 한 나라의 흥망성쇠는 항상 자기 내부에 있다는 것이다. 외국을 탓하고 외부조건들의 가혹함을 탓하기 전에 그런 난관을 극복할 수 있는 힘은 항상 자기 내부에서 찾지 않으면 안 된다고 하겠다.

오늘날 우리는 민주적 절차에 따라 모든 국민을 국운타개에 동원할 수 있는 국민적 합의를 이룩해놓았는가. 그리고 그 국민적 합의는 무엇인가를 우리 모두는 곰곰 생각하면서 보내는 신정(新

正)이 되었으면 한다. 새해, 새 아침에 옷깃을 여미고 역사의 거울 앞에 서서 우리 민족과 자기 자신의 갈 길을 심사숙고할 귀중한 시간을 가져봄직하다.[187]

## '피침사를 저항사'로 가르쳐라

김준엽의 칼럼이 사내외의 호응을 받으면서 〈한국일보〉는 앞으로 3년간 매주 1회씩 한 면의 전면을 할애해서 한국독립운동사를 연재하기로 했다. 김준엽의 제안을 신문사가 수용한 것이다. 연재는 6월 9일 한국일보사 창간기념일에 맞추어 시작하기로 하였다.

김준엽은 일간신문이 같은 주제로 3년간 연재하기로 한 데 크게 감사하면서 독립운동사 연구 학자들과 논의하였다. 윤병석 인하대 교수와 박영석 국사편찬위원장 등과 연재 전체의 구상과 목차, 필진을 섭외하였다. 한국언론사상 독립운동사를 3년 동안 연재한 것은 이것이 처음이고 마지막이었다.

김준엽은 "제2의 독립운동을 한다"는 심경으로 이 시리즈를 준비하고, 연재 첫 회분으로 〈피침사(被侵史)를 저항사로 바꿔 쓰자〉라는 서론을 발표하였다. 요지를 소개한다.

우리 한민족은 오랜 역사를 통해서 민족자존과 국가자강의 힘

187) 〈한국일보〉, 1986년 1월 1일

찬 자주의지를 견지해왔다. 어떤 논자는 우리 민족이 600여 회의 크고 작은 외침을 물리친 국난극복의 혁혁한 역사를 가졌다고 하며, 단재 신채호는 한국사상의 민족적 영웅을 국혼의 체현자(體現者)로서 국민정신의 귀감을 삼기 위해 을지문덕·최영·이순신 등 국난극복의 3걸에 대한 전기를 펴낸 바 있다.

수(隋)나라의 침략이나 원(元)·왜구의 침략, 임진왜란, 청의 침공 등 거듭되는 외침에 시달리면서도 우리 민족은 국난의 극복을 통해 민족공동체의 자기동일성을 다지고 민족의 공속감의 강화와 조국애의 정신적 자산으로 삼아왔다.

세계사에서 이처럼 거대제국과 직접 육속(陸續)되어 있으면서도 그에 병합·동화되지 않고 민족적 동일성을 유지하면서 자주성을 확고히 할 수 있었던 나라는 별로 많지 않다. 지난 수천 년간 A.토인비의 《역사의 연구》의 문명 리스트에 연결된 수많은 문명이나 민족들 중 문화사적 연속성을 견지한 나라가 그 몇이나 되는가.

우리 한민족이 아직도 우리의 한국어와 국자(國字)를 사용하고 독자적인 민족문화를 유지해온 것은 어떻게 보면 세계사적 기적의 한 가지에 속할 것이다.

그 민족자주의 힘의 원천은 무엇인가? 그것은 우리의 역사가 정치사와 정권사의 측면에서는 굴복도 있고 투항도 있고 사대주의도 없지 않았으나, 민족생활사의 저편에서는 우리 민족이 설사 공권력의 뒷받침이 없을 때에도 꾸준히 끈질기게 왕성한 생존력을 발휘해왔다는 데 있다. 따라서 민족사의 관점에서는 한민족의 자주·자강·확대의 길은 한시도 멈추지 않은 것이다.

조선왕조가 몰락하면서 아직 근대적 민족국가가 성립되지 못한 근대화 과정에서 겪은 일제침략에 대해서도 줄기찬 민족사의 전개과정은 그대로 민족의 자주자강 역량을 과시하는 독립운동으로 장식되었다. 그러므로 근대의 독립운동은 근대 민족사, 특히 근대 민족국가의 형성을 위한 민족주의 운동의 주류 속에서 파악되어야 한다.

우리가 문제로 삼는 한국의 독립운동은 그 '독립'에 있어서 역사적으로 두 가지 의미가 중첩되어 있다. 그 하나는 독립협회운동에서 상징되는 바와 같이, 전통적인 중화(中華)문화권 속에서 사대적 질서를 벗어나 독립적인 주권국가로서 국가주권을 확립하는 과정이며, 그것은 전통적 '천하'의 질서를 버리고 대한제국의 선포에 의해 청(淸)과의 부용(附庸) 관계를 끊는 일이다.

그러나 또 하나의 독립은 1905년 을사조약에 의해 실질적으로 국권이 상실된 것으로 보고, 우리나라를 강점한 일본 군국주의에 저항하여 국권회복을 꾀하려는 독립운동을 생각할 수 있는데 이것이 우리의 주제인 항일 독립운동이다.

그러나 1910년 경술국치를 기점으로 한 항일 독립운동을 규정할 수 있겠으나 1905년부터의 독립운동을 한국 독립운동의 기간으로 잡는 것이 널리 합의될 수 있는 시대구분이 아닌가 여겨진다.

우리는 그동안 개화기 이후의 근대사를 일제에 의해 침략을 당한 피침사의 시기로만 이해해오거나, 일제가 우리나라를 어떻게 식민지 지배를 했는가의 침략자 중심의 식민지 정책사적 측면만을 강조하고, 침략자에 대항해서 우리가 어떻게 싸웠는가의 항일투쟁의 역사, 독립을 위한 우리 민족주체의 민족운동사를 상대적으로 소극적으로 다루어온 감이 없지 않다.

침략당하기만 한 굴욕의 역사만을 알고 있을 때 젊은 세대의 민족적 열등감은 좀처럼 사라지지 않는다. 침략에 맞서 끈질긴 투쟁을 계속한 독립투쟁사의 교육을 통해 우리 젊은 세대는 민족적 자부심과 자존심을 견지할 수 있는 것이다.

우리는 한국사의 정통성을 견지해야 한다. 한국사의 주체는 한민족이며 우리 민족의 자존자립의 의지가 펼쳐진 역사이다. 1905년 이래 1945년까지의 근대사를 일제식민지의 역사로 인식함으로써 한국사의 주체부재(主體不在)의 공백기로 관념을 가지게 해서는 안 된다. 이 시기 일제식민지 지배는 한국사의 주체가 아니며 다만 그 저해요인이요, 민족의 적이 강점한 비한국사적 시기일 뿐이다.

이 주체부재의 역사적 공백기를 우리의 혁혁한 독립운동사로 채우고 역사적 정통성을 바로잡을 때 신흥 민족국가의 정신적 기

초가 재건되는 것이다.[188]

## 봄이 오는 징조

김준엽은 퇴임한 지 2년이 지나도록 고대에서 명예교수의 자격도 받지 못하였다. 따라서 학교도서관이나 아연의 자료실 출입도 자유롭게 할 수 없었다. 학교당국이 정부의 눈치를 보느라고 취한 비열한 조처였다. 그는 여전히 요시찰 인물이었고 가는 곳마다 감시와 미행자가 따랐다.

그는 그렇거나 말거나 자유롭게 발언을 하고 언론 매체의 인터뷰 요청에 응하였다. 독재정권의 말기가 다가오면서 언론사의 인터뷰 요청이 많아지고, 사회단체로부터 학술강연 요청도 들어왔다. 시대가 바뀌어가고 봄이 오고 있음을 보여준 징조였다. 〈고대신문〉의 주간 오탁번 교수의 간청으로 모처럼 모교의 신문과 회견을 하였다. 기사 중 '근황' 부문이다.

> "한마디로 유유자적하고 있어요. 나는 자칭 도연명(陶淵明)인데 집에 밭이 없고 조그마한 뜰 하나밖에 없어 유감이지요. 허허."
>
> 1985년 퇴직한 그는 〈귀거래사(歸去來辭)〉를 읊고 자연 속의 은일(隱逸)했던 도연명을 가리키는 것 같은데 실상은 그리 한가하지

188) 〈한국일보〉, 1986년 6월 8일

도 않다. 현재 한국일보에 〈독립운동사〉를 연재하고 있고, 저서 인 《한국공산주의운동사》의 신판도 얼마 전에 간행되었다.

"그래도 새벽 4시에 일어나서 책을 읽거나 글을 쓰는 버릇은 못 버리겠더구만. 원래 가르치고, 연구하는 게 훈장의 천성인 것 같아요. 가끔 함께 일했던 동료교수나 졸업생을 만나 대작하기도 하고 학술회의에 참석하기도 하지요. 작년 7월에는 일본에, 11월 말에는 대만에서 열린 〈국제관계학술회의〉에 갔었고."[189]

김준엽은 1986년 말부터 1987년 상반기 중에 대소 언론사들의 주목받는 인물이 되었다. 강제퇴임과 꿋꿋한 처신, 언론기고문 등이 주목의 이유였다. 이 시기 인터뷰 기관은 〈아주대학보〉, 〈한국인〉, 〈월간 정경문화〉, 일본 〈자유〉지, 〈샘이 깊은 물〉, 〈주부생활〉, 〈월간 앤터프라이즈〉, 〈여성중앙〉 등이다. 일간신문과의 회견도 많았다.

대표적이라면 〈정경문화〉의 〈김준엽 가문의 독립정신사〉라는 장문의 인터뷰 기사를 꼽을 수 있겠다. 김준엽의 출생에서부터 항일운동, 반독재운동의 과정이 소상히 적혔다.

이 인터뷰를 계기로 김준엽은 〈정경문화〉가 〈월간경향〉으로 제호를 바뀌면서 1987년 3월호부터 8월호까지 6개월간 〈나의 광복군 시절〉을 연재하기에 이르렀다. "이때는 원고가 거의 완성단계에 있

189) 〈고대신문〉, 1987년 1월 1일

었기 때문에 분량(약 2400장)에 있어서는 별문제가 없었으나 초고이기 때문에 발표하는 것이 마음에 좀 걸렸다. 그러나 한편으로 생각하면 단행본으로 내기 전에 일단 잡지에 발표하여 여러 사람의 비판을 받는 것도 좋을 것 같아 결국 〈경향〉지의 요청을 받아들이기로 했다."[190]

김준엽은 1981년 20여 년 동안 살던 서울 종로구 명륜동 1가 10의 13층 소재 낡은 한옥을 헐고 2층 양옥을 지었다. 집을 지으면서 서재를 크게 늘렸다. 그는 이곳에서 연구하고 글을 쓰고 인터뷰를 하였다. 〈샘이 깊은 물〉에 실린 '김준엽 서재'의 서두 부문이다.

> 지금부터 4년 전에 스무 해 살던 집을 헐고 그 자리에 새 집을 지었다. 지을 때에 서재만큼은 그가 고집을 부려서 크게 했으니 이 집에는 서재보다 큰 방이 없다. 거실에서 층층대를 올라가 오른 켠에 있는 문을 열면 열 세평 넓이의 기역자 꼴 서재가 나온다.
>
> 동남쪽 벽에는 햇살을 마음껏 받아들이도록 이것이 이 방의 가장 큰 자랑이다. 유리 창문 세 짝을 여닫이로 크게 냈다. 창문은 그쪽과 동북쪽, 곧 문 맞은편의 낮은 서가 위에만 있으니 그 나머지 벽들은 책을 촘촘히 꽂은 서가로 온통 둘러싸여 있다. 꽂아놓을 자리가 궁해서 서가 위로 올라간 책들도 많은데 줄잡아 몇 천 권은 넉넉히 되어 보인다.

---

190) 김준엽, 《장정 4: 나의 무직시절》, 105~106쪽

지하실 방에도 이 절반은 되는 책들이 있고 갖다놓을 자리가 마땅치 않아 학교의 연구실에 쌓아둔 것도 수북하다고 하니 "혼인 생활의 2/3를 책에게 빼앗겼다"고 한 그의 부인의 농담도 이해가 된다.

방의 크기에 견주어 들여놓은 세간은 아주 간소하다. 창문 앞에 놓인 긴 책상과 맞은편 서가 앞에 있는 탁자와 그에 곁들인 작은 소파 둘이 전부다. 양끝을 경사지게 한 나무 천장과 붙박이 조명 시설물이 수많은 책의 권위에 눌려 자칫 딱딱해지기 쉬운 이 서재의 분위기를 그런대로 아늑하고 부드럽게 해준다.[191]

191) 〈샘이 깊은 물〉, 1985년 3월호

# 《한국공산주의운동사》 전 5권 공저하다

## 김창순과 한국공산주의연구 장정에 올라

해방 후 한국사회에서 공사주의(자)는 중세의 마녀처럼 인식되고 타도의 대상이 되었다. 6·25한국전쟁을 치르면서는 더욱 증오와 불구대천의 원수처럼 되었다. 단일민족·동족·동포·겨레 등의 용어는 생명력을 잃었고, 타도와 멸살의 대상으로 부각되었다.

그러다 보니 일제강점기 항일투쟁에 나섰던 공산주의계열 독립 운동가들까지 좌경·용공·빨갱이·적색분자로 몰리고, 친일파들이 민족사의 정통이 되는 비극적인 현상이 나타났다. 모든 것이 일제가 원인 제공을 하고 미국과 소련이 만든 한반도의 분단에서 기인하지만, 고려의 삼한통일 이후 1300여 년을 유지해온 한민족이

20세기 중반부터 21세기 현재까지 70여 년을 국토분단과 민족분열 상태를 지속하고 있다. 이 같은 상황이 언제까지 이어질 지 기약조차 없다.

반공주의가 '멸균실 수준' 상태이던 1960년대에 공산주의 이론과 한국공산주의사를 연구하는 학자가 있었다. 김준엽이다. 중국에서 독립운동을 하면서, 그리고 해방 후 '중국연구'를 위해 귀국을 미루고 유학할 때 지켜본 중국의 국공내전과 마침내 공산주의자들이 대륙을 점거한 과정, 그리고 한국전쟁을 겪으면서 그는 한국공산주의(사)를 연구하기로 작심한다.

비록 학문적인 연구이지만 열전과 냉전의 한복판이 된 한국사회에서 공산주의 연구는 여간한 용기와 결기가 없이는 쉽게 접근하기 어려운 분야였다. 더욱이 분단과 더불어 생존한 공산주의자들은 대부분 북으로 가거나 지하로 숨어들었다. 6·25전쟁 와중에서 학살·처형된 경우도 많았다.

일제강점기 독립운동은 민족주의세력과 공산(사회)주의세력이 쌍벽을 이루다시피하여 항일투쟁을 벌였다. 아나키즘세력도 만만치 않았다. 한국독립운동사는 사회(공산)주의세력을 배제하고는 반쪽짜리에 불과하다. 해방 후 남한에서는 우파세력의 독립운동사만, 북한에서는 좌파세력(그것도 김일성 중심)의 독립운동사만 기술함으로써 파행성을 면치 못하였다. 남한에서는 1987년 군부독재가 해체되면서 부분적으로 사회주의계열 독립운동사 연구가 진행되었다. 한반도의 절반과 중국대륙, 러시아(구소련)를 지배하고 있는 공산주의 이념과 운동사를 제대로 이해하지 못하고서는 한국의 통일 문제를 해결하기 어려운 것이 현실이었다.

김준엽의 한국공산주의 연구는 이 같은 시각에서 시작되었다. 김준엽은 1962년부터 아연에서 함께 연구해온 김창순(金昌順)과 함께 한국공산주의운동사를 연구하기에 이르렀다. 김창순은 김준엽과 동갑으로 평북 의주 출신이다. 만주 국립대학 하얼빈 학원을 졸업하고, 1·4후퇴 때에 월남하여 서울 중앙방송 해설위원과 국방연구원·공군대학·육군 정훈학교·국립경찰학교 강사·내외문제 연구소 소장을 역임한 뒤 1962년부터 고려대 아연에서 상임연구 위원으로 근무하면서 한국공산주의운동사 연구에 전념하였다. 1977년 이래 북한연구소 이사장으로 근무하고, 국사편찬위원회 독립운동사 편찬 상임위원장을 지냈고 저서로는 《역사의 증인》, 《북한15년사》, 《공산주의 전략전술비판》, 《북한연구자료집(1~9)》 등이 있다.

김준엽과 김창순은 1962년 9월부터 고려대 아연에서 장기간의 연구비를 지급받으면서 본격적인 연구에 착수했다. 두 사람은 그동안 《중국공산당사》(김준엽)와 《북한15년사》(김창순)를 저술하면서 "우리가 절실히 느낀 것은 한국에서의 공산주의운동에 대한 역사적 고찰의 필요성이었다"[192] 는 데 뜻을 같이하였다. 두 사람은 "누구나 인정하다시피, 국토가 양단된 오늘날의 남북의 현실을 옳게

192) 김준엽·김창순, 《한국공산주의운동사(1)》, 서문, 청계, 1986.

파악하기 위해서는 그 역사적 배경을 먼저 규명해야 되며, 이러한 정확한 인식 위에서라야 우리의 역사적 사명인 국토통일의 대업을 완수할 수 있다고 믿기 때문이었다."[193]

앞에서 지적한 대로 1950~1960년대에 한국에서 한국공산주의사를 연구하는 일이 결코 쉬운 것이 아니었다. 아무리 학문적인 연구라 하더라도 극우 반공주의자들에게 마녀사냥의 빌미가 될 수 있었기 때문이다. 군사독재 정권과 그 아류들은 공산주의를 방패 삼아 독재와 부패를 덮고 정적을 공격하는 수단으로 삼았다. 그리고 국민을 공포로 몰아 선거에 활용하였다.

이 같은 행태는 최근 박근혜 정부의 국가정보원에서 간첩을 조작하기에까지 이르렀으며, 그 약효를 장기화·지속시키고자 종북이란 올가미를 만들어 씌우고, 심지어 역사교과서를 국정화시키면서 검인정교과서 집필자의 90%가 좌파라는 망발을 자행할 만큼 전천후성 대량살상 무기가 되었다.

김준엽과 김창순은 이데올로기적 금기에 '연구'라는 방패를 들고 장정에 나섰다. 두 사람이 보수형 학자들이어서 공안의 칼날을 피할 수 있었다. 김준엽으로서는 6천 리 장정에 버금가는 기획이고 출진이었다. 6천 리 장정길에는 곳곳에 일본군·왕정위군·마적단이 깔려 있었고, 이번의 장정에는 정보기관·극우세력·학문적 라이벌 관계자들이 붉은 색안경을 끼고 도사리고 있었다.

---

193) 앞과 같음

이와 더불어 자료 빈곤, 활동 공간 접근성의 어려움 등 문제가 따랐다.

## 전인미답의 난관을 무릅쓰고

김준엽은 남달리 도전정신이 강했고 그것은 그때마다 전인미답의 험로였다. 냉전기 이후 한국에서는 공산주의자와 연구자가 동일시되는 공안 풍토가 뿌리 깊게 조성되어 있었다.

> 우리나라에서의 공산주의운동을 그 초창기부터 역사적으로 제대로 연구한다는 것은 결코 쉬운 일이 아니라는 것을 우리는 잘 알고 있었다.
>
> 그것은 첫째로 이 방면의 연구가 전혀 되어 있지 않기 때문에 참고할 만한 서적이 없고, 첫걸음부터 우리 자신이 길잡이를 하면서 전진해야만 하는 곤란과 위험성이 있었기 때문이며, 또는 자료를 수집하기가 대단히 어려울 것을 짐작하였기 때문이다. 주지하는 바와 같이 우리나라의 공산주의자들의 활동무대는 국내뿐만 아니라 소련, 중국 본토, 만주, 일본 등지의 넓은 지역이었으며, 따라서 이에 관련되는 모든 지역에서의 자료를 수집한다는 것은 거의 불가능에 가까운 것이고, 또한 국내에서의 공산주의자들의 활동이라 할지라도 일제의 탄압 아래에서 진행된 지하운동

이었기 때문에 그가 자신을 남긴 문헌을 입수한다는 것은 하늘의 별 따기라는 것을 우리는 잘 알고 있었다.

다음으로 우리가 이 일을 어렵게 생각한 원인은 이상과 같은 처녀지의 개척과 연구 자료의 결핍을 각오하면서 공산주의운동사의 연구에 착수한다고 할 때에 가장 필요한 것은 충분한 시간적 여유인데, 이 문제를 어떻게 해결할 것인가 하는 점이었다. 다시 말해서, 최소한도로 이 연구를 완성할 때까지의 충분한 연구비를 확보해야 한다는 일이 걱정되었던 것이다.[194]

김준엽은 일본군을 탈출하여 천신만고 끝에 중경의 대한민국 임시정부를 찾아갔듯이, 자료를 찾아 일본·대만·미국·유럽의 관계기관을 찾아다녔다. 두 사람이 교대로 해외 출장을 다녀오고, 국내에서는 묻힌 기록을 찾아 많은 시간과 정열을 바쳤다.

이 자료문제에 대하여 좀 더 부언한다면, 이미 언급한 바와 같이, 국내에서의 공산주의운동은 일제치하의 비합법운동이었기 때문에 공개문서에 기록으로 남아 있는 것이라고는 고작 신문, 잡지의 단편적 공판기사가 그 으뜸이라고 할 수 있을 것이고, 그 밖에는 일제 통치기관의 보도관제를 통과한 잡보기사들이었다.

하기는 일제 조선총독부의 통치문서에 들어 있는 각종 정보

194) 앞과 같음

문서 및 사법문서를 입수할 수만 있다면 다행한 일일 것이나, 8·15의 혼란과 6·25의 전란 등으로 그것마저 많은 부분이 소실, 폐기된 듯하고, 간혹 있다고 하더라도 개인으로서는 얻어 보기가 매우 힘든 일이 아닐 수 없었다.

이에 우리는 불가불 일본, 자유중국, 홍콩, 미국, 유럽 등지를 여러 차례 방문하여 가능한 한 범위의 자료수집에 온갖 노력을 다하였다. 물론 만족할 수는 없다 하더라도 이 저술에 인용된 참고자료의 대부분이 국외에서 마이크로필름으로 복제한 것들임을 생각할 때에, 이 방면의 연구가 현재는 얼마나 힘든 일인가를 새삼 느끼지 않을 수 없다.

그런데 자료의 빈곤에 못지않게 곤란하였던 것은 자료의 신빙성의 문제였다. 일본 통치기관의 문서를 이용하는 데에는 세심한 주의를 하여 사건기술 내용의 진위를 가려내어야만 한다.

이런 경우에 진부를 판단하기 위해서는 관련자의 증언이 효과적이지마는 과거에 공산주의운동에 가담했던 이들의 대부분은 사망하였고, 생존자가 있다고 하더라도 그들의 대부분이 이북에 있는 형편이다.

이남에도 극히 소수의 생존자가 있기는 하나, 그들은 이미 연로할 뿐만 아니라 공산주의운동에서 손을 뗀 지가 오래기 때문에 기억이 몽롱하여, 그들의 증언을 그대로 받아들이기 어려운 점이 많았다.

이럴 때에 일반적인 방법으로서 국외자의 참고증언 청취에 기대를 걸어보기도 하는 것이나, 누구나 알다시피 일제 총독부통치 시대에는 이 분야에 관한 사가들의 연구를 엄금하고 오직 비밀사법서류로 관리하여왔기 때문에 공산주의운동의 진상은 일반에게 봉쇄되었던 관계로, 국외자의 참고증언 역시 사실보다는 본의 아닌 과장 또는 왜곡요소가 적지 않아, 이에 대한 진정한 평가에도 상당한 곤란이 있었던 것이다.[195]

## 《한국공산주의운동사》 주요 목차

5년의 연구 과정을 거쳐 두 사람은 1967년 여름 《한국공산주의운동사》 제1권을 펴냈다. 공산주의운동 초창기부터 1925년 조선공산당이 국내에서 조직되기까지 해외에서 한인의 공산주의운동사를 담았다. 제1권의 목차를 소개한다.

제1권

제1장 한국의 민족주의와 공산주의

제2장 러시아의 한인사회와 볼셰비키혁명

제3장 한인의 초기공산주의운동

제4장 양당의 군통수권투쟁

195) 앞의 책, 5~6쪽

제5장 양당의 해체와 양 기관의 설치 코민테른의 개입
부 록 참고문헌 및 인터뷰, 찾아보기, 지도

책의 구성은 각 장에서 몇 개 절로 나누어 사건을 설명함으로써 한국공산주의운동의 역사를 편년체로 정리했다. 이 책의 출간으로 한국공산주의운동사가 해방 후 처음으로 지상으로 등장하는 계기가 되었으며 학문적으로 조명되는 시점이었다.

이렇게 시작한 한국공산주의운동사는 전 5권에 이르렀다. 제2권부터 목차를 소개한다.

제2권
제6장 3·1운동 이후의 민족운동
제7장 좌익운동의 생성과 발전
제8장 조선공산당의 조직준비
제9장 조선공산당 및 고려공산청년회의 결성과 신의주사건
제10장 제2차 조선공산당과 6·10만세운동

제3권
제11장 전환기의 합법단체 동향
제12장 제3차 조선공산당의 설립과 붕괴
제13장 제4차 조선공산당

제14장 비정통파 조선공산당

제15장 코민테른의 12월 테제와 조선공산당의 해체

부 록 한국공산주의운동사 자료

제4권

제16장 만주에서의 한인민족운동

제17장 만주에서의 한인공산주의운동

제18장 중국공산당 만주성위원회와 한인공산주의 조직

제5권

제19장 중국공산당의 만주무력 조직과 한인대원

제20장 중국 관내에서의 한인공산주의운동

제21장 일본에서의 한인공산주의운동

제22장 조선공산당 재건운동

부 록 연표[196]

## 《한국공산주의운동사》 약술

두 공동 저자가 책의 뒤표지에 각 권의 약술한 내용을 소개하면 다음과 같다.

196) 《한국공산주의운동사》 1~5권 목차

제1권

한국의 공산주의운동은 볼셰비키혁명에 따른 격동과 혼미를 거듭하던 러시아 한인 이주민 사회에서 민족적 사회주의운동의 성격을 띠고 시작되었다. 1918년에 하바로프스크에서 한인사회당이 조직된 것을 효시로 하여, 1921년에는 상해와 이르쿠츠크에서 따로따로 고려공산당이 결성되었다. 이 두 당은 러시아령 독립군에 대한 통수권 투쟁 등 심한 알력 끝에 비극적인 '자유시 사변'을 초래했고, 임시정부를 중심으로 한 민족주의자들과의 대립으로 독립운동세력의 통일전선 형성에도 실패했다. 코민테른의 개입으로 두 당은 해체되고, 국내 공산당의 조직을 준비하기 위하여 1922년에 꼬르뷰로(고려국), 1924년에 오르그뷰로(조직국)가 블라디보스토크에 설치되었다.

제2권

3·1운동 뒤의 국내 민족운동 안에서는 새로이 사회주의운동이 대두하였다. 사상운동, 노동운동, 청년운동, 여성운동, 형평운동 등이 활발히 전개되는 가운데, 1925년 4월에 조선공산당과 고려공산청년회가 결성되었다. 1925년 11월의 일제 검거(신의주사건)로 1차당은 붕괴되었으나, 바로 후계당이 조직되었다. 이 2차당은 1926년 6월에 6·10만세 운동을 주도하다가 일제 검거로 궤멸되었다.

제3권

고려공산당과 후계당이 궤멸된 뒤 사회주의운동 안에서는 방향전환(정우회 선언)으로 민족 통일 전선을 추진하게 되었다. 1927년 2월에 신간회가 결성되고, 5월에는 자매단체로 근우회가 결성되어 활발한 운동을 벌였다. 1929년 9월에 제3차 조선공산당(ML당)이 조직되어, 비합법 운동도 병행하였다. 1928년 2월의 일제 검거에 따른 3차당의 궤멸과 동시에 제4차당이 조직되었으나, 같은 해 7~10월의 검거로 4차당도 궤멸되었다. 코민테른은 1928년 12월에 조선공산당에 대한 재건 지령을 통하여 노동자, 농민에 기반을 둔 당의 재건을 촉구하였다.

제4권

만주는 한국 독립운동의 근거지였다. '한일합병' 무렵부터 항일 무장투쟁과 반일자치운동의 형태로 전개되어온 만주에서의 민족운동은 1931년의 일제의 만주 침략으로 근거지를 중국 관내로 옮겼다. 자연 발생적으로 나타난 공산주의운동은 1926년 5월에 조선공산당 만주총국 및 고려공산청년회 만주총국이 설치되면서 조직적인 활동을 벌였으나 1927년 10월부터 1930년 3월까지의 네 차례의 검거 뒤에 각파로 해체되었다.

코민테른의 정책에 따라 중국공산당 만주성위에 흡수된 한인 공산주의자들은 1930년 5월에 간도에서 대규모의 5·30폭동을 일으켰다. 그 뒤의 항일투쟁은 게릴라활동이 되었다.

제5권

중국공산당 만주성위의 게릴라 조직은 1935년 8월의 제7차 코민테른 대회의 인민전선전술 채택과 더불어 동북항일연군으로 개편되었는데, 그중에는 한인 대원들도 있었다. 중국 관내에서는 조선의용군 활동을 거쳐 1942년 7월에 조선독립동맹이 결성되었다. 일본에서도 일본공산당과 일본공청전협 본부, 반제동맹 등에 가담하여 활동한 한인 공산주의자들이 있었다. 코민테른의 조선공산당 재건 지령 이후로 각파의 재건운동이 있었으나, 해방 뒤에 박헌영에 의하여 비로소 이룩되었다.[197]

## 수정 신판을 완간하다

《한국공산주의운동사》는 제1권 1967년, 제2권 1969년, 제3권 1973년, 제4권 1974년, 제5권 1976년에 고려대학출판사에서 각각 출간되었다. 김준엽이 고대에서 총장직을 사임한 후인 1986년 7월에 수정 신판이 청계연구소를 통해 간행되었다. 그동안 각 권별로 출간했던 것을 수정을 거듭하여 15년 만에 완간한 것이다. 저자들은 〈신판을 내면서〉에서 이렇게 설명한다.

197) 《한국공산주의운동사》1~5권, 뒤표지 발문

첫째로, 이 저술에 관련 있는 것으로서 한인에 의하여 작성된 체계적인 기록을 하나도 찾아볼 수 없었다는 점이다. 간혹 단편적인 것을 찾았다 하더라도 그대로 믿을 수 없는 약점이 있었다.

왜냐하면 한국의 공산주의운동은 가혹한 일제치하에서 지하투쟁으로 전개되었기 때문에, 이와 관련한 사람들까지도 서로가 서로를 잘 알고 있지 못했을 뿐 아니라 비록 같은 이념을 가지고 같은 진영에서 행동했다 하더라도 여러 갈래의 그룹과 조직으로 갈라져 있었으므로, 어느 부분의 단편적인 기록만 가지고서는 전체의 진실을 파악하기가 결코 쉬운 일이 아니었기 때문이다.

둘째로, 일제통치기관 문서를 광범하게 섭렵하는 일도 그때의 사정으로는 여간 힘든 일이 아니었고, 외국에 나가서 자료를 수집하고 또 반입하는 일도 지금은 상상조차 할 수 없을 정도로 힘든 일이었다.

비록 그것을 입수했다 하더라도 그 기록이 말하는 것을 어디까지 믿어야 하느냐의 한계에 부딪치지 않을 수 없었다.

일제통치기관 문서에 수록되어 있는 이른바 사상사건은 거의 고등경찰문서 또는 그 연장으로서의 재판문서라 할 수 있는데, 그것을 그대로 믿어버릴 수 없는 어떤 의문에 부딪치게 되면, 이 의문을 푸는 데에 막대한 시간을 두고 고심참담하지 않을 수 없었다.

셋째로, 관련자들의 증언청취의 경우에서도 일치되는 것보다는 일치되지 않는 것이 더 많았기 때문에, 어느 것을 따라야 하느냐의 심증은 물론이고 그것을 뒷받침하는 물증수집이 거의 불가능해지는 데에서 오는 좌절감은 이루 형용할 수 없는 고뇌가 아닐 수 없었다.

아무튼 1961년의 5·16군사쿠데타로 반공국시 제일주의가 선포된 당시의 분위기와 우리나라의 좌파운동에 대한 체계 있는 기록을 하나도 찾아볼 수 없는 형편에서, 독립운동사상의 좌파의 위치를 실증적으로 밝히려는 도전은 분명히 어려움을 넘어선 일종의 무리한 일임이 틀림없었다.

그러나 조국의 분단 상황은 쉽게 해결될 것 같지가 않았고, 벌써 북한에 둥지를 틀고 들어앉은 공산주의는 대한민국에 대한 정통성 도전을 위하여 크고도 위험한 역사 날조를 감행하고 있었으므로, 올바른 민족사교육을 위하여, 특히 일제치하의 독립운동사를 올바로 전하기 위하여, 공산 북한의 역사 날조를 다만 바라다보고만 있을 수는 없는 일이었다.

그리하여 만난을 무릅쓰고 민족사 날조, 특히 독립운동사를 왜곡하려는 모든 시도를 물리치고, 또한 앞으로의 민족통일에 대비가 있어야만 되겠다는 신념에서, 무력함을 절감하면서도 엄청난 과제에 도전하기로 한 것이다.

많은 시간과 정열을 소비하기는 하였으나, 당초에 품었던 이상 목표에 훨씬 미치지 못하였음을 솔직히 인정하지 않을 수 없다. 겨우 골격을 일단 만들어놓은 데에 지나지 못할 것이다. 지금 생각하면, 우리는 두 사람이 다 40대 초에서 50대 중반을(1962년부터 1976년까지) 넘어서는 인생의 황금시기를 다 바쳐서 고작 이 정도의 작품밖에 남겨놓지 못하였는가 하는 자책감도 없지 않으나, 또 한편으로는, 후학의 인사들과 젊은이들 가운데에서 사실상 절판된 이 책을 찾는 경향이 늘어가는 것을 보고 다행으로 여겨지기도 한다.[198]

## '오래도록 고전으로 남게 될 책'

책을 완간한 후 김준엽은 한 언론과의 인터뷰에서 "공산주의운동에 유달리 관심을 가지고 연구를 많이 하신 데는 특별한 이유라도 있었습니까?"란 질문을 받고 답한다.

뭐 대단한 연구랄 거야 있겠습니까. 일제 때 학병으로 끌려 나가 중국 전선으로 갔어요. 거기서 일본군을 탈출, 전선을 넘어 중국군 쪽으로 갔습니다. 그 당시 얘긴데 일본인들이 국민당 군대와 공산당 군대가 서로 싸우고 있다는 얘기를 하더군요. 이것이 나는 일본군의 모략선전인 줄만 알았습니다. 그때 일본군과 싸우

198) 《한국공산주의운동사》 1~5권, 들머리 글

던 국민당군의 한 유격부대에 내가 있었어요. 그 부대가 후에 공산당 군대에게 전멸을 당했습니다. 일본 제국주의 군대가 자기네 땅 안에 들어와 있는데도 동족끼리 싸움이 벌어지고 있었어요. 충격을 받았습니다.

공산주의란 것이 이런 것인가 하는 생각, 이것이 예사로운 일이 아니라는 생각이 들었어요. 큰 문제라 생각했지요. 탈출 후 우여곡절을 겪고 6천 리를 걸어서 중경에 도착해 한국 임시정부 요인들을 만났습니다.

국민정부는 그때 국민·공산 합작정부였습니다. 우리 임정도 좌익의 김약산 등과의 연합정부시절이었어요. 임정에서도 공산당 때문에 사건이 숱하였지요. 전쟁이 끝나고 나는 중국에 남아 공부를 하기로 했습니다.

우리나라도 이 공산주의운동이 보통 일이 아니라 여겼어요. 그래서 관심을 갖기 시작했는데 《중국공산당사》를 쓴 다음에 우리 임정역사와 독립투쟁사를 쓰려고 했습니다.

한데 임정사나 독립운동사를 쓰려니 첫 번째로 부딪히는 문제가 좌우익 문제였습니다. 이 문제를 알지 않고는 독립운동사가 되질 않아요. 그래서 시작한 게 《한국공산주의운동사》인데 한 15년 걸렸습니다.[199]

199) 〈월간 경향〉, 1987년 1월호

서울대 교수와 〈사상계〉주간을 역임한 양호민은 김준엽 등의 저서를 평한다.

> 김 선생은 중국의 최근세사가 전공이요, 나는 정치학이 전공이다. 그러나 공산주의 문제에 대해서는 같은 관심을 가지고 공부해왔다. 그리하여 그는 중국 최근세 현대사에 전개된 청조 말 중화민국과 연결되는 중국공산당을 체계적으로 연구했다.
>
> 나는 사회주의 일반, 맑스레닌주의의 이론과 역사에 흥미를 가지고 자료를 뒤적여왔다. 그러나 공산주의 문제의 연구에서 귀착점은 우리나라가 아닐 수 없다.
>
> 김 선생은 《중국공산당사》(1958), 《중국최근세사》(1963) 등 많은 책을 썼지만 그중에서도 압권은 1967년에서 1976년까지 10년에 걸쳐 김창순 선생과 심혈을 기울여 공동 집필한 《한국공산주의운동사》 전 5권이라고 생각한다. 이 노작은 착잡하기 그지없는 우리나라 공산주의 운동사를 파묻힌 자료들을 가능한 한 모두 발굴하여 분석 정리한 대작이며, 오래도록 고전으로 남게 될 것을 확신한다.[200]

200) 양호민, 〈우의(友誼)의 세월, 어언 35년〉,《역사의 신》, 484쪽, 나남, 1990.

# 6부

# 역사의 신(神)을 믿으라

# '임시정부 법통'을 헌법 전문에 넣으라

## 1987년 개정헌법 전문에 '임정법통' 제시

한국현대사에서 김준엽의 위상은 사회지도층 저명인사 누구에 못지않았다. 독립운동, 사상계, 고대총장, 저술활동 등에서 그렇지만 특히 이 장에서 소개할 가장 중요한 업적인 헌법 전문에 "대한민국 임시정부의 법통과 불의에 항거한 4·19 민주이념을 계승하고……"를 신설하는 데 결정적인 역할을 한 사실이다.

1987년 6월항쟁은 동학혁명→3·1운동→4·19혁명으로 이어지는 민족·민중혁명의 혁혁한 전통이었다. 앞의 세 가지 혁명이 막대한 민중의 피를 흘린데 비해 6월항쟁은 최소한의 희생으로 군부독재를 축출한, 일종의 명예혁명이었다.

6월항쟁은 여러 가지 성과가 있었으나 대표적인 것은 그동안 이승만·박정희·전두환이 권력연장과 정권찬탈의 과정에서 만신창이가 된 헌법을 국민의 뜻을 모으고 여야 합의를 거쳐 제9차 개헌으로 만든 정상적인 헌법이다. 1948년의 제헌헌법, 1960년 4·19헌법에 이어 세 번째 '국민헌법'인 셈이다.

전두환은 끝까지 권력의 끈을 놓지 않으려 했다. 1987년 4월, 이른바 4·13호헌조치라 하여 5공헌법을 통해 정권을 연장하고자 하였다. 이에 야권과 재야, 범국민적인 저항이 시작되고, 6월 26일에는 전국 37개 도시에서 100만 명이 참여하는 대규모 시위가 벌어졌다.

위기에 몰린 노태우 민정당 대표가 6·29선언, 즉 직선제 개헌과 민주화 조치를 약속하면서 군부정권은 한발 물러서게 되었다. 이어서 개헌작업이 시작되었으나 야권이나 국민들은 대통령 직선제를 비롯하여 권력구조에만 관심이 집중되고 있었다.

김준엽은 역사학자의 식견으로 1987년 초부터 머잖아서 민중의 궐기로 군부정권이 종식될 것으로 내다봤다. 전두환 정권의 폭정이 도를 넘어서 민심이 크게 이반되고 있었기 때문이었다. 따라서 불원간 군부독재가 해체되면 민간·민주정부가 수립될 것에 대비하여 신헌법에 대한민국 임시정부의 민족사적 정통성을 승계하는 방안을 신문에 제시했다. 각 언론이 비중 있게 보도하는 등 사회적 반향이 적지 않았다.

1987년 2월 26일 세종문화회관에서 광복회·한국독립유공자협회, 한국광복군동지회, 한국독립동지회가 공동 주최한 〈대한민국임시정부 법통에 관한 학술대회〉에서 김준엽은 〈대한민국 임시정부의 민족사적 정통성은 헌법 전문에 명문화되어야 할 건국정신이다〉라는 주제의 기조연설을 했다. 오래전부터 구상해온 내용이다.

1987년 2월은 아직 전두환이 권력의 칼자루를 쥐고 학생·시민들의 시위를 공권력을 동원하여 무자비하게 진압하던 시기였다. 이런 시점에 그는 새 헌법의 전문에 임시정부의 법통을 승계해야 하는 이유와 방안을 제시하였다.

친일·수구세력이 기회만 있으면 대한민국 임시정부의 법통승계를 헌법에서 삭제하고 1948년 8·15를 건국절로 바꾸고자 획책하는 현재진행형의 상황에서, 김준엽의 역사인식과 발표 논문이 9차개헌(현행헌법)에 끼친 영향에 관해 살펴보기로 한다.

이 논문은 ①민족사적 정통성의 개념 ②3·1정신의 계승: 공화제 정부의 탄생 ③대한민국 임시정부의 민족사적 정통성 ④해방 후 복국작업에서의 '임정'의 소외 ⑤헌법 전문에 대한민국 임시정부의 정통성을 명문화해야 한다 등으로 구성되었다.

여기서는 논문의 결미 부분인 5항을 중심으로 살펴본다.

> 본 논문은 제헌국회의 헌법 전문에 명문화되었던 '대한민국 임시정부'의 민족사적 정통성이 뒤에 1962년 12월 26일 개정된 5·16헌법

의 전문에서 자취를 감추게 된 사실을 예의 주시하며 앞으로 개헌 작업에서 헌법의 전문에 복원될 것을 주장하는 바이다.

헌법에서 전문은 헌법제정의 유래와 헌법제정권자, 제정목적, 헌법의 기본원리 등을 선언하는 선언적 의의를 가지며 그 요소 중에서도 가장 중요한 것은 건국정신과 그 통치권원의 민족사적 정통성의 명시이다.[201]

## 군부독재자들이 제거한 '임정법통'

김준엽이 제기한 대로 1948년 7월 17일 공포한 제헌헌법 전문은 "기미 3·1운동으로 대한민국을 건립하여 세계에 선포한 위대한 독립정신을 계승하여"를 박정희가 쿠데타를 일으켜 제5차 개헌(1963년 12월) 때 "대한국민은 3·1운동의 숭고한 독립정신을 계승하고 4·19의거와 5·16혁명에 입각하여 새로운 민주공화국을 건설한다"라고 바꾸었다. 박정희는 '임정법통' 뿐만 아니라 4·19는 의거 5·16은 혁명으로 명시하는 역사왜곡을 저질렀다. 대한민국 임시정부의 법통을 배제한 '박정희 헌법'은 그 후 박정희의 3선개헌(1969년)과 '유신헌법'(1972년), '전두환 헌법'(1980년)에서도 인정하지 않았다.

제헌헌법에서 시작하여 1960년 11월 개정된 '4·19헌법'까지 변동없이 이어져온 '임정법통'이 일본군 출신의 쿠데타와 장기집권 그

201) 김준엽, 《역사의 신》, 94쪽, 나남, 1990.

리고 그의 뒤를 이은 전두환에서 그대로 배제시킨 것이다. 다시 김준엽의 논문을 살펴보자.

> 유구한 역사와 전통에 빛나는 우리 대한국민은 기미 3·1운동으로 대한민국을 건립하여 세계에 선포한 위대한 독립정신을 계승하여 이제 민족 독립국가를 재건함에 있어서……

> 이 전문은 1919년 3·1운동으로 대한민국이 건립되었음을 인정하고 그 대한민국 임시정부의 위대한 독립정신을 계승한다고 성문화(成文化)하여 '임정'의 정통성에 기초하여 헌법을 제정하는 유래를 명시하고 있다. 그리고 1948년의 대한민국 헌법은 이 '임정'의 건립에 의해 "세계에 선포한 독립정신을 계승하여 이제 민족 독립 국가를 재건함에 있어서"라고 해서 해방 후의 대한민국을 상해 '임정'의 '재건'으로 표현하고 있다.
>
> 이와 같이 1948년의 제헌국회의 헌법 전문은 대한민국 임정의 건국을 제1공화국으로 인정하고 그것을 오늘의 대한민국의 민족사적 정통성의 근원인 동시에 정당한 통치권원임을 확인하고 있다.[202]

박정희와 전두환이 한사코 헌법 전문에서 '임시정부'의 법통을 삭제하고, 이명박에 이어 박근혜 정부가 6월항쟁의 산물로 회복한

202) 앞의 책, 95쪽

이 내용을 다시 무력화시키고, 정부수립일을 건국절로 바꾸려 했던 것은 선대들의 친일행적과 이를 유산으로 이어 받은 자들의 역사 콤플렉스 때문이다.

김준엽은 군사독재들이 임시정부의 법통을 배제한 과정을 상술하면서 새 시대의 헌법에는 반드시 이의 회복이 필요하다고 역설한다.

> 오늘은 보다 민주적이며 광복운동의 민족사적 가치를 재확인하는 개헌을 기대하면서 모든 광복운동자들과 민족사적 주체의식을 지닌 국민은 우리나라의 기본적인 헌법의 전문에 3·1독립정신의 계승과 더불어 그 정신을 계승하여 건국했던 제1공화국인 대한민국 임시정부와 그 광복운동사의 역사적 존재가 다시 삽입되어 광복운동사의 정통성의 광복이 기약되기를 강력히 희구하는 것이다.[203]

김준엽은 정치인들이나 헌법학자들이 미처 생각하지 못한 임정 법통 승계의 구체적인 실천방안을 제시한다.

> 새로 개정되는 헌법의 전문에는 3·1독립정신의 계승과 더불어,
> 첫째로 대한민국 임시정부가 우리 민족이 세운 민주공화국의 효시로서 제1공화국이라는 사실과,

203) 앞과 같음

둘째로 1919년의 상해 '임정'의 〈임시헌장〉이 우리 헌정사의 시점으로서, 그 헌법제정의 유래로서 명시되어야 하고,

셋째로 광복운동이 헌법 전문 속에 표현된 건국정신의 원천으로서 제자리를 잡아 일제에 의한 피침사(被侵史) 35년만을 알리는데 그치지 말고, 그 역사를 민족저항의 독립운동사로 재해석하여 오늘의 모든 국민뿐만 아니라 대대로 후손들에게 국난극복의 보람찬 민족사를 길이 전해야 할 것이다.

우리는 조국광복을 위해 피 흘려 싸운 광복운동자들의 피의 대가로 이를 요구하며 민족수난의 우리 민족에게 정신적 조국이 되었던 대한민국 임시정부와 그 광복투쟁사가 헌법 전문에 기필코 다시 광복되어야 함을 선언하는 바이다.[204]

## 마침내 살려낸 '임정법통'

김준엽은 헌법 전문에 임시정부의 법통회복이 '마지막 독립운동'이라 생각하고 열과 성을 다했다. 시론과 강연을 통해 이를 역설하고 국회를 방문, 여야 원내 총무들에게 거듭 설명했다.

나는 민족정기의 회복을 위하여 있는 힘을 다 쏟아야 되겠다고

204) 앞의 책, 96쪽

다시 다짐하였다.

8월 31일 민정·민주 양당은 대통령 직선제 개헌안 협상을 완전히 타결, 여야 합의개헌에 성공했다. 그리고 9월 10일 국회에서 여야 공동발의키로 하였다니 통과될 것은 분명하였다.

그런데 이보다 앞서 양당의 헌법초안을 보니 민주당 안에는 분명히 전문에 "대한민국 임시정부의 법통을 계승한다"고 되어 있는데 민정당 안의 전문에는 "임시정부의 정신을 계승한다"고 되어 있기에, 나는 8월 6일 민정당의 이종찬 의원에게 '정신(精神)'을 '법통(法統)'으로 반드시 고쳐야 한다는 것을 역설하여 적극 노력하겠다는 답을 얻었고 또 민주당의 이중재 의원에게는 민주당의 안대로 전문에 '법통계승'을 고집 관철해달라고 부탁하여 동의를 얻은 일이 있다.

이리하여 9월 8일에 새 헌법안이 발표되었는데 헌법 전문은 나의 숙원대로 "유구한 역사와 전통에 빛나는 우리 대한국민은 3·1운동으로 건립된 대한민국 임시정부의 법통과 불의에 항거한 4·19 민주이념을 계승하고 조국의 민주개혁과 평화적 통일의 사명에 입각하여……"라고 명기하고 있었다.[205]

당시 집권당 원내대표 이종찬의 증언이다(그는 독립운동가 이회영의 손자이다).

205) 김준엽, 《장정 4: 나의 무직시절》, 185쪽

6·29선언 이후 새 헌법안 작성 작업이 진행되는 가운데 나에게는 여러 가지 주문이 전달되었다. 특히 김준엽 전 고려대 총장은 나를 직접 불러 이렇게 강조했다.

"이번 기회에 임정의 법통을 잇는다는 내용을 반드시 헌법 전문에 명시해야 합니다. 이 일을 이 의원 말고 누가 하겠소. 현재 민주당 안에는 '대한민국 임시정부의 법통을 계승한다'고 되어 있는데, 민정당 안은 '임시정부의 정신을 계승한다'고 되어 있어요. '정신'과 '법통'이라는 두 글자가 대단히 큰 의미의 차이를 낳습니다. 이 점을 명심해서 틀림없이 '법통을 계승한다'는 것으로 반영해주시오."

나는 그의 말에 전적으로 동감했다. 다음 날 나는 헌개특위 위원인 허청일 의원에게 먼저 헌법 전문에 관한 각종 자료를 전달하면서 이 같은 입장을 반영해줄 것을 주문했다. 그러나 허 의원은 그 문제의 심각성을 그다지 실감하지 못했다.

오히려 약간 부정적인 것 같은 표정이었다. 나는 다시 헌개특위 간사인 현경대 의원을 찾아가 같은 요구를 했다. 그는 이해가 빨랐다. "동감입니다. 저에게 맡겨주시지요." 그제야 안심했다. 그리하여 1987년 10월 29일 채택된 현행 헌법의 전문은 아주 분명하게 정리되었다.

우리 대한국민은 3·1운동으로 건립된 대한민국 임시정부의 법

통과 불의에 항거한 4·19 민주이념을 계승하고…….[206]

군사독재자들에게 '탈취'당했던 임시정부의 법통이 마침내 새 헌법안에 명시되고, 헌법은 1987년 10월 27일 국민투표에서 총유권자의 78.2%가 투표, 투표자의 93.1%의 압도적인 찬성으로 확정되었다.

이에 앞서 대한민국 임시정부 기념사업회는 10월 2일 '대한민국 임시정부 법통계승 기념회'를 세종문화회관에서 열고 이를 자축하였다. 이 모임에는 임정기념사업회를 대표하는 임정의 마지막 국무위원으로 생존한 88세의 조경한 회장과 김영삼·김대중·이종찬 등 관계인사 500여 명이 참석했다.

"나는 정말로 기쁘기 한이 없었고 이제 나라의 기틀이 잡혀가는구나 하는 감회가 깊었고, 이를 위하여 나도 조그마한 기여를 했다는 감이 들어 대단히 만족스러웠다."[207]

## 양김 씨의 영입제의 거절

김준엽이 한국에서 여야 합의개헌이 이루어지고 바라던 '임시정부 법통'이 헌법 전문에 들어가는 등 한시름 놓고 있을 즈음 파리 제7대학 초청으로 10월 29일 출국하였다. 파리에서 '한국독립운동

---

206) 이종찬, 《숲은 고요하지 않다》(2), 64~65쪽, 한울, 2015.
207) 김준엽, 앞의 책, 186쪽

사 연구'에 관한 세미나를 마치고 미국으로 건너가 로스앤젤레스 남가주대학(USC)의 국제학술회의에서 〈한국무장독립운동의 성격〉이란 기조연설을 하고 11월 6일 귀국하였다.

귀국의 날을 알고 기다렸다는 듯이 신문사 기자들이 새벽같이 전화를 걸어왔다. 야당에서 선거대책본부장으로 영입한다는 데 사실이냐는 확인 전화였다. 이어서 김영삼 민주당 총재의 측근이 찾아오고, 그의 주선으로 만난 김영삼으로부터 선대본부장과 대선 후(승리했을 때) 총리직을 제안 받았다.

여야 합의개헌 후 대통령 선거 국면에서 야권은 후보단일화에 실패하고 김영삼이 민주당 후보로, 김대중이 평민당 후보로 나서면서 경쟁적으로 각계 인사들의 영입작전을 벌였다. 며칠 후에는 김대중이 측근을 보내 평민당 상임고문과 집권 후 국무총리를 제의하였다. 두 야당 총재로부터 비슷한 시기에 비슷한 제의를 받은 것이다.

> 이와 같이 야당의 두 김 씨가 나를 중요시해준 데 대하여 고맙기도 하였으나 한편 생각하면 우리나라의 인재 결핍을 새삼 느끼지 않을 수가 없었다. 해방 이후 사회에 알려져 있고 이 사람이면 괜찮을 것이라고 생각되던 사람들이 지조 없이 모두 독재정권의 시녀(侍女)로 타락해버렸기 때문에 생긴 결과이다. 그러기 때문에 능력 없는 나 같은 사람에게 이런 중요한 제의가 있는 것이 아닌가.

생각하면 6·29선언은 나 개인에게도 많은 변화를 가져오고 있는 것이 틀림없었다. 전두환 정권이 나를 총장직에서 쫓아낸 것이 3년도 되지 않는데 이제 나에게 양대 야당에서 총리직을 제의하고 있으니 말이다.[208]

## 안기부장까지 찾아와 총리직 제의

제13대 대통령선거는 1노 3김의 치열한 접전 끝에 노태우 후보가 당선되었다. 6월항쟁의 결과 대통령직선제 개헌까지 쟁취했으나 "야권은 분열로 망한다"는 '전통'대로 두 김 씨의 출마는 노태우에게 어부지리를 안겨주고 말았다.

이를 개탄하는 마음은 김준엽도 다수 국민과 다르지 않았다. 많은 국민이 분노와 좌절에 빠져 있을 때에 김준엽에 관한 이외의 기사가 언론에 보도되었다. 민정당이 지역갈등을 해소하고 화해시대를 열자는 뜻에서 '국민화합추진본부'를 구성하고 그 위원장에 김준엽을 위촉한다는 것이다.

노태우 당선자는 취임하기 전 국민화합추진위원회에 각계 명망가들을 참여시킨다는 복안이었고 김준엽은 이 위원회의 준비위원장인 조일문의 면담 요청으로 그를 만났다. 조일문은 노 당선자가 국민화합추진위원회 위원장을 맡았다가 대통령 취임 후 새 정부의

208) 앞의 책, 207~208쪽

국무총리를 제안한다고 수락을 권고했다. 김준엽은 이때까지 견지해온 '권부불참'의 의지를 설명하고 정중히 사양하였다.

해가 바뀌어 1988년 1월 2일 아침 7시에 느닷없이 안기부장 안무혁이 지인의 안내로 자택으로 찾아왔다.

그는 노 대통령 당선자가 나의 함께 어려운 국사를 극복해나가자고 하니 꼭 도와줘야 하겠다는 본론을 끄집어냈다. 그러면서 나에 대하여 여러 가지 좋은 이야기를 진지한 태도로 털어놓는 것이었다.

나를 기필코 '모시려는' 까닭은 "첫째로 내가 일생을 깨끗하게 지냈다. 둘째로 새 정부에서는 민족정기를 확립시켜야겠는데 내가 독립운동을 했기 때문에 꼭 부합된다. 셋째로 중공과의 외교를 적극화해야겠는데 내가 중국에서 오래 살았고 또 전공이 중국공산당사이기 때문에 알맞다. 넷째는 내가 교수·언론인·학생들에게 인기가 좋다. 다섯째는 김영삼, 김대중 씨와도 잘 아는 사이이고 야당과의 관계도 좋다(그는 직책상 김영삼 씨와 김대중 씨가 나에게 총리직을 제의한 사실을 소상히 알고 있는 듯 하였다)"라고 하였다.[209]

209) 앞의 책, 240~241쪽

## 노태우 당선자의 총리직 제의 거절

김준엽은 흔들리지 않았다. 쉽지 않은 거절이었다. 하지만 노태우 측은 집요했다. 며칠 후 노 당선자가 직접 만나기를 요청했다. 1월 6일 노 당선자가 보내온 승용차로 동빙고의 '안가(安家)'에서 만났다.

> 안 부장을 통하여 자기의 뜻을 잘 알았을 것으로 알지만 오늘 직접 만나 다시 부탁하는 것이니 이번에 꼭 자기와 함께 국사를 맡아줘야 하겠다는 것이었다. 그리고 민주화를 이뤄야 하니 내가 발벗고 나서기를 바란다고 하였다.
>
> 나는 새로 출범하게 될 정부는 지난 27년 동안의 정권들과는 달리 정통성을 갖추게 되었고 또 노 당선자가 민주화를 실현하겠다는 의지도 인정하지마는 워낙 나는 능력이 모자라는 사람이고 특히 행정경험이라고는 총장일을 맡았던 것밖에 없기 때문에 중책을 맡을 만한 자격이 없고, 그뿐더러 나는 내 적성을 잘 알기 때문에 20대부터 이미 학계에서 나라에 기여하기로 결심하여 일생 동안 여러차례의 관직 권유를 받았으나 내 결심을 굽히지 않았으니 양해해달라고 하였다.[210]

"평양감사도 제 하기 싫으면……"이라는 속언이 있듯이 우리 역

210) 앞의 책, 243쪽

사에는 감투를 초개같이 여기는 학자·선비들이 적지 않았다. 반대로 무신정권(고려)이나 조선총독부 그리고 역대 쿠데타 정권에 들어가 호가호위한 식자들도 많았다. 5공 정권에서 국무총리를 지낸 고려대학과 서울대학 총장들도 있었다.

언론에서는 총리직 제의를 거부한 김준엽에 관한 기사로 도배되다시피 했다. 가족과 친지·각계 지인들이 국민의 직선에 대해 수립된 정부이니 참여하여 민주개혁과 학원의 자율성을 확립하는 것이 옳지 않느냐는 권려가 따랐다. 김준엽은 그러나 뜻을 굽히지 않았다. 자신이 국가 민족에 봉사하는 길은 관직이 아닌 학자의 길임을 거듭 확인한 처신이었다.

한 신문은 "긴 산고(産苦) 치른 노 시대의 첫 얼굴 김준엽 씨는 정중히 고사"라는 제목의 기사를 실었다.

> 노 차기 대통령이 그동안 총리 인선과정에서 가장 먼저 교섭했던 인사는 김준엽 전 고려대 총장. 김 전 총장은 노 차기 대통령과 거의 친교가 없는 사이지만 대통령 선거를 앞두고 두어 차례 만났던 일은 있었다. 한번은 대통령선거 전 개시를 앞두고 민정당의 고문직을 맡아달라고 부탁했던 일이 있었고 또 한 번은 이현재 전 서울대 총장 등과 함께 어울려 강남의 한 소줏집에서 저녁식사를 하며 선거에 관한 얘기를 나누었던 일이 있었다는 후문.
>
> 이때 노 차기 대통령은 김 전 총장에 대해 좋은 인상을 받았고

주변에서도 평생 한 번도 정부와 관계되는 일을 하지 않았을 뿐 아니라 일제 때는 광복군, 해방 후는 학계에만 머물러 있었던 생생한 이미지 때문에 강력히 천거했던 것.

때문에 노 차기 대통령은 선거 후 민주화할 추진위원회에 참여해줄 것을 권유하는 등 최근까지 이른바 삼고초려를 한 케이스였으나 김 전 총장이 여러 이유를 들어 정중히 고사했던 것으로 알려지고 있다.

김 전 총장이 영입이 사실상 불가능하다고 판정이 남에 따라 노 차기 대통령은 인선의 폭을 확대해서 총리감을 고르기 시작했고 밀도 있는 작업을 시작한 것은 금주 초부터라는 게 한 관계자의 전언이다.[211]

## 권력지향 지식인들에 대한 조용한 일갈

김준엽의 총리직 거부는 많은 국민들에게 청신한 기풍으로 다가왔다. 감투라면 사족을 못 쓰는 지식인들, 권세의 길이라면 소 갈 데 말 갈 데 가리지 않고 뛰어드는 학계의 풍토에서 그의 고절한 처신은 모처럼 한 줄기 석간수처럼 청량한 모습이었다.

김준엽이 끝까지 총리직을 고사한 뒤 한 언론은 그와 인터뷰 기사를 실었다. 두 대목만 뽑았다.

211) 〈동아일보〉, 1988년 2월 11일

김준엽 전 고려대 총장. 그는 새 정부의 국무총리로 모시겠다는 오랜 교섭을 받았지만 이 시대에 자신이 할 일을 위해, 스스로에게는 맞지 않다고 생각한 총리직을 사양한 사람이다. 그는 옳다고 믿는 바를 지키기 위해 부당한 권력과 싸움으로써 대학총장의 자리를 기꺼이 잃었던 사람이기도 하다.

모범적인 민주시민의 자세라 할 수 있는 그의 이런 모습이 유독 오늘에 빛나는 이유는 무엇일까. 왜 이 사회는 인물난에 허덕이는 것일까? 그는 왜 '큰 의자'에 앉기를 거절했을까? 본지는 제6공화국의 출범에 앞서 '큰 의자'를 사양한 그 사람을 만난다.

"이번에 내가 아주 국무총리 사태(沙汰)가 났어요. 호가 '고사(固辭)'라고 붙었을 지경이니까" 하고 그는 호탕하게 웃는다.

Q: 노태우 차기 대통령에게 하고 싶은 말은 어떤 것입니까?

A: 60%가 넘는 반대표의 의미를 충분히 음미하고 대다수 국민의 여망을 새로운 국정에 반영해달라고 하고 싶습니다. 민주대로 말을 달리는 여(與) 속의 야당대통령의 마음을 가져달라는 말이지요. 내가 몇 번 만나본 결과 노 차기 대통령은 본인의 6·29선언이나 선거공약을 열심히 실천할 것이란 인상을 받았습니다.[212)]

212) 〈월요뉴스〉, 1988년 2월 21일

# 사회과학원 설립과 〈계간 사상〉 발간

### 현실에 살지 말고 역사에 살라

정치권의 거대한 유혹을 뿌리친 김준엽은 다시 본업으로 돌아왔다. 정치인이나 관료는 일정한 시기가 지나면 '업자'가 되지만 학자나 지식인은 여전히 할 일이 남아 있다. 연구하고 탐사하고 글을 쓰는 작업이다.

김준엽은 총리직을 고사하고 나서 예상 밖의 '후폭풍'에 시달려야 했다. '1인지하 만인지상'을 고사한 사실이 널리 알려지면서 더욱 '유명세'가 붙게 되어 여러 단체로부터 고문·장·이사 등 크고 작은 감투의 제안과 행사초청·강연·TV출연·결혼주례 요청이 들어왔다. 대부분 사절했으나 불가피한 경우도 없지 않았다.

하지만 TV 출연만은 한사코 거부하였다. 유신 5공시절 언론인의 본분을 잃고 독재정권의 홍보에 앞장선 간부들이 교체되지 않은 이상 결코 출연하지 않겠다는 결의였다. 그즈음 일본 외무성의 초청이 있었다. 마침 잠시 국내를 떠나 있고 싶었던 시기였다. 기꺼이 초청에 응하여 1988년 4월 22일 일본으로 갔다. 전후에 수없이 일본을 방문했으나 일본 정부의 초청은 처음이었다. 일본에서 각계 지인들을 만나고 일주일 만인 4월 29일 귀국했다.

귀국 다음 날 장덕진 고대 교우회장의 초청으로 고대에서 강연을 하였다. 학교를 떠난 지 3년 만에 과학도서관 대강당에 모인 1300여 명의 제자들 앞에 섰다. 비록 고대의 공식초청이 아닌 교우회 초청이지만 세상의 변화를 실감하면서 "현실에 살지 말고 역사에 살라"는 주제의 강연을 하였다. 졸업생들도 다수 참석하여 넓은 강당을 가득 메웠다.

1시간이 넘은 강연에서 김준엽은 시국관과 젊은이들이 어떻게 살아야 할 것인가를 힘주어 역설했다. 환호와 박수갈채로 강연이 여러 차례 중단되기도 했다. 강연의 마지막 부문이다.

> 마지막으로 여러분에게 부탁할 것은 첫째는 우리는 "역사에 살자", 이 말입니다. 현실에 살지 말고 역사에 길이 살 수 있는 인생을 보내달라 그 말입니다. 목전에는 어떠한 부정과 불의를 해서 잘될는지는 모르지만 그것이 역사에서는 혹독한 비판을 받게 되

는 일입니다.

여러분이 큰일을 하면 할수록, 역사에 떳떳한 정당한 길을 걸어 갔다는 비평을 받을 수 있는 그러한 길을 걸어주길 부탁드립니다.

둘째로 아까 말씀드린 대로 나는 '역사의 신'이 있다고 믿고 있습니다. 우리는 정의나 진리 혹은 선이 통하지 않는다는 것도 알고 있고 그때마다 좌절감을 느낄 때도 있습니다. 그럴 때는 정말 하나님이 있는 거냐 하는 회의감도 생길지도 모릅니다.

나는 무신론자입니다만, 다만 역사의 신은 있다고 생각을 합니다. 그것은 세계역사 과정을 볼 때에 반드시 정의나 진리나 선은 실현된다는 그런 역사의 신을 나는 믿고 있습니다. 여러분도 이런 역사의 신이 있다는 것을 믿어주길 바라고 정의와 진리와 선을 위하여 최선을 다해주십시오.

셋째로 앞에서 말한 바와 같이 1945년 이후에 우리 민족에 부과된 역사적 사명이 있습니다. 이 사명은 이 시대를 사는 사람들은 다 함께 힘을 합쳐서 발전해나가야 합니다. 나는 이 20세기가 끝나는 그때까지 아까 말씀드린 5가지 시대사명을 우리는 꼭 완수해야 될 임무가 있다고 생각합니다.

여러분은 이 시대사명에 대해 깊이 생각해주시고 직장에 있던 마치 일제시대에 우리가 어떤 직장에 있던지 간에 민족의 해방과 주권의 회복을 위해 노력했던 것과 마찬가지로 여러분이 이 나라의 통일과 민주화, 경제발전, 새 문화의 창조, 그리고 정의롭고

평등한 사회를 만들기 위해서 최선을 다해야 한다고 생각을 합니다.[213]

## 40년 만의 중국 방문, 구지중유(舊地重遊)의 심경

김준엽은 중국에서 돌아온 지 40년 만인 1988년 11월 20일 중국 방문길에 나섰다. 중국 방문을 다섯 가지 이유로 정했다.

첫째 희망은 구지중유(舊地重遊, 옛날에 살던 곳이나 놀던 곳을 다시 돌아가 보는 즐거움을 말하는 중국식 표현)의 즐거움을 만끽하려고 한 것이다. 40년 전에 내가 살던 곳이나 보았던 곳을 두루 찾아보면서 40년 전과 지금의 중국을 비교하고 싶었다. 나는 2차 대전 후에 남경에서 3년 동안 산 일이 있고 상해에서는 3개월간 체류한 일이 있으며 또 북경을 1주일간 방문한 적도 있다.

둘째로는 역사학도로서 이 지역의 고적들을 다시 찾아보고 싶었다. 역사적으로 북경·남경·상해는 주로 원·명·청·중화민국, 그리고 중화인민공화국의 정치·문화의 중심지이기 때문에 수많은 역사유적이 있다.

셋째로는, 아니 가장 중요했던 여행 목적은 상해시대의 우리 대한민국 임시정부의 구청사를 확인하고 또한 아직도 유해를 봉환

213) 〈고대교우회보〉, 1988년 5월 5일

하지 못한 임정요인들(신규식 선생, 박은식 선생, 노백린 선생)의 묘소를 찾는 일이었는데, 그 가운데에서도 신규식 선생은 내 아내의 외할아버지이기 때문에 이번에 꼭 찾아내야 할 의무가 있었다.

네 번째로는, 중국의 유명한 대학이나 연구소를 방문하여 많은 학자들을 만나 중국의 학술현황을 알아보고 싶었고 또한 연구자료의 교환이나 학술교류의 가능성을 타진하고 싶었다. 특히 내가 대학원에서 공부하던 구 중국 국립중앙대(현 동남대학)을 찾아보고 싶었다.

마지막으로는 중국의 옛 제자들을 만나보고 싶었다. 나는 1946년 2월부터 1949년 1월까지 중국 국립동방어문 전문학교(현재는 북경대학과 합병되어 있다)에서 교편을 잡은 일이 있는데 나는 일생동안 그때의 제자들을 늘 그리워하면서 살아왔기 때문에 그들을 될수록 많이 만나보고 싶었던 것이다.[214]

중국과는 아직 국교가 없어서 홍콩으로 가서 입국비자를 받아 북경·남경·상해를 거치는 여행이었다. 남경에서는 3년간 봉직했던 국립동방어문 전문학교를 방문했으나 남경시 전염병원으로 바뀌는 등 옛 모습은 찾기 어려웠다.

북경에서는 자금성·만리장성 등을 돌아보고 북경대학을 방문하여 교수들의 환대를 받았다. 상해에서는 임시정부의 옛 청사와

214) 〈한국일보〉, 1989년, 1월 8일

윤봉길 의사의 의거현장 그리고 독립운동 지도자들이 묻혀 있는 만국공묘를 방문했다.

박은식·노백린 두 분의 묘소는 그곳에 있었으나 아내의 외할아버지이기도 한 신규식의 묘비는 보이지 않았다. 안내하는 이(李) 노인의 주선으로 신규식 선생의 묘소를 인근의 다른 묘역에서 찾을 수 있었다.

그런데 불행한 것은 박은식·노백린 두 분의 묘비는 있으나 신규식 선생의 묘비는 없다는 사실이었다. 여기에는 까닭이 있었다. 이 노인의 설명에 의하면 신규식 선생의 묘소는 처음부터 만국공묘에 있었는데 문화혁명 기간(1966~1976년) 동안 가장 난동이 심했던 1968년에서 1972년 사이에 신 선생의 묘비뿐만 아니라 그곳에 있던 외국인의 묘비는 모두 파괴돼버렸다는 것이다.

박은식·노백린 선생의 경우는 두 분 다 처음에 정안공묘(靜安公묘)(박은식은 M구 580호, 노백린은 M구 600호)에 있던 것을 1975년 이곳 만국공묘로 이장했기 때문에 묘비가 없다는 설명이었다.

신규식 선생의 묘비가 없어져 여간 실망된 것이 아니었으나 안장지점(A구 309호)이 확실하기 때문에 측량만 하면 유골의 소재지를 정확히 알아낼 수가 있다는 이 노인의 자신 있는 설명을 듣고 비로소 안심하였다.

이런 설명을 상세히 들은 다음 직접 묘소를 찾아가 박은식·노백린 선생의 묘 앞에서 묵념을 드리면서 온갖 고난 속에서도 항일운동의 선구자 역할을 했던 높은 뜻을 되새겼다.

신규식 선생을 비롯한 원 만국공묘의 묘비들이 파괴된 다음 근래에 와서 이 지역을 평평한 잔디밭으로 만들었다고 하는데 나는 A구 309호로 판단된다는 지점에서 이 노인과 함께 사진을 찍었다. 이와 같이 과히 어렵지 않게 세 분의 묘소를 찾게 된 것을 대단히 기쁘게 생각했으며 이번에 중국을 방문하게 된 것을 정말로 다행하게 느꼈다.[215]

## 사회과학원 설립과 이사장 취임

중국에서 돌아온 김준엽은 김우중 대우그룹 회장의 출연으로 재단법인 사회과학원을 설립했다. 김우중은 1988년 9월 23일 직접 500억 원을 출연하기로 하고 1차로 10억 원을 내놓았다(이후 잔액 전부 출연).

김준엽은 이를 받아들여 순수한 민간부분의 비영리법인으로 사회과학 분야에 있어 이론적이면서 실용적인 사회 중요 이슈를 연구개발하고 미래 지향적인 새로운 사상과 정책대안의 지평을 열어나가기 위한 목적으로 사회과학원을 설립했다.

김준엽은 "문명사적 전환기에 우리 사회가 요구하는 지식인의 사명은 반이성, 반지성으로 줄달음치는 각종의 열광주의나 교조주

215) 앞과 같음

의를 배격하고, 세계사의 경험에 대한 깊은 성찰과 우리 민족사의 부정적 유산에 대한 철저한 자기비판을 통하여 새로운 활로를 개척해 나아가기" 위한다는, 사회과학원의 목표를 설정하였다.

김준엽은 이어서 "이를 위한 지적 작업으로서 우리는 무엇보다도 대내외적인 환경변화에 대한 냉철한 분석과 통찰이 필요하며, 이러한 이성적 능력 위에 우리 스스로의 가치관과 실리에 대한 판단이 공고하게 뿌리내려야 한다"고 전제, "사회과학원의 모든 참여자와 관계인들은 개인적·정치적 동기나 이해관계 그리고 이념적 고정관념을 배척하고, 우리 사회가 당면한 모든 문제에 대하여 인간의 이성과 지성을 바탕으로 접근하여 21세기의 새로운 시대가 나아가야 할 방향을 제시하고자 한다"고 사회과학원의 정관에서 밝혔다.

재단이사진은 김성진·김경원·양호민·신일철·지청·서진영(후에 임희섭 씨로 교체) 등 사회과학자들로 구성하였다. 김준엽은 12월 14일 대우빌딩에 사무실을 내고 사회과학원을 공식 출범하면서 새로운 연구활동을 시작했다. 원장에 김경원, 사무국장에는 손창문(얼마 후 손원보로 교체) 씨를 위촉하는 등 체제를 갖추었다.

사회과학원은 연구 성과를 담아내기 위해 계간지를 발간하기로 하였다. 김준엽은 잡지 발간에 대한 애착이 남달랐다. 독립군 시절 〈재단〉 등과 장준하와 함께 낸 〈사상계〉 등 경험도 적지 않았다. 사회과학원은 연구과 더불어 학문적 성과를 공표하여 사회발전에 기여하는 데 있었다. 이를 위해 전문가와 계간지 편집위원의 선임이 무엇보다 중요했다.

> 연간 약 40명의 전문가와 연구계약을 하여 그 결과를 계간지에 게재할 계획이기 때문에 원장을 도와 편집방침이나 연구제목 및 전문가의 선정 작업을 담당할 편집위원의 선정이 또한 중요하였다. 학적인 업적이 뚜렷할 뿐만 아니라 인격적으로 존경을 받는 40~50대의 학자라야 한다는 것은 물론이고 사상적으로 극우나 극좌가 아니어야 된다는 것이 첫째 선정기준이었고, 그 밖에 전공분야·대학별·출신지 등을 고려해서 선정했다.[216]

## 〈계간 사상〉지 발간, 사회과학분야 선도

김준엽은 사회과학원의 주요 사업의 하나를 잡지 발행에 두었다. 아무리 고매한 이론, 탁월한 연구라도 사회에 알려지지 않고 국가사회 발전에 도움이 되지 않으면 학문적 의미가 없다는 인식에 서였다.

그것은 사회과학원 소속 연구원과 전문가들의 연구 성과를 잡지를 통해 발표하자는 생각이었다. 또 이것이 거액을 아무런 담보나 조건 없이 출연한 김우중 회장의 뜻이기도 할 것이었다. 김경원 원

216) 앞의 책, 372~373쪽

장과 상의하여 잡지편집위원을 선정했다.

> 이에 합당하는 인재가 많은 데다가 편집위원의 수가 유한하기 때문에 나와 김 원장은 많은 고심을 하였는데 결국 최정호(철학·매스컴, 독일 유학, 연대 교수), 안병영(행정학, 오스트리아 유학, 연대 교수), 한상진(사회학, 미국 유학, 서울대 교수), 김인준(경제학, 미국 유학, 서울대 교수), 한승주(국제 정치학, 미국 유학, 고대 교수), 최상용(정치학, 일본·미국 유학, 고대 교수) 등 제씨와 김 원장으로서 편집위원회를 구성하였다(1989년 1월).[217]

잡지의 이름은 새로 위촉한 편집위원회에서 〈계간 사상〉으로 결정하였다. 김준엽은 자신이 이사장이고 또 잡지 발행의 경험자이지만 잡지 편집과 운영 등 모든 것을 편집위원회에 맡겼다. 그는 성품상 권위주의적이거나 독선적이지 않았다. 민주적인 방식으로 토론하고 결과를 도출하였다.

> 계간지의 명칭에 관하여 편집위원들이 많은 토론을 거듭하였는데 우연하게도 내가 내심으로 생각하던 것과 같은 〈계간 사상〉으로 결정되었다. 우리가 생각하는 연구원의 역할이 50년대에 〈사상계〉가 맡았던 일과 비슷하다는 데 그 이유가 있겠지만 게재

---

217) 앞의 책, 373쪽

하는 논문의 성격은 학술논문과 월간잡지의 중간을 가는 수준 높은 것이 될 것이다.[218)]

김준엽은 새 잡지가 학술논문과 시사 월간잡지의 중간쯤에 자리잡기를 바랐다. 딱딱한 학술지는 수준은 높아도 대중성이 없으면 일반 독자들로부터 외면당하게 된다는 우려에서였다. 그래서 옛 〈사상계〉 그룹을 자문위원으로 위촉하였다.

나는 연구원을 중심으로 뜻있는 훌륭한 인재들이 모였으면 좋겠다는 생각과 옛날에 〈사상계〉를 중심으로 뛰었던 사람들이 함께 모여 나랏일을 의논하는 것이 좋겠다고 판단하여 오랜 숙의 끝에 최석채, 박두진, 현승종, 양호민, 안병욱, 전해종, 이만갑, 임원택 씨 등 사회에서 가장 존경받는 원로로서 자문위원회를 구성하였다(1989년 2월 24일).[219)]

〈계간 사상〉이 1989년 여름호로 6월 27일에 창간호를 냈다. 발행인 김준엽, 발행처 사회과학원, 제작 공급 나남출판사, 정가 3,000원으로 하는 346쪽 국판이었다. 창간호에 등재된 편집위원은 한승주·한상진·최정호·최상룡·안병영·김인준·김경원이었다.

218) 앞과 같음
219) 앞의 책, 374쪽

〈계간 사상〉은 〈사상계〉가 박정희에게 압살당한 지 19년 만에 그 정신을 잇고자 출간되었다. 창간호는 '한국사회의 변동과 과제'라는 특집 아래 7명의 필진이 참여했다.

최정호 무사상(無思想)의 사회, 그 내력과 구조
한승주 정치·민주화의 시련과 진로
안병영 국가·관료제 그리고 국민
홍원탁 기로에 선 한국경제
한상진 중심화 변혁 모델의 탐색
조 형 여성의 삶을 통해 본 한국사회 변동의 구조
김인회 한국교육의 과거·현재·미래

창간호에는 이 밖에 윤호미의 〈프랑스혁명 200주년에 생각한다〉, 김경원의 서평 〈현대공산주의: 개혁은 성공할 것인가〉 등이 실렸다.

## 〈계간 사상〉 창간사

〈계간 사상〉은 다음과 같은 창간사를 실었다.

〈계간 사상〉을 내면서

우리는 바야흐로 역사상 미증유의 변화를 경험하고 있다. 이

변화를 어떻게 파악하고 주도하느냐에 따라서 우리는 희망의 빛을 볼 수도 있고 절망의 늪에 빠질 수도 있다.

이 변화 속에서 산업화·합리화 그리고 민주화로 이어지는 긍정적 발전의 흐름이 분명히 존재한다. 그러나 현실적으로 우리에게 부닥친 고통스러운 도전은 오히려 이 변화의 어두운 측면들이다.

이를테면 상대적 박탈감의 증대와 지도적인 사회규범의 상실, 잡다한 가치관들의 난립 그리고 혁명과 반(反)혁명에로의 유혹 등, 실로 복잡하고 첨예한 갈등이 우리 사회를 송두리째 흔들어 놓고 있다. 우리는 이와 같은 변화의 고통스러운 현상들을 단순히 과도기의 홍역(紅疫)으로만 눈감아버릴 수는 없다. 우리 사회의 모순과 갈등은 이미 우리의 사회적 통념의 수준을 넘고 있고 각 세력 간의 대결은 마치 선과 악, 정통과 이단의 싸움처럼 양극화하여 화해의 접점을 찾기 어려울 정도로 심화되어가고 있다.

우리는 이러한 양극화 현상을 극복하지 않으면 안 된다. 이 경우 극복의 의미는 양극 가운데 어느 한 극을 안이하게 선택하는 것이 아니라 양극 사이에 존재하고 있는 다양한 가능성에 착안하여 창조적인 대안을 추구하는 것이다.

다행하게도 우리 사회에는 아직도 폭력에 의한 좌·우의 현상타파를 거부하고 체제의 개혁을 통한 민주화의 방향으로 합의가 이루어질 수 있는 소지가 건재하고 있다. 이렇게 볼 때 우리 사회가 요구하는 지식인의 사명은, 반이성·반지성으로 줄달음질치는 각종의 열광주의나 교조주의를 배격하고, 세계사의 경험에 대한 깊은 성찰과 우리 민족사의 부정적 유산에 대한 철저한 자기비판을 통하여 새로운 활로를 개척해나가는 것이다.

이를 위한 지적 작업으로서, 우리는 무엇보다도 토착적인 문제의식을 보편적인 방법으로 풀어나갈 수 있는 새로운 사고, 새로운 사상의 지평을 열어나가야 할 것이다.

우리는 또한 세계 질서의 변화에 주목하고자 한다.

2차 대전의 종식과 더불어 우리에게 분단의 비극을 강요하였던 국제관계는 드디어 냉전의 구조를 극복하고 새로운 질서를 모색하는 단계에 이르렀다. 소련을 위시한 사회주의 국가들의 개혁을 위한 진통은 동서관계의 근본적인 재조정을 불가피하게 만들고 있으며, 고도 자본주의 국가들의 정보사회화 현상은 주권국가의 미래에 근본적인 문제를 제기하고 있다.

이러한 국제관계 전환의 소용돌이 속에서 우리는 또다시 타율적 운명의 제물이 되어서는 안 된다. 그렇기 때문에 우리는 모든 안이한 이념적 유혹을 물리치고 날카로운 분석 능력과 깊은 통찰력을 배양하기 위하여 엄격한 지적 훈련을 거듭해야만 할 줄 안다.

이러한 시대적 요청에서 출발하는 〈계간 사상〉은 우리 사회에 엄존하는 위기상황을 현실로써 겸허하게 받아들여, 그것을 분석적으로 이해하고 끊임없는 이성적 대화를 통하여, 공론과 정론의 산실이 될 수 있도록 꾸준히 노력해갈 것이다. 아무쪼록 관심과

성원을 기대하는 바이다.[220]

## 사회진단과 방향 제시

잡지의 창간사는 관행상 발행인이 집필하는 것이지만, 누구 못지않은 '글쟁이'이기도 하는 김준엽은 자신이 직접 쓰지 않고 편집위원들이 공동 집필토록 했다. 그리고 무기명으로 처리하여 '공기(公器)'의 기능을 보이고자 노력한다.

〈계간 사상〉은 편집위원들을 중심으로 '온건보수' 계열 지식인들이 주요 필진으로 참여했다. 〈사상계〉가 '진보개혁' 노선이었던 것과는 비교된다. 또 〈사상계〉가 독재정권의 직설적인 비판에 포인트가 있었다면 〈계간 사상〉은 시사분석과 대안제시에 역점이 주어졌다. 매호마다 특집을 중심으로 엮었다.

창간 이후 각권의 '특집'을 소개한다. (통권 28호까지)

| | |
|---|---|
| 1989년 여름호 | 현대공산주의 어디로 가는가 |
| 1989년 가을호 | 90년대의 전망과 도전 |
| 1990년 봄호 | 전쟁과 혁명: 6·25와 4·19 |
| 1990년 여름호 | 한국인 그는 누구인가 |

220) 〈계간 사상〉, 창간호, 7~8쪽

| | |
|---|---|
| 1990년 가을호 | 민주화, 어디까지 왔나? |
| 1990년 겨울호 | 이데올로기의 미래 |
| 1991년 봄호 | 남북관계와 통일문제 |
| 1991년 여름호 | 전환기의 일본 |
| 1991년 가을호 | 한국언론을 말한다 |
| 1991년 겨울호 | 한국정치의 개혁 |
| 1992년 봄호 | 한국경제의 평가와 전망 |
| 1992년 여름호 | 격변하는 세계와 한국의 선택 |
| 1992년 가을호 | 정치 지도자론 |
| 1992년 겨울호 | 새 정부를 위한 정책제언 |
| 1993년 봄호 | 미국은 어디로 |
| 1993년 여름호 | 21세기를 향한 한국 |
| 1993년 가을호 | 중국의 오늘과 내일 |
| 1993년 겨울호 | 세계화시대의 경쟁전략 |
| 1994년 봄호 | 제3의 길은 없는가? 역사의 실험 |
| 1994년 여름호 | 현대사상의 산책 |
| 1994년 가을호 | 세계화의 도전과 응전(1) |
| 1995년 봄호 | 세계화의 도전과 응전(2) |
| 1995년 여름호 | 광복 50년의 평가와 전망 |
| 1995년 가을호 | 정보기술혁명과 정보사회 |

1996년 봄호 재벌, 무엇이 문제인가[221]

필자가 입수 가능한 창간호부터 통권 제28호까지에 발행인 김준엽은 한 편의 논문도 싣지 않았다. 매 호마다 특집을 꾸미게 된 이유를 권두언으로 실었지만, 그것도 무기명이었다. 김준엽은 이 잡지발행에 대단히 만족하였고 자부심을 가졌다고 한다.

비록 〈사상계〉처럼 대중의 선풍적인 인기를 모으고 그로 인해 발행인이 암살당하고 잡지가 폐간되는 등의 시련과는 달랐으나 고급 정책 교양지의 역할에 충실하고자 꾸준히 원칙을 지키고 노력했다.

김준엽은 고대 총장에서 쫓겨난 후 4년간 무직이다가 사회과학원 이사장과 〈계간 사상〉 발행인, 1989년 4월부터는 김우중 회장의 제안으로 아주대학교 재단(대우학원) 이사장까지 맡게 되어 바쁜 일상을 보내게 되었다.

221) 〈계간 사상〉, 제2권부터 제28권까지 목차

# 책과 더불어, 연구와 저술의 일평생

## 한국지성사에 남긴 저서들

학자는 연구논문과 저술로 평가받는다. 연구보다 행정·관리 쪽에 치중하면 진정한 학자가 못된다. 김준엽은 2년 7개월의 대학총장과 사회과학원 이사장 등 관리직을 맡으면서도 평생 연구와 저술을 멈추지 않았다. 그는 적지 않은 저서를 남기고 큰 학자가 되었다.

앞에서 소개한 공저의 《한국공사주의사》 전 5권 이외에도 한국지성사에 남은 괄목할 만한 저서가 많았다. 저서의 목록을 살펴본다.

1. 《중국공산당사》, 1958년, 사상계사

2. 《중국최근세사》, 1963년, 사상계사
3. 《중공권의 장래》, 1962년, 법문사
4. 《손문 호적》, 1968년, 경지사
5. 《중공과 아시아》, 1979년, 일조각
6. 《남북통일문제와 그 주변》, 1979년, 일조각
7. 《북한의 오늘과 내일》, 1982년, 법문사
8. 《North Korea Today》, 스칼라피노와 공편, 1983년, 캘리포니아 대학
9. 《장정》 전 4권, 1987~1990년, 나남출판
10. 《역사의 신》, 1990년, 나남출판
11. 《석린 민필호전》, 1995년, 나남출판
12. 《장정 제5권, 다시 대륙으로》, 2001년 11월, 나남출판

김준엽은 여러 권의 책도 번역하였다. 《중소외교사》, 《중국 안의 소련》, 《공산정권하의 중국》, 《잃어버린 대지》, 《소련 정치사》 등이다.

그는 또 여러 권의 책과 자료집을 혼자서 또는 공동으로 편찬하였다.

《구한국외교문서부속문서》, 《북한연구자료집》, 《한국현대사》, 《대세계사》, 《육당최남선전집》, 《구한국외교관계부속문서(間島案)》, 《북한연구자료집(1~9)》, 《한국공산주의운동사 자료집(1~2)》,

《중국연구》 등이다.

여기서는 김준엽의 많은 저서·공저·역서·편서 등을 모두 소개하기는 어렵고, 이미 소개한 책을 제외한 몇 권을 골랐다.

고려대학은 1981년 6월 부설기관으로 '중국학연구회'를 설립하고, 김준엽이 초대회장직을 맡았다. 김준엽은 총장 재직 시에 《중국학논총》을 무크지 형식으로 간행하였다. 1984년 3월에 낸 창간호(제1집)는 비중 있는 논문·논평으로 구성되었다.

〈중국철학서설〉, 김충렬
〈혜능(惠能)의 무념(無念) 무상(無相) 무주의(無主義)〉, 김하우
〈제일기언(第一奇諺)에 대하여〉, 정규복
〈모택동의 정치경제학과 4개 현대화 정책의 발전이론 비교〉, 서진영
〈1949년 이후의 자유중국문학〉, 이재훈
〈중공의 문예자유화사조와 '상흔문학'〉, 이윤양

## 《중국학논총》 창간사

김준엽은 《중국학논총》 제1집에 쓴 창간사에서 그의 중국에 대한 역사와 문화, 현실적 인식을 고스란히 피력한다. 주요 내용을 뽑았다.

지난날의 중국을 돌아보면 중국은 동아시아에서 문화적 선진국이었고 정치·군사적 대국이었으며 인류 문화발전에 대한 비상한 공헌으로 세계사에서 중요한 비중을 차지하고 있다.

또한 현재의 중국을 살펴보면 중국의 영토는 양자강·황하·수하(淮河)의 장강대하를 포함하는 중국 본부의 18성(省)을 중심으로 동은 만주평원, 북은 몽골고원과 알타이산맥, 서는 파미르고원, 남서는 히말라야산맥 그리고 동남으로는 동지나해와 남지나해를 경계로 구성되었는데, 그 면적은 약 959만 제곱킬로미터이다. 중국의 이 면적은 아시아 대륙의 1/5을 차지하고 있고 세계적으로 볼 때 소련·캐나다에 이어 제3위의 대륙 국가를 형성하고 있다.

중국문화는 세계 4대 문명발상지의 하나인 황하문명에서 그 기원을 찾아볼 수 있는데 그 시대는 기원전 4000년경에 융성했던 앙소문화(仰韶文化) 시기였다. 이미 이 시기부터 농경을 기반으로 형성되었던 중국문화는 은·주의 국가형성과 더불어 독자적 청동기 제작, 문자발명, 예교문화를 창달하고, 또 학술과 사상을 발전시켰다.

그리고 중앙집권적 관료 제도를 지배근간으로 한 진·한 제국이 형성되자 그 정치·군사적 통일과 안정 속에 융합되어 중국고전문화를 완성하게 되었다.

중국은 세계문화발전에도 지대한 공헌을 하였다. 그것은 종이·화약·인쇄·나침판의 발명이라고 할 수 있다. 과거 중국의 전통문화는 현재 인류문화의 기조를 이루고 있는 과학·기술문명을 체계적으로 발전을 못 시켰으나 이들 발명품이 현재 인류문화 발전의 4대 요소였음을 감안하면 세계문화발전에 중국문화의 지대한 공헌을 알 수 있다.

근세에 이르러 중국은 서구 및 일본 자본주의 열강의 가장 중요한 식민지적 대상이 되어 정치·경제·군사적 수탈과 착취 그리고 침략을 받아왔다. 그리고 현재는 공산당의 치하에 들어가 후진국으로 전락하였다.

물론 이 기간 중에 중국에서 중국부흥과 근대화에 대한 적극적인 노력이 없었던 것은 아니다. 청 말에 강유위(康有爲)에 의한 변법자강의 개혁운동이 있었고 이 개혁운동이 실패하자 손문은 혁명운동을 전개하여 만청 정부를 타도하고 중화민국을 수립하였다. 그러나 중국이 다시 군벌에 의한 내분과 혼돈에 빠지자 장개석은 중국 통일과 근대화운동을 추진하였다.

그리고 모택동은 중국을 정치·군사적으로 통일은 이룩하였으나 중국근대화는 실패하였다. 그 결과로 중국은 공산국가이면서도 근래에는 친서방정책을 취하지 않을 수 없게 되었다.

우리나라는 해륙으로 중국과 밀접해 있고 역사적으로 볼 때

1500여 년 이상 중국의 제왕조와 정치·경제·문화적으로 깊은 관계를 맺어왔다. 이에 따라서 중국의 선진문화는 우리의 국가형성, 경제발전, 문화 창조에 직접·간접의 많은 영향과 자극을 주었으며 오늘날 우리의 전통문화 형성에도 중국문화 일부가 그대로 되어 있다.

이 같은 사실은 우리의 전통문화 연구와 해명을 위해서도 중국문화의 연구가 절실히 필요한 것을 말하고 있다. 또한 중국과의 지정적 위치를 볼 때 중국은 남쪽의 일본과 더불어 우리의 이웃으로서 영원히 계속된 숙명적 관계에 있는데, 이 같은 사실은 우리의 미래를 위해서도 중국 연구가 필요한 사실을 말하고 있다.

이러한 점에서 볼 때 우리 세대에 있어 중국에 대한 깊은 관심과 체계적 연구는 어느 시대보다도 절실히 요구되고 있는데 30여 명에 가까운 중국관계의 학자들이 모여 있고 동양학 관계의 방대한 장서를 갖추고, 또 한국학의 본산이라고 할 수 있는 고려대학교가 그 중심이 되어 중국학 연구가 진행되어야 할 것으로 생각한다.[222]

## 《중국과 아시아》 전문서 발간

김준엽의 저서 중에 1979년 9월에 펴낸 《중국과 아시아》가 있다.

222) 《중국학논총》 제1집, 서문, 5·6·7쪽, 발췌, 1984.

이 책은 그가 고려대에 봉직한 지 30년을 맞아 그동안 학술지·잡지·신문에 기고한 중국·아시아 관련 내용을 묶은 것이다. 이 분야 최초의 학문적 결실인 셈이다.

3부로 나누어 제1부는 아시아의 제문제, 제2부는 중국국민정부, 제3부는 중국공산당 관련 글이다. 김준엽이 언론매체에 발표했을 적마다 큰 반향을 일으켰던 글들이다. 목차와 서문을 통해 책의 내용을 알아본다.

1. 아시아의 제문제
아시아사회의 후진성에 관한 일고찰
아시아 민족해방운동
아시아에 있어서의 근대화문제
우리 시대에 있어서의 공산주의문제
일본과 아시아제국의 장래

2. 중국국민정부
부의(溥儀)의 반평생
손문과 호적
국민정부는 이렇게 몰락하였다
패잔의 치욕을 씻은 국부(國府)

3. 중국공산당
중공혁명노선의 변천
중공국가체제의 성립
중공의 인민지배구조
중공체제 지식분자 수난
중공의 문자개혁운동
중공의 정풍운동
중·소분쟁
중공문화대혁명의 분석
중공의 문화혁명
중공의 비림비공운동
중공의 권력구조와 외교노선
중공과 아시아
미·중관계와 한반도
일·중공평화우호조약의 성립이 동북아에 미치는 영향[223]

김준엽은 이 책을 묶어낸 이유를 서문에서 밝혔다.

나는 고대에 봉직하면서 30여 차에 걸쳐 구·미와 아시아 각국을 여행하는 동안 구·미와 아시아를 대조적으로 관찰하는 버릇이 생겼

223) 김준엽, 《중공과 아시아》, 목차, 1979, 일조각

고, 그러는 동안에 느끼는 것이 '왜 아시아는 구미보다 뒤떨어졌으며 또 어떻게 하면 구미처럼 발전할 수 있겠는가?' 하는 문제였다.

1957년에 아시아문제연구소를 시작하여 오늘에 이르기까지 이 연구소의 발전에 심혈을 기울이는 것도 그 까닭이다.

다만 중국의 국·공문제나 우리나라의 남북문제는 아직 해결된 문제가 아니기 때문에 신문이나 잡지사에서는 가끔 앞으로의 전망에 대한 견해를 밝히라는 요구가 있었기 때문에 역사가의 본분을 떠나 미래를 예측하는 글을 쓰게 된 일도 있다는 것을 해명할 수밖에 없다.

돌이켜보면 예언이 맞는 일도 있고 틀린 것도 있다. 예를 들면 중·소 분쟁이 일어나 오늘날과 같이 서로 날카롭게 대립하리라고는 예측 못하였는데 반하여 등소평이 집권하리라는 것은 문화혁명이 한참 진행되던 1966년에 예언한 일이 있는데, 지난날 발표한 글들을 다시 읽어보건대 지금 생각하여도 과히 큰 착오는 범하지 않은 것으로 자부한다.

지난 30여 년 동안에 국제 정세에 심한 변화가 있었을 뿐만 아니라 국내 정세도 많이 변했고, 또 나 자신의 생각이나 문장에도 변화가 있는 것을 시인할 수밖에 없다. 그러나 이 책을 간행하는데 있어서 이미 발표한 원문에 일절 가필을 하지 않고 그대로 수

록하기로 하였다.[224]

## 《장정 5: 다시 대륙으로》 간행

김준엽의 자서전 '장정' 시리즈는 제1·2권은 나의 광복군시절, 제3권은 나의 대학총장시절, 제4권은 나의 무직시절, 제5권은 '다시 대륙으로'란 제목을 달았다.

'광복군시절'의 자서전이 처음으로 햇볕을 보게 된 것은 1985년 광복 40주년을 계기로 당시 진보적인 정론지로 알려진 〈마당〉 8월호에서였다. "사실과 진실의 차이를 아는 잡지"라는 타이틀을 내세우며 계몽사에서 발행한 이 월간지는 〈전 고대총장 김준엽이 최초로 쓴 나의 광복군시절〉을 11쪽 분량으로 실었다.

일본군에 입대하기 전에 한 통의 유서를 남긴 사연부터 학병탈출 제1호, 중경 6천 리 길, 임천에서 광복군을 만난 얘기, 14일 동안 기다시피 넘은 파촉령, 김구 주석 등과 만난 일, 일본 항복 이틀 후 조국에 들어왔던 배경, 해방 후 학문연구차 중국에 남게 된 사유 등을 자세히 적었다. 저서 《광복군 시절》의 원형이 되었다. 김준엽의 자서전은 〈마당〉에 이어 〈월간 경향〉, 〈신동아〉 등의 연재로 이어졌다.

《장정 5》는 ①평교수 시절 ②사회과학원 시절 나의 70대 ③나와 인연이 깊은 독립운동의 지도자와 동지 ④속 '역사의 신'(논설집, 한

224) 앞의 책, 〈서문〉, 발췌

국편) ⑤속 '나와 중국(논설집, 중국편)'으로 구성되었다. 목차에서 보이듯이 《장정》 이외의 많은 시론·논설·연설문·기록문과 중국 관련 논설, 중국 제자들이 쓴 글, 각종 수상 관련의 글이 다양하게 실렸다.

여기서는 ⑤〈속 '나와 중국'〉 편에 실린 중국 관련 목차의 일부를 소개한다.

중국교육부 김준엽 선생에게 '중국어문화우의장' 훈장수여.[225]

김준엽의 자서전에 속하는 다섯 권짜리 《장정》을 출판한 제자 조상호 나남출판사 대표의 증언이다.

책 제목은 모택동의 대장정(大長征)에 버금가는 의미를 부여하기 위해서 《김준엽 현대사―장정》이라고 붙였다. 이 책은 5만 부 넘게 팔려나가 출판사 초기에 재정적 초석을 세우기도 했지만 단숨에 격조 있는 출판명가로 우뚝 서게 했다. 더욱 중요한 것은 분단의 굴레에 주눅 들었던 젊은이들에게 광활한 대륙을 말달리며 항일무장투쟁 하던 선구자의 모습을 보여주었음에 자부심을 가졌다.[226]

김준엽의 저서 《나의 광복군시절》은 1991년 12월 일본에서 《장정 조선인 학도병의 기록》으로, 1995년 7월에는 중국에서 《我的長征》으로 번역 출판되었다.

《장정》은 1988년 한국일보 제28회 저작상을 받았다.

225) 김준엽, 《장정 5》, 목차

226) 조상호, 《언론의병장의 꿈》, 72쪽, 나남, 2009.

## 중국대학 명예교수, 문화훈장 수여

중국 남경대학은 1987년 5월 9일 김준엽에게 명예교수 자격을 수여하였다. 이와 관련 현지 언론 보도이다.

### 김준엽 박사, 본교 명예교수로 초빙되다

4월 28일 본교 지행루(知行樓)에서 한국사회과학원 이사장이자 전 고려대학교 총장 김준엽 박사의 명예교수 수여식이 있었다. 김준엽 박사는 1942년 일본 유학 중 일본군에 의해 강제 징집되어 중국에 배치되었다. 같은 해 3월 일본군대를 탈출, 중국항일 유격대에 참가했으며 한국임시정부의 한국광복군으로 항일활동에 참여했다. 일본 패망 뒤 남경 중앙대학 대학원에서 학문 활동을 시작했다. 김 박사의 중한문화교류에 대한 공로는 탁월하다.

수여식은 서세량(徐世良) 비서장이 진행했으며 채소경(蔡小卿) 교수가 김 박사의 경력을 간단히 소개한 뒤 증서를 수여하고 축사를 보냈다. 1940년대 당시 김 박사가 남경의 동방어문전과학교에서 가르쳤던 학생이 선생을 대신해 답사를 읽었다. 수여식에는 엽자명(葉子銘), 모가기(茅家琦) 등 저명한 교수들과 김 박사의 중국 제자와 한국 제자들 그리고 남경에 유학 중인 한국 유학생 등이 참석했다. 수여식에서는 새로 발족한 한국연구소에 편액이 증

정되었다. 이 연구소 설립에는 김 박사의 지원이 컸다.[227]

중국 교육부가 2000년 7월12일 김준엽에게 '중국어언문화우의장' 이라는 외국인에게 수여하는 최고의 훈장을 주었다. 이와 관련 두 신문의 보도기사이다.

중국어언문화우의장(中國語言文化友誼獎) 수여

중국 교육부가 한국의 김준엽 선생에게 수여하는 '중국어언문화우의장' 수상식이 오늘 북경에서 있었다. 진지립(陳至立) 부장이 교육부를 대표해 중국국민의 오랜 친구이자 중국의 언어와 문화에 정통하며 중한 문화교류와 양국 국민의 우의를 위해 크게 이바지한 한국의 김준엽 선생에게 '중국어언문화우의장' 훈장과 증서를 수여했다.

'중국어언문화우의장'은 세계 각국에서 중국어 교육과 중국학 연구, 중국어와 중국문화를 소개하고 중국 국민과의 우호증진을 위하여 탁월한 공로를 세운 외국의 관계 인사에게 중국 교육부가 특별히 수여하는 상이다. 김준엽 선생은 태국의 스링턴 공주에 이어 이상을 수상한 두 번째 외국인사이다.[228]

---

227) 〈남대보〉, 1987년 5월 10일
228) 〈인민일보〉, 2000년 7월 12일

중국교육부는 오늘 북경에서 중한 문화교류에 탁월한 공로를 세운 한국사회과학원 이사장 김준엽 선생에게 '중국어언문화우의장'을 수여했다. 진지립(陳至立) 교육부 장관이 김준엽 선생에게 훈장과 증서를 수여했다.

'중국어언문화우의장'은 세계 각국에서 중국어 교육과 중국학 연구, 중국어와 중국문화를 소개하고 중국 국민과의 우호증진을 위하여 공로가 큰 외국의 관계 인사에게 중국 교육부가 특별히 수여하는 상이다. 태국의 스링턴 공주에 이어 김준엽 선생은 이 상을 수상하는 두 번째 외국 인사이다.

김준엽 선생은 1940년대 중경으로 가 한국광복군에 가입해 항일투쟁에 가담했다. 일본이 패망한 뒤에는 중국사 연구를 위해 중국에 남아 학업에 매진하며 교편생활도 병행했는데 이 기간 중 중국 학술계 인사들과 깊은 교분을 쌓았다. 1949년 초, 한국으로 귀국한 김준엽 선생은 한국 고려대학교 총장, 대우재단 이사장을 역임했으며, 고려대학교 재직시절에는 중문과를 설치했고 또 한국중국 학회를 발기해 한국의 중국어교육과 중국학연구를 이끌었다.

선생은 중국관련 분야에서 탁월한 연구성과를 남기고 있는데 저서 《중국공산당사》, 《나의 중국》, 《나와 장정(我的長征)》 등은

그 영향력이 특히 크다.[229]

## 《석린 민필호전》 펴내

김준엽은 1995년 3월 《석린 민필호전(石麟 閔弼鎬傳)》을 펴냈다. 민필호는 김준엽의 장인이기도 하지만 숨은 독립운동가이다. 여기서 굳이 '숨은'이란 표현은 항일투쟁의 전면에 서기도 했지만, 임시정부와 중국정부의 교섭 등 음지에서 많은 활동을 하여 일반에는 비교적 덜 알려진 인물이기 때문이다.

먼저 이 책의 구성부터 살펴본다. 350여 쪽에 이르는 책에는 작자 미상의 〈석린 민필호 약전〉, 민필호가 쓴 〈대한민국임시정부와 나〉와 〈한국독립운동을 협조한 중국인사〉, 〈한중외교사화〉, 〈아관 신규식 선생 전기〉, 〈신공(申公) 신규식 선생 일화〉, 〈연보〉 등으로 짜여졌다.

김준엽은 자신의 '장인의 장인'인 신규식 선생의 전기를 장인이 집필한 내용 등을 묶어 펴낸 것이다. 우선 신규식이 어떤 인물인지 '약전'을 살펴본다.

신규식(申奎植, 1880~1922)은 독립운동가. 호는 예관(睨觀). 충북 청주 사람. 관립 한어학교에서 배우고 육군무관학교를 나와 부위

229) 〈광명일보〉, 2000년 7월 12일

(副尉)가 되었다. 1905년 을사늑약에 죽음으로 항거하려고 음독했다가 실패, 오른쪽 눈이 실명되었다. 대한자강회·대한협회에 가입하여 활약했고, 1909년 대종교(大倧教)에 입교, 활동하다가 1911년에 중국으로 망명, 손문의 신해혁명에 가담했다.

중국국민당 요인 둘과 한·중 연합단체인 신아동제사를 결성하고, 1915년 박은식과 대동보국단을 조직, 잡지 〈진단〉을 발간했다. 1919년 임시정부가 수립되자 의정원 부의장에 선출, 법무총장을 거쳐 1921년 국무총리 겸 외무총장을 지냈다. 이해 광동(廣東)의 신생 중화민국 대사로 부임, 손문과 교섭하여 임시정부를 승인받고, 중국의 북벌서사식(北伐誓詞式)에도 참가했다.

1922년 임시정부에 내분이 생기자 조국의 앞날을 근심한 나머지 25일간 단식을 계속, 목숨을 끊었다. 저서에 《한국혼》 등이 있다. 1962년 대한민국 건국훈장 대통령장을 받았다.

이 약전에서는 빠졌지만, 신규식의 딸 신명호(申明浩)가 민필호의 부인이 되었다. 민필호는 1920년 7월 임시정부 법무총장인 신규식의 딸과 상해에서 결혼하였다. 그래서 김준엽의 장인이 민필호이고 민필호의 장인이 신규식이다. 우리나라 우뚝한 독립운동가 중에서 이처럼 혼사로 맺어진 경우는 흔치 않았다.

민필호에 대해서는 앞에서 약간씩 언급한 바 있지만, 김준엽의 《석린 민필호전》에 나타난 주요 경력을 찾아본다.

1898년 2월 27일(음력) 서울 출생

1910년 7월, 1911년 10월, 서울 휘문의숙 졸업

1911년 11월, 중국 상해로 망명, 신규식이 창설한 박달학원 졸업

1912년 2월, 동제사에 가입, 독립운동 투신

1917년 9월, 1918년 12월, 중국관립 교통부 상해체신학교 졸업

1919년 11월, 대한민국임시정부 법무총장 신규식 비서

1925년, 만주에서 조직된 신민부의 상해대표

1932년 5월, 윤봉길 의거 후 김구 등 임정요인 피신 역할

1937년 12월, 중국군사위원회 장개석 위원장 시종실 근무

1939년 5월, 한국독립당 선전부장, 임시정부 의정원의원

1940년 5월, 1945년 10월, 임시정부 김구 주석 판공실장 겸 외무차장

1944년, 중국국민당 정부와 교섭, 임정청사와 운영기금 확보

1945년 11월, 임시정부 주화대표단 부단장

1946년, 한국광복군 고문, 동년 8월, 주화대표단 단장

1948년 10월, 중국내란으로 주화대표단 대만으로 피난

1949년 8월, 대만주재 초대 총영사

1951년 7월, 신병으로 총영사 사임

1957년 7월, 귀국

1963년 3월, 대한민국 건국훈장 독립장 수여

1963년 4월 14일 숙환으로 서거, 향년 66세

김준엽은 광복 50주년을 맞아 민필호의 전기를 펴내게 된 사유를 이 책의 서문에서 상세하게 전하고 있다. 서문의 전반부를 소개한다.

> 금년은 광복 50주년이 되는 뜻 깊은 해이다. 아직도 독립은 연합국이 가져다준 선물로 생각하면서 우리 민족의 해방을 위하여 피 흘려 싸운 선열들을 모욕하는 사람들이 있다면 지금부터라도 깊이 반성해야 할 것으로 생각한다.
>
> 우리의 광복을 타율로만 생각하는 사람들이 있다는 부끄러운 상황이 생기게 된 까닭은 첫째로 우리 민족의 끈질긴 독립투쟁의 역사를 모른다는 데 있고, 둘째로는 광복 후에도 친일파들이 권력이나 경제력을 계속 장악하여 자기들의 불미스러운 과거를 은폐하기 위하여 고의로 독립운동의 역사를 격하한 데 있다고 생각한다.
>
> 이러한 시대환경은 해방 후 조직된 반민특위의 활동을 저지케 하고 급기야는 민족정기를 상실케 하고 결과로 오늘날 많은 사람들이 우려하는 가치관의 혼란이나 도덕성의 타락이라는 위기를 조성한 것이다.
>
> 근래에 이르러 잘못된 우리의 역사 방향을 바로 잡으려는 학자들이나 언론계의 정열적인 노력과 국사편찬위원회·보훈처·독립기념관 등의 활동이 있게 된 것은 다행한 일이라 하겠다. 그러나

방대한 우리 민족의 독립운동사를 조명하는 데 있어서 소수의 역사학자나 정부에만 의존할 것이 아니라 온 국민 특히 독립운동에 직접 참여한 집안의 후손들은 그 집안의 영광을 위해서라도 조상들의 혁혁한 공로를 밝히는 데 최선을 다해야 할 것이다.

그보다 더 중요한 것은 독립운동에 직접 참여했던 인사들이 진실한 회고록을 남기는 일인데, 불행하게도 그런 저술이나 증언이 많지가 않다. 최근에 애국지사들의 공로를 기리기 위하여 기념사업회가 많이 조직된 것은 다행한 일이다. 이제 독립운동에 직접 참여했던 인사들이 모두 70을 넘은 고령자들이고 또 생존자가 많지는 않지만, 지금이라도 불타는 애국심을 다시 살려 회고록이나 증언을 많이 남겨주기를 간절히 바란다.

나는 광복 후 50년 동안 줄곧 이런 생각을 품어왔기 때문에 비록 나의 전공분야는 중국사이지만 민족정기의 앙양이나 독립운동사의 연구추진에 힘썼고 또 그 방면의 전문가를 양성하느라고 내 딴에는 최선을 다했다.(……)

나 자신이 짧은 시간이나마 독립투쟁에 참가하였고 또 나의 장인(민필호 선생)이나 처남(민영수)과 아내(민영주)가 임시정부나 광복군에서 활약하였을 뿐만 아니라 나의 장인의 장인인 아관 신규식 선생은 우리나라 독립운동사에 있어서 빛나는 존재라는 것은 세상이 다 아는 사실이다.

이런 가족환경 때문에 나는 민족정기의 앙양이나 독립운동사

의 연구추진이 나에게 맡겨진 하나의 의무로 생각하면서 일생을 살아왔다.[230]

## '역사의 신'을 믿으라

김준엽의 저서 중에 제자와 독자들이 가장 많이 찾은 책이《역사의 신》이다. '역사의 신'은 그의 생애의 키워드였다. 무신론자이지만 '역사의 신'만은 믿었다. 그래서 이를 주제로 하는 글과 강연을 자주하였다.

이 책은 김준엽의 칠순을 맞아 후배·제자들의 잔치 준비를 한사코 반대하자 아들 홍규가 아버지의 각종 기고문과 자신이 모은 아버지의 언론 인터뷰와 동료, 제자들의 평가를 부록으로 묶었다. "가친의 총장사퇴", "가친을 보는 사회의 눈", "특별기고" 순서로 정리하였다. 우선 목차를 살펴본다.



230) 김준엽,《석린 민필호 전》,〈서문〉, 37~38쪽, 나남, 1995.

2. 국제적 경쟁력이 있는 인재
3. 다원화된 세계질서 속에 자기정체성 확립할 때
4. 현대사회에서의 대학의 위치와 과제
5. 개척자적 역사의식의 필요성
6. 미래를 위해 투자하라
7. 자율이 대학발전의 관건
8. 자기성찰로 내실을 기하라
9. 창조·성취하는 이상적 인간이 되어라
10. 민족지성의 새 생명이길
11. 오늘의 학원문제
12. 결진(結陣)을 향한 아침의 출항
13. 자기성장의 정진노력을
14. 역사의 신을 믿으라

## 부인 민영주에 대한 시선

이 책의 부록에 실린 김준엽 평가의 글 가운데 〈김준엽·민영주 부부〉 기사는 이채롭다. 그동안 김준엽의 수많은 인터뷰·기사에서 가끔 아내의 독립운동 이야기가 언급되었으나, 잡지사가 본격적인 주제로 삼은 것은 흔치 않았고, 〈주부생활〉의 기사가 최초가 아닐까 싶다.

민영주 여사는 남편과 함께 살아오면서 한사코 매스컴의 등장을 꺼려왔다. 자신보다 더 치열하게 항일전선에서 싸우다가 산화한 여성이 많았는데, 자기가 나설 위치가 아니라는 겸양이었다.

독립군 동지로 만나 45년을 해로해온 동지적인 부부사랑, 오늘날 김준엽의 대장정을 있게 한 이 힘의 원천에 대해 그는 늘 자랑스럽게, 그러나 극히 일부만 《장정》이나 가끔의 인터뷰에서 얘기한 바 있다.

"집사람은 다른 건 모두 양보해도 매스컴에 나오는 건 결코 마다하는 사람이에요. 내가 뭘 한 게 있느냐는 겸양의 자세라고 보는데 남편인 나로서도 설득할 수 없는 부분이지요."

그는 결혼을 참 잘했다는 생각을 한다. 철저한 항일정신으로 무장된 '애국심', 평생을 통해 한결같았던 부덕과 겸양의 생활태도, 그가 부인 민영주 여사를 높이 평가하는 이유들이다.[231]

김준엽과 민영주는 이국땅에서 광복군 동지로 만나 부부의 연을 맺고 결코 평탄하지 못한 동반자의 길을 걸어왔다. 그 사이 민영주는 외아들을 낳고 책과 일밖에 모르는 '재미없는' 남편과 평생을 불만 없이 해로하였다. 〈주부생활〉의 보도는 이어진다.

민영주 여사는 민필호(임정 비서실장)·신명호(신규식 선생의 외

231) 〈주부생활〉, 1990년 1월호

딸)의 6남매 중 맏딸로 상해에서 태어났다. 민비의 일족인 뼈대 있는 집안, 항일정신으로 무장된 혁명가 집안에서 자란 만큼 곧고 철두철미한 성품을 지닌 여성이었다.

"당시 혁명가들의 집안은 교육이 철저했어요. 중국에서 태어나 자랐지만 우리말을 거의 완벽하게 했습니다. 요즘 외국 교포2세들이 우리말도 못하는 걸 보면 부모들 잘못이 큽니다."

그러나 처음 밟는 조국 땅, 낯선 문화적 풍습 때문에 처음엔 불편한 점이 많아 에피소드가 꽤 많았다.[232]

독립운동이나 민주화운동·노동운동 등 국가민족이나 대의를 위하여 투신한 남편·자식을 둔 가족은 불행한 삶을 살아야 했다. 당사자들은 명분과 정의감에서 그야말로 '가사불고(家事不顧)'하고 나선 길이지만, 가족은 탄압과 빈곤 그리고 이웃으로부터의 소외감 등으로 어려움에 빠진다. 하지만 김준엽 부부의 경우는 달랐다. 둘이 함께 '운동가'였기 때문일 것이다.

"부부싸움이요? 아 물론 말다툼은 했지만 싸움으로 발전이 안 돼요. 원래 바가지는 원체 긁지 않는 성격에다가 내가 뭐라고 하면 맞받질 않거든요. 그냥 아무런 욕심 없이 집안 살림에 몰두하면서 지냈지요."

232) 앞의 책

김 전 총장은 그러는 중에도 아내는 영어공부나 독서열은 대단하다고 덧붙인다. 두 사람 모두 잡기는 갖고 있지 않는 편인데 함께 있는 시간에는 주로 대화를 하면서 시간을 보낸다. 세상 돌아가는 일을 이것저것 얘기하다 보면 시국을 바라보는 두 사람의 눈이 일치함을 느끼게 된다는 것이 김 전 총장의 얘기이다. 해방 직후 정계의 투신 권유, 민주당 정권 때 일본대사직, 공화당 창당 시 사무총장, 박 대통령 집권 시 통일원장관, 그리고 6공화국이 들어서면서 국무총리직을 제의받았을 때 끝까지 거절의사에 동의한 사람이 바로 부인이었다.

"국무총리직 이야기가 나왔을 때 내 의견은 말하지 않고 먼저 의사를 타진했더니 절대 안 된다고 하더군요. 아마 우리가 독립운동을 하면서 세운 가치 판단 기준이 같았기 때문인 것 같아요."[233]

김준엽이 역대 정권에서 제의한 '고관대작'의 벼슬을 번번히 거절할 수 있었던 데는 본인의 신념과 더불어 부인의 강력한 의지가 크게 작용하였다고 한다. 보통의 여성들은 남편의 출세를 바라고, 더불어 '사모님'으로 행세하길 바란다. 인간의 속성이기도 할 것이다.

55세가 될 때까지 은퇴에 대해서는 생각을 못하고 오직 공부만

233) 앞의 책

했던 생활. 그런데 나이가 들자 '이래서 안되겠다'는 생각이 어렴풋이 들더라고 했다.

"55세를 넘기면서 생각이 조금씩 달라졌지요. 5분, 10분을 아끼며 살다간 죽어 관 속에서도 5분, 10분 할 것 같더란 말예요. 해서 이 버릇을 고치자, 집사람 위해서 시간을 쓰자는 쪽으로 마음을 정했는데 버릇 고치는 데 2년이 걸렸어요.

그러다가 총장 그만두고 집에서 4년을 지내면서 평생 같이 못 보낸 시간을 지금 같이 보내준다고 큰소리쳤죠. 그래도 아내는 믿질 않았어요. 일 못 하면 죽는 사람인 줄 알고 있으니까요. 허허."[234]

김준엽은 스스로 "세상에서 제일 재미없는 남편"이라고 술회하고 했다. 그래서 은퇴 후에는 부인과 함께하는 시간은 많이 갖고자 노력하고 집 안 청소도 열심히 하는 보통 남편이 되었다.

노부부가 살아온 시대는 사랑을 말로써 표현하는 법이 없었다. 인터뷰 도중에도 애써 아내 자랑마저 억누르는 그였다.

"자주 얘기시키지 말아요. 내가 팔불출이 됩니다. 허허허."[235]

---

234) 앞과 같음
235) 앞과 같음

# 거대한 생애, 마침표를 찍다

## 총독부 건물 철거

김준엽은 어느덧 노령기를 맞았다. 노태우 정권에 이어 1993년 김영삼의 문민정부가 수립되었다. 군사독재에 일역을 했던 학자들 중에는 어느새 '문민'의 옷으로 갈아입고 크고 작은 권좌를 차지한 사람도 있었으나 그는 여전히 재야에서 학문에 열정을 바쳤다.

김준엽은 추하게 빛바래지는 원로들이 득실대는 세태에서도 시들지 않은 학자의 기품을 지키면서 새 시대를 맞았다. 그리고 시대에 편승하는 지식인이 아니라 바른 역사의 길을 제시하고 이끌고자 하였다. 김준엽은 군사독재 30여 년만에 회복한 김영삼 문민정부에 '역사 바로 세우기'의 구체적 방안을 제시하였다.

첫째는 구총독부건물(중앙청)의 해체를 통한 일제 잔재 청산이었다. 일제는 한반도 식민통치의 위엄을 과시하고자 1916년 경복궁 자리에 거대한 서양식 건물을 지었다. 1926년에 완공한 이 건물은 한민족의 탄압과 착취의 원부였다. 일제는 북한산에서 남산을 잇는 민족정기의 맥을  끊는 위치에 경복궁의 4분의 1을 허물고 그곳에 식민통치기관을 지어 한민족의 자존심을 짓밟았다.

해방 후 이 건물은 주한미군사령부에 의해 군정청으로 사용되면서 처음으로 중앙청(Capitol Hall)이라 불리게 되었다. 1948년 8월 대한민국 정부가 수립되면서 대통령 집무실을 비롯한 주요 행정부처가 자리를 잡아 중앙행정관청으로서 기능하였다.

1965년 한일수교 이후 일본 관광객들이 줄지어 이 건물 앞에서 기념사진을 찍는 등 민족적 자존심에 상처를 입히면서 뜻 있는 국민 사이에 철거해야 한다는 여론이 그치지 않았다. 총독부 청사는 일제 잔재의 상징물처럼 인식돼왔다.

김준엽은 김영삼 대통령에게 이 건물의 철거를 제기하고, 정부는 1995년 광복 50주년을 맞이하여 철거 작업을 시작하여 1996년 11월에 완료하였다. 지붕의 첨탑은 천안 독립기념관 외곽에 전시되었다. 독립기념관 건립 추진위원회 이사로서 기념관 건립에 참여했던 그는 총독부건물 지붕의 첨탑을 독립기념관 외곽에 전시케 하는 아이디어를 냈고, 이것이 받아들여졌다.

당시 상황에 대한 김준엽의 회고담이다.

1993년 2월 말 그가(김영삼-필자) 대통령에 취임한 직후에 나를 청와대에 불러 단둘이서 저녁식사를 한 일이 있다. 그는 이때는 무슨 벼슬을 하라는 것이 아니고 새 정부가 해야 할 일로 중요하다고 생각하는 것이 있으면 말해달라고 하는 것이었다.

내가 이때 김 대통령에게 건의한 것은 민족정기를 앙양하는 데 힘써달라는 것이었고, 구체적인 방법으로 그해 8·15광복절을 기하여 상해 만국공묘(萬國公墓)에 있는 임시정부 요인들(박은식·신규식·노백린·김인전·안태국 선생)의 유해를 봉환하는 일과 구조선총독부 건물을 조속히 철거해야만 된다는 점을 실명하였다.

그는 흔쾌히 나의 건의에 찬성하여 그 후 모두 실천에 옮겼다. 나 개인으로는 그의 업적 가운데 이 두 가지 일이 중요한 부분이라고 생각하고 있다.[236]

'역사 바로 세우기' 정책과 관련 김영삼 대통령은 다음과 같이 피력한 바 있다.

역사 바로 세우기라는 것이 내 임기 중에 대단히 중요한 작업 중의 하나였습니다. 총독부 건물을 철거했는데 이걸 두고 말도 많아요. 지금 얼마나 잘됐습니까? 총독부 건물을 철거하니까 광화문이 훤하잖아요. 경복궁을 옛날 그대로 복원하고 있지 않습니

236) 김준엽, 《장정 5》, 140쪽

까. 앞으로 아름다운 장소가 될 것입니다. 완공이 얼마 남지 않았으리라고 봅니다.[237]

## 선열 유해 봉환, 유적지 건립

김준엽은 1993년 초 김영삼 대통령에게 '역사 바로 세우기' 작업의 일환으로 상해 만국공묘에 묻혀 있는 박은식·신규식·노백린·김인전·안태국 지사의 유해를 봉환할 것을 제안하였다. 이것도 수용되어 이해 8월 5일 국립 서울현충원으로 이장하였다.

총독부건물 철거나 해방이 되고도 반세기 동안 이역에 방치되었던 애국지사들의 유해를 봉환하는 일이 김준엽만의 공적일 수는 없다. 하지만 자신에게 국무총리직을 제안했던 김영삼 대통령에게 '역사 바로 세우기'의 시대적 사명을 일깨우고, 구체적 방안을 제시한 김준엽의 역할은 적지 않았다.

김준엽은 이와 더불어 상해와 중경의 대한민국 임시정부 청사가 퇴락해가는 것을 살펴보고, 중국 당국과 교섭하고 한국정부에 요청하여 이들 건물을 복원하는 데도 크게 기여하였다.

또한 중국 각지에 있는 한국과 관계가 깊은 유적지에 기념비를 건립하는 일을 추진하였다. 상해 홍구공원에 있는 윤봉길 의사 기념비의 규모를 확장하고, 영파시(寧波市)에 있는 고려사관(高麗使館)

237) 함성득, 《김영삼 정부의 성공과 실패》, 41~42쪽, 나남, 2001.

을 복원하고, 산동 육주시(曜州市)에 있는 고려정관(高麗亭館) 기념비를 건립하였다. 강소성 양주시(揚州市)에 최치원 기념비를 건립한 것도 그의 정성과 노력으로 이루어졌다.

김준엽은 1950년대부터 향후 중국의 영향력이 강대해질 것으로 내다보면서 국내에 중국연구 학회를 창립하였다. 1955년의 중국학회, 1979년의 공산권연구협의회, 1981년의 중국학연구회 등이 그것이다.

그의 한국학 연구와 발전은 해외에서도 크게 기여하였다. 미국·유럽·동남아시아 여러 대학에 한국학 연구의 기틀을 마련하고, 특히 중국에서의 한국학의 발전을 중시하여 8개의 명문대학에 한국학연구소를 설립하는 데 기여하였다.

## 92세로 영면, 참지식인의 전형이 되다

김준엽의 건강은 90세가 되는 2009년경부터 점차 쇠약해졌다. 의식은 또렷했으나 사회활동에는 힘들어했다. 그러던 중 2011년 6월 7일 조용히 눈을 감았다. 향년 92세, 장수한 셈이지만 그의 빈자리는 너무 컸다. 운명을 앞두고 장례를 간소히 하라고 가족에 당부를 잊지 않았다.

영결식이 10일 오전 안암동 고려대병원 영결식장에서 검소하게 거행되었다. 영결식에는 이기택 4·19혁명공로자회 회장과 김정배 고려중앙학원 이사장(전 국사편찬위원장), 이홍구 전 국무총리, 김병철 고려대 총장 등 200여 명이 참석했다.

김정배 이사장은 눈물을 보이며 낭독한 조사에서 "끊임없이 고위 관리 제의가 들어와도 사양하며 학문 세계를 지킨 인품은 우리 자신을 돌아보게 한다"고 말하여 주위를 숙연케 하였다(그는 박근혜 정부에서 다수 국민의 반대에도 교과서 국정화 사업에 앞장섰다).

고인의 영구차는 고려대 본관 앞에서 김병철 총장과 교수·직원·학생들의 배웅을 받으며 교정을 한 바퀴 돌고, 이어서 마지막 생을 보냈던 명륜동 자택을 들렀다가 국립대전현충원 애국지사 묘역에 안장되었다.

정부는 고인의 영전에 국민훈장 무궁화장을 추서했다. 그의 서훈과 각종 상, 명예교수, 명예박사의 사례는 다음과 같다.

| | |
|---|---|
| 훈장 | 국민훈장(동백장·목단장), 건국훈장(애국장), 중국 어언문화우의장 |
| 각종 상 | 저작상(한국일보)·평북(平北)문화상·애서상(愛書賞)·중국절강일보상(折江日報賞) |
| 명예교수 | 고려대학·북경대학·항주대학·요령대학·복단대학·산동대학·북경어언 문화대학·남경대학·동남대학·길림성 사회과학원·절강대학 |
| 명예박사 | 명예문학·법학·경영학박사 |

김준엽은 평생 몇 가지 좌우명을 내걸고 이에서 한 치도 벗어나지 않는 삶을 살았다.

김준엽의 좌우명

진인사대천명(盡人事待天命)

전사불망(前事不忘), 후사지사(後事之師)

지족자빈천역락(知足者貧賤亦樂), 부지족자부귀역우(不知足者富貴亦憂)

역사(歷史)의 신(神)을 믿으라. 정의(正義)와 선(善)과 진리(眞理)는 반드시 승리한다.

현실(現實)에 살지 말고 역사(歷史)에 살아라.

일은 사람이 한다. 사람은 유능(有能)해야만 큰일을 할 수 있고, 유능한 사람들이라도 힘을 합쳐야 위대한 일을 이룩할 수 있다.

김준엽 선생은 황혼의 나이에도 변함없이 덕량(德量)과 기혼(氣魂)이 넘치는 모습을 보였다. 그런 지식인은 우리 현대사에서 흔치 않았다. 천고(千古)의 세월에도 빛바래지 않는 참지식인의 순결한 모습이었다.

노욕과 노추에 찌든 '원로'들이 부끄러움을 모르는 채 설치는 한국사회에서 그의 '역사'에 살고자 하는 청렴하고 당당한 걸음걸이는 지식인의 전형을 보여주었다.

## 김준엽 주요 연보

| | |
|---|---|
| 1920.8. | 평북 강계군 시중면 외시천동 254번지에서 김종걸(金宗傑)과 홍종식(洪宗植)의 4남1녀 중 막내로 출생 |
| 1935. | 시중보통학교 졸업 |
| 1940.3. | 신의주동중(신의주고보, 5년제) 졸업 |
| 1944.1.~1944.2. | 일본 게이오대학 동양사학과 중퇴, 일본군의 학병으로 평양부대에서 중국 서주부근 부대 배속 |
| 1944.3. | 일본군 탈출하여 중국유격대에 참가, 항일운동 |
| 1945.1. | 중경 한국임시정부에 합류 |
| 1945.4. | 광복군 제2지대장 이범석 장군의 부관(서안) 활동 |
| 1945.6. | 석린 민필호의 딸 민영주와 진지 결혼 |
| 1945.11. | 광복군 총사령관 이청천 장군의 부관(중경) 활동 |
| 1946~1949. | 중국 국립동방어문전문학교의 전임강사(남경) 재직 |
| 1948~1949. | 중국 국립중앙대학 대학원 수학 |
| 1949~1982. | 귀국, 고려대학의 조교수, 부교수, 교수로 재직 |
| 1951~1955. | 중국 국립대만대학에서 연구 |
| 1955~1972. | 중국학회 발기인, 부회장, 회장 |
| 1957~1982. | 고대부설 아세아문제연구소의 발기인, 부소장, 소장 역임 |

1958~1959. 미국 하버드대학 객원교수

1961. 제16차 UN총회 한국대표

1962. 제17차 UN총회 한국대표

1968~1969. 미국 하와이대학, 프린스턴대학 객원교수

1971.2. 건국대학에서 명예법학박사 학위 받음

1972. 남북적십자회담의 자문위원

1974. 제29차 UN총회 한국대표

1981~2011. 한국독립유공자협회 지도위원, 한국광복군동지회 지도위원

1982~1985. 고려대학 총장 역임

1984.5. 연세대학에서 명예문학박사 학위 받음

1988. 고려대학 명예교수

1988~2011. 재단법인 사회과학원 이사장

1989~1999. 학교법인 대우학원(아주대학교, 거제전문대학, 대천전문대학의 재단) 이사장

1989~2004. 〈계간 사상〉 발행인

1990. 건국훈장 수훈

1992.10. 중국 항주대학 명예교수

1993.8. 중국 북경대학 명예교수

1994.1. 중국 항주대학 한국학연구센터의 고문

| | |
|---|---|
| 1999.2. | 아주대학에서 명예경영학박사 학위 |
| 1999.11. | 중국 절강대학의 명예교수 및 동대학 한국연구센터의 고문 |
| 2000. | 중국어언문화우의장 수훈 |
| 2001.10. | 중국교육국제교류협의회 고문 |
| 2002.8. | 중국 청도시 사회과학원 중한합작연구센터의 수석 고문 |
| 2006.6. | 중국 연변대학 명예교수 |
| 2008.3. | 중국 중산대학 명예교수 |
| 2009~2011. | 고려대학 교우회 고문 |
| 2011.6. | 별세. 국립대전현충원 애국지사 제4묘역 안장 국민훈장 무궁화장 추서 |